Sí, puedes salvar tu

Matrimonio

Sí, puedes salvar tu

Matrimonio

JOE Y MICHELLE WILLIAMS

SÍ, PUEDES SALVAR TU MATRIMONIO
Edición en español publicada por
Editorial Vida – 2009
Miami, Florida

©2009 por Editorial Vida

Publicado en inglés bajo el título:
    Yes, Your Marriage Can Be Saved
    Copyright © 2007 Joe y Michelle Williams
por Tyndale House Publishers, Inc. Carol Stream, IL.

Traducción: *Alicia Casal*
Edición: *Orville Swindoll*
Diseño interior: *Words for the World, Inc.*
Diseño de cubierta: *Cathy Spee*

RESERVADOS TODOS LOS DERECHOS. A MENOS QUE SE INDIQUE LO CONTRARIO,
EL TEXTO BÍBLICO SE TOMÓ DE LA SANTA BIBLIA NUEVA VERSIÓN INTERNACIONAL.
© 1999 POR LA SOCIEDAD BÍBLICA INTERNACIONAL.

ISBN: 978-0-8297-5345-5

CATEGORÍA: Vida cristiana / Amor y matrimonio

IMPRESO EN ESTADOS UNIDOS DE AMÉRICA
PRINTED IN THE UNITED STATES OF AMERICA

09 10 11 12 ❖ 6 5 4 3 2 1

Este libro está dedicado a:
Nuestros hijos
Elicia, M'Lissa, Jason, Heather y Mick

Ustedes sobrevivieron a la combinación,
quiebre y reconciliación de nuestra familia.
¡Gracias por no darse por vencidos
con respecto a nosotros y por darnos
el don de una «aljaba llena»
de diez hermosos nietos (hasta aquí)!

Y a:

Nuestro pastor, David Seifert, y su esposa Ruth

David, tú y Ruth siempre creyeron que Dios podría salvar
nuestro matrimonio. Gracias por permitir que una pareja
con pasados como los nuestros comenzaran un ministerio
para matrimonios en crisis, cuando el voto popular en 1990
probablemente hubiera sido diferente.

Contenido

Reconocimientos

Estamos agradecidos a todas las personas de Enfoque a la Familia por su ayuda en cuanto a armar este libro. Gracias, Mick, por creer en el libro desde su misma concepción y por presentarlo ante Enfoque por nosotros. Gracias, Larry, por brindarnos esta oportunidad. Liz y Nanci, el aliento de ustedes, sus ideas, sugerencias y apoyo continuo durante el último año hicieron de este un proyecto del que disfrutamos. Gracias.

Un agradecimiento especial a nuestro agente, Steve Laube, por ocuparse tanto de nosotros, y hacer posible que diéramos un gran salto inicial a través del taller literario en Mount Hermon. Y también a los doce autores de ese taller que consideraron nuestro primer borrador; gracias por sus evaluaciones e intervenciones tan sinceras.

Gracias, Mike y Harriet McManus, por ser nuestros mentores a través de los años, ¡y por mantenernos alerta! Sin ustedes, todavía estaríamos usando un retroproyector, ¡y quién sabe qué otras cosas más! Esperamos que se sientan orgullosos de nosotros.

Gracias también a ustedes, Michael y Lori Douglass, que nos infundieron el valor para salir a un ministerio de tiempo completo en 1999 y porque siempre creyeron en nosotros. También queremos agradecer a nuestro equipo de directores, Laura, Marion, Mark, Lori, Wade y Don, lo mismo que a aquellos que nos brindan su apoyo mensual con fidelidad, y a los integrantes de nuestra cadena de oración, Laura, Karen, Jeanne y Cheryle, por ser el viento debajo de nuestras alas desde 1999. Su apoyo y oraciones nos permiten mantenernos a tiempo completo en este ministerio. Gracias.

Finalmente, gracias a las parejas y a los individuos que nos han permitido participar de sus emociones, historias, lágrimas y alabanzas a lo largo de estos años. Ustedes saben quiénes son y, aunque no fue posible incluir la historia de cada uno en este libro, estuvieron con nosotros en espíritu cuando escribimos. A aquellos cuyas historias utilizamos, gracias por estar dispuestos a mostrarse vulnerables al volcar sus palabras en el papel. También gracias por restarle tiempo a sus vidas, y por unirse con nosotros en oración por el lector que pueda estar sosteniendo este libro entre sus manos en este momento.

RECONOCIMIENTOS ESPECIALES
DE PARTE DE MICHELLE

Mamá, Dios sabía exactamente qué clase de madre necesitaba yo cuando me «entretejió en tu vientre», y estoy agradecida porque siempre tuviste confianza en mí. Gracias por no darte por vencida durante mis años de rebeldía y estar siempre allí cuando te necesité. Recuerdo la noche en que me dijiste: «Michelle, ya casi tienes cuarenta años… ¿alguna vez va a acabar esto?» (La noche en que me viste parada en el pórtico de entrada de tu casa, descalza y con todos los chicos a las 2.30 de la mañana, cuando Joe y yo nos separamos por última vez.) ¡Espero que este libro sea la prueba de que todo es posible con Dios! Te amo.

Mi papá está ahora en el cielo, pero lo tenía constantemente en mis pensamientos mientras escribía. Papá, gracias por admitir delante de mí en tus últimos años que si pudieras volver atrás harías que tu matrimonio con mamá funcionara. Gracias también porque tú y Dee grabaron su testimonio en una cinta para pasarla en una de nuestras clases sobre Reconciliación a la manera de Dios al principio de nuestro ministerio, en la que alentaban a las parejas que estaban con luchas a seguir adelante y permanecer casados por el bien de sus hijos. Estoy agradecida de que antes de morir alcanzaste a ver (tal como

Dios lo promete en Joel 2:25) que él compensa «por los años en que todo lo devoró ese gran ejército de langostas».

Pam F., gracias por decirnos a Joe y a mí que necesitamos poner nuestra historia por escrito. Tus palabras nos inspiraron para completar nuestro manual en 1996, lo que usó Dios como catalizador para impulsarnos a un ministerio a tiempo completo tres años más tarde. Gracias por ser, de muchas maneras, mi primera «mentora en el ministerio».

Jo Klein, gracias por brindarnos un marco tan hermoso donde pudimos pasar tiempo lejos de casa para escribir este libro. ¡Tu hogar en Mount Hermon nos hacía sentir como que estuvimos escribiendo en el cielo!

Dennis y Geni Boyer, y todo el equipo de la oficina: gracias. Dennis, gracias por prestarme tu oficina y tu computadora para que los usara este año que pasó. (De paso, las fotos de tu automóvil todavía están colgadas allí, aunque me dijiste que podía quitarlas, cuando me quejé de la falta de un «ambiente» acogedor en tu oficina.) María y Jaci, disfruté de compartir el espacio de la oficina y el café con ustedes durante estos últimos meses. Geni, ¿de qué modo puedo encontrar palabras para expresar mi gratitud por todo el apoyo que me brindaste de diversas maneras? Espero que sepas que sin ti el año pasado hubiera resultado muy estresante en lugar de constituir un estímulo. ¡Te lo agradezco muchísimo!

Laura y Penny: ¡un fuerte abrazo a las dos! Laura, gracias por tus oraciones y por dedicar preciosas horas de tu tan ocupada vida haciendo lecturas de prueba de todo, desde el bosquejo original al manuscrito final, y por ayudarme a llegar con la fecha de entrega.

Y Penny, ¿cómo saber, cuando nos conocimos en el taller literario de Steve, que ibas a convertirte en una «Jetro» para mi vida? No solo pospusiste tu propio libro para hacer lecturas de prueba del manuscrito y alentarme a lo largo del camino, sino que tú y Clint se pusieron a nuestro lado para ayudarnos a llevar adelante el ministerio. Gracias por unirse a nosotros en esa travesía sorprendente.

Joe, gracias por permitirme pasar tantas horas haciendo lo que sabes que más me gusta hacer: establecer objetivos y alcanzar fechas de entrega; y, ¡por supuesto, escribir! Y gracias también porque cuando yo te pedía que te sentaras ante el escritorio y leyeras durante horas, a fin de que pudiera conocer tu opinión y permitir tu intervención en lo tocante al libro, no te quejaste. (Sé muy bien que hubieras preferido estar lustrando el automóvil o trabajando al aire libre.) Te amo.

RECONOCIMIENTOS ESPECIALES
DE PARTE DE JOE

A mi más viejo amigo, Bill Salter. Gracias por estar ahí y ayudarme a través de los años difíciles en que mi matrimonio estuvo en crisis.

Al grupo de varones de los martes por la noche: Gracias por su apoyo y compromiso de cada semana, y gracias por hacerme partícipe de sus historias y proveerme un lugar seguro en el que compartirles la mía.

Al pastor Velton Johnson: Gracias por ayudarme en cuanto a mi educación en la palabra de Dios y por darme una oportunidad para servir en la iglesia Greater True Light Baptist Church.

Al pastor David Seifert. Gracias por alentarme y por confiar en mí a través de los años. Gracias por su apoyo y por no perder las esperanzas en cuanto a nuestro matrimonio.

Una gratitud especial para mi amigo Bob Falkey, «B-1 Bob». Porque siempre supiste lo que yo necesitaba y estuviste junto a mí en los momentos difíciles.

Y finalmente, pero no menos importante, a Michelle: Gracias por haber sido una esposa, madre y abuela según Dios, y por evitar que pasara todo mi tiempo encerando mi automóvil. ¡Formamos un gran equipo! Te amo.

Introducción

Cuando nos separamos en 1987, estábamos enojados y confundidos. También nos preguntábamos cuál era el papel de la «iglesia» en nuestra situación, aparentemente desesperada. Dado que ambos habíamos experimentado el matrimonio y el divorcio en nuestro pasado, antes de ser cristianos comprometidos, estábamos decididos a descubrir una manera de tratar con nuestros problemas y evitar un fracaso matrimonial más. Conocíamos la Biblia lo suficiente como para creer que Dios abomina el divorcio (Malaquías 2:16), y deseábamos desesperadamente mantener la promesa que habíamos hecho cuando renovamos nuestros votos matrimoniales como cristianos solo unos meses antes.

Durante el tiempo en que estuvimos separados nos faltaron muchos recursos, lo que solo logró prolongar nuestras luchas y nuestra separación. Una de las cosas más importantes que nos faltaba era un sistema de apoyo saludable de parte de gente que comprendiera nuestras necesidades. Dado que nunca estábamos en la misma página al mismo tiempo, la consejería de pareja, los retiros de matrimonios y las clases que apuntaban a que maridos y esposas asistieran juntos no funcionaron en nuestro caso. En realidad, esas cosas solo parecieron volver peor nuestra situación a causa de las expectativas impuestas sobre el cónyuge que no deseaba del todo participar.

Otro problema con el que nos encontramos durante nuestra separación fue que las parejas casadas que conocíamos no se identificaban con aquello por lo que estábamos pasando. Algunas personas intentaron rescatarnos y arreglar nuestro matrimonio, pero eso solo les produjo agotamiento y frustración al ver que nuestras crisis matrimoniales continuaban aumentando hasta salirse de control. Otros directamente nos evitaban, simplemente porque no sabían qué más hacer. Erróneamente pensamos que no les importaba.

Deseando con desesperación ser una pareja feliz, lo intentamos todo para recomponer nuestro matrimonio, pero nada funcionó. En tanto que nuestra separación resultó solitaria, dolorosa y desconcertante, ahora entendemos que Dios nos estaba preparando para el «ministerio de la reconciliación» basado en 2 Corintios 5:18. A través del método de prueba y error, y en el perfecto tiempo de Dios, nos reconciliamos casi dos años después.

En 1990, poco después de nuestra reconciliación, supimos que Dios nos estaba llamando a ayudar a otras parejas en crisis proveyéndoles los recursos de los que nosotros no dispusimos cuando nos separamos. Siete años después, nuestra primera publicación era un manual titulado *Reconciling God's Way* [Reconciliarnos a la manera de Dios], que se basaba en los desafíos que habíamos enfrentado durante nuestro matrimonio y separación. El manual del alumno y la guía para el líder nos permitieron proveer clases para nuestra comunidad y asistir a los pastores a través de todo el mundo para que ellos también implementaran ministerios de reconciliación en sus iglesias locales. En 1999 fundamos el Centro Internacional para la Reconciliación a la Manera de Dios, Inc. y entramos en un ministerio a tiempo completo.

A lo largo de los años, hemos hablado con cientos de parejas y de individuos cuyos matrimonios estaban en crisis, lo mismo que con pastores y líderes que intentaban ayudar a esas parejas. Mientras que el manual *Reconciliarnos a la manera de Dios* sirvió como un bosquejo básico para ayudar a las parejas a reconciliarse dentro de su matrimonio, el libro que ahora tienen en sus manos presenta nuevas herramientas y ejercicios, y señala los numerosos conceptos errados que tiene mucha gente con respecto a los matrimonios en crisis, inclusive la comunidad cristiana.

Este libro ciertamente resultará beneficioso si tú y tu cónyuge leen y analizan las herramientas que presentamos, y si completan los ejercicio del libro juntos. Sin embargo, sabemos que la mayoría de las parejas son como nosotros cuando nuestro matrimonio necesitaba ayuda; uno de los cónyuges generalmente está más interesado en trabajar para salvar el matrimonio que el otro. Si tu marido o tu esposa muestra muy poco interés, o tal vez ninguno, en leer el material o en utilizar las herramientas y ejercicios en este momento, date cuenta de que eso es algo que ocurre, y simplemente entrégate a hacer tu parte.

De continuo nos sorprende la manera en que Dios bendice a las parejas e individuos que perseveran en medio de una crisis matrimonial, y no tenemos dudas de que él hará lo mismo contigo.

ANTES DE COMENZAR, CALIFICA TU MATRIMONIO

Sin discutirlo con tu cónyuge, tómate un momento y califica el nivel en el que está tu matrimonio.

- **Nivel uno**: Se dan algunas peleas, pero yo estoy comprometido con nuestro matrimonio.
- **Nivel dos**: Las disputas quedan sin resolver y existe falta de intimidad en nuestro matrimonio.
- **Nivel tres**: En medio de las peleas, uno o ambos elevamos amenazas de separación o divorcio.
- **Nivel cuatro**: Al menos uno de nosotros está considerando con seriedad la posibilidad de separación o divorcio.

Si has calificado tu matrimonio del nivel dos en adelante, tu matrimonio está en crisis. Si lo has calificado con el nivel uno, ¿estás seguro de que tu cónyuge lo calificaría de la misma manera?

A diario recibimos llamados de maridos turbados y esposas devastadas cuyos cónyuges les han anunciado que quieren terminar con el matrimonio. De acuerdo con la mayoría de aquellos que nos llaman, el anuncio los ha tomado completamente por sorpresa. También recibimos llamados de hombres y mujeres frustrados que se sienten infelices en sus matrimonios y desean asistir a algún encuentro de consejería o seminario para parejas, pero sus cónyuges se rehúsan a participar.

Más allá del nivel de crisis en que te halles en tu matrimonio, puedes lograr armonía en tu hogar y esperanza para tu matrimonio, aun cuando tu cónyuge se muestre desdichado o no esté dispuesto a hacer su parte. Sin embargo, primero tú debes ser sincero con respecto a tu situación y elaborar un plan. Hemos diseñado herramientas y ejercicios en este libro que puedes implementar con un sistema de apoyo durante un período de doce semanas. En preparación para el tiempo de conversación de cada semana, subraya el texto o toma notas mientras lees cada capítulo. Incluimos aquí algunas sugerencias sobre la forma en que puedes aprovechar mejor el formato del libro:

1. *Pueden leer el libro e implementar las herramientas como pareja.* Si tu cónyuge está dispuesto a participar junto contigo, programa un tiempo cada semana en el que los dos se puedan sentar juntos sin interrupciones. Analicen las preguntas al final de cada capítulo, y también las herramientas y ejercicios, o cualquier otra cosa que hayan subrayado en ese capítulo. No te preocupes demasiado si tu cónyuge no desea participar plenamente. Considera una bendición el hecho de que esté dispuesto, pero refrénate en cuanto a imponerle expectativas poco realistas. Dale a Dios la oportunidad de obrar las cosas a *su* manera y en *su* tiempo.

2. *Ríndele cuentas a un «compañero de apoyo».* Aunque tú y tu cónyuge vayan adelante con este libro como pareja, sería sabio para ambos que preguntaran a un amigo del mismo género, o a un conocido que esté brindándoles apoyo como matrimonio o que vele por su crecimiento espiritual si estaría dispuesto a supervisarles y a orar por ustedes mientras

implementan las herramientas y practican los ejercicios. El tener un compañero de apoyo del mismo género va a disminuir las presiones, tanto las tuyas como las de tu cónyuge, y les proveerá supervisión y apoyo en oración. Programen un tiempo semanal para encontrarse con esa persona durante las siguientes doce semanas y utilicen el tiempo para analizar las preguntas que aparecen al final de cada capítulo, y también las maneras en que las herramientas y ejercicios están funcionando en su matrimonio.

3. *Lee el libro e implementa las herramientas en un grupo pequeño.* Si tu matrimonio está en crisis y tu cónyuge no está dispuesto o no puede implementar las herramientas sugeridas en este libro, el reunirte con un pequeño grupo (así como también con tu compañero de apoyo) te proveerá una doble porción de supervisión y soporte. Trata de reunir entre dos y seis personas (del mismo género) a los que les gustaría mejorar sus matrimonios y que estarían dispuestos a encontrarse semanalmente para realizar un análisis de las preguntas y herramientas de cada capítulo.

Oramos para que te sientas reconfortado a través de lo que tanto nosotros como otras personas te transmitiremos en las páginas de este libro, y para que un día tú puedas proporcionarle el mismo apoyo a aquellos que sufren.

«Alabado sea el Dios y Padre de nuestro Señor Jesucristo, Padre misericordioso y Dios de toda consolación, quien nos consuela en todas nuestras tribulaciones para que con el mismo consuelo que de Dios hemos recibido, también nosotros podamos consolar a todos los que sufren» (2 Corintios 1:3–4).

1

La oración y la asistencia a la iglesia no son suficientes

—Todo el que beba de esta agua volverá a tener sed —respondió Jesús—, pero el que beba del agua que yo le daré, no volverá a tener sed jamás, sino que dentro de él esa agua se convertirá en un manantial del que brotará vida eterna.

—JUAN 4:13–14

Acabamos de celebrar los veinticinco años de casados. Nuestros cinco hijos y diez nietos lo celebraron con nosotros. Tenemos mucho por lo que estar agradecidos: el gozo que sentimos sirviendo uno al lado del otro en el ministerio; el bienestar de saber que independientemente de que nos enojemos con el otro, nunca amenazaremos con separarnos o divorciarnos; y, lo que es más importante, el amor mutuo que sentimos el uno por el otro con Cristo como centro del matrimonio. Somos los mejores amigos y nos divertimos juntos, pero no siempre fue así.

Cuando Michelle y yo nos casamos en enero de 1982, ninguno de los dos pensamos que fuera necesario buscar consejería prematrimonial. Pensamos que los errores cometidos en nuestros matrimonios y divorcios pasados nos habían equipado como para manejar cualquier cosa que pudiéramos encontrar en nuestra relación. Pero resultó que ser el padrastro de las tres hijas de Michelle (dos de ellas adolescentes) era más difícil de lo que podía haber imaginado. De hecho, Michelle y yo habíamos estado casados menos de un mes cuando tuvimos nuestra primera gran pelea con respecto a cuestiones de paternidad. Salí por la puerta de nuestra casa, entré a un bar de la localidad, y regresé después de haber tomado bastante más que unos pocos tragos. Ni Michelle ni yo hablamos de este incidente por temor a comenzar la discusión de nuevo. En lugar de eso, lo enterramos; mal hábito con el que continuamos durante los años siguientes.

Poco después de casarnos, Michelle quedó embarazada, y pensamos que el tener un hijo de los dos podría resultar de ayuda dentro de nuestro matrimonio. Estábamos equivocados. No solo continuaron nuestros problemas, sino que nos separamos cuando nuestro hijo Mick tenía menos de un año. Cuando nos volvimos a juntar, hicimos la promesa de no volver a separarnos y las cosas parecían ir muy bien entre nosotros. Pero nuestro «período de luna de miel» duró muy poco, y muy pronto volvimos de nuevo al viejo patrón: discutir y luego arreglarnos, pero sin resolver nunca nada. Con frecuencia, cuando discutíamos, regresaba al bar y bebía en exceso, y este círculo destructivo continuó por alrededor de tres años. Una noche, después de ir al bar, regresé a casa para descubrir que Michelle y los niños se habían ido. Cuando los encontré al día siguiente en la casa de su mamá, me dijo que no volvería a casa a menos que yo me mudara. Traté de lograr que cambiara de idea, pero ella se puso inflexible. Así que decidí empacar unas pocas cosas y volverme a mi pueblo de Santa María, California, para quedarme con mi familia y esperar que Michelle se calmara, de modo que pudiésemos tratar de arreglar las cosas para volver a estar juntos.

Yo (Michelle) estaba tan harta de nuestras discusiones y de la forma de beber de Joe, que me sentí aliviada cuando se fue a Santa María. Comencé a vivir como si fuera soltera de nuevo y me rehusaba a hablar con él cada vez que llamaba.

Algunas semanas después, me encontré con una vieja amiga de la secundaria, y ella me invitó a acompañarla a la iglesia. Joe y yo habíamos llevado los niños a la iglesia en algunas pocas ocasiones, pero nunca habíamos asistido de modo regular. Acepté su invitación, y aunque no abandoné mi estilo de vida «de soltera», comencé a ir a la iglesia todas las semanas.

Un domingo a la mañana, pocas semanas después, el pastor invitó a que pasaran al altar aquellas personas que querían recibir a Cristo. Además, explicó la importancia de que los cristianos que habían estado viviendo fuera de la voluntad de Dios le volvieran a dedicar sus vidas. Sabía que Dios me estaba hablando al corazón y diciéndome que cambiara mi manera de vivir de una vez por todas. Aunque yo había orado para recibir a Cristo y había sido bautizada en 1975 durante una cruzada cristiana, nunca participé de la vida de ninguna iglesia ni estudié la Biblia. Como resultado de eso, mi relación con el Señor no creció, y yo continué buscando el sentido a mi vida en el amor de los hombres más que en Dios. Ese domingo en que me arrepentí de mis hábitos y oré volviendo a dedicar mi vida a Dios, la mujer con la que oraba me alentó asistir a una clase semanal en la que se hablaba de los fundamentos de la fe cristiana.

No mucho después Joe me llamó desde Santa María. «Michelle, —me dijo, —te extraño mucho, y también a los niños. Quiero que vendas nuestro negocio y vengas aquí a Santa María a vivir conmigo».

«¡Debes estar bromeando! —le dije. —Nunca lo haré. No hay forma en que vuelva a vivir contigo. Se que aún bebes cuando te enojas, y no voy a caminar en puntas de pie en mi propia casa solo por no molestarte. Si extrañas a los niños, entonces puedes volver aquí, pero no voy a mudarme a una distancia de seis horas de viaje». Concluí la conversación con un gran cierre: «Además, he comenzado a asistir a la iglesia de forma regular, y he descubierto que nosotros estamos en "yugo desigual". Así que no tengo por qué reconciliarme contigo».

Yugo desigual era un término que me había mencionado alguien, tomado del pasaje en 2 Corintios 6:14 con respecto a que los cristianos no pueden asociarse con los incrédulos, y yo me sentí muy contenta de utilizarlo erróneamente como confirmación bíblica de que no tenía que reconciliarme con Joe. Aunque había dejado de salir con otros hombres y me había comprometido nuevamente a seguir a Jesús, todavía seguía haciendo las cosas a mi manera en lugar de hacerlas a la manera de Dios, y estaba decidida a llevar adelante mi vida sin Joe. Disfrutaba la paz que había en casa ahora que nos habíamos separado.

Joe se sentía muy frustrado cuando cortamos la conversación, pero más o menos una semana después, volvió a Modesto y se mudó a casa de uno de sus amigos. El siguiente domingo se presentó en la iglesia a la que yo concurría. Cuando el pastor hizo la invitación a recibir a Cristo, Joe avanzó hacia adelante. *Él solo pretende engañarme para que vuelva con él al fingir que se está volviendo cristiano*, pensé enojada.

Yo (Joe) no deseaba otro divorcio y esperaba salvar nuestro matrimonio al mudarme de nuevo a Modesto. Mis padres habían pasado por un divorcio lleno de amargura y asperezas cuando yo era muy joven, y mi padre nunca fue un ejemplo de cómo ser un marido y padre según los patrones divinos. Parecía que yo estaba siguiendo sus pisadas. Cuando elegí mudarme a Modesto, antes de conocer a Michelle, mi hijo Jason, de mi primer matrimonio, era un adolescente. Luego de casarme con Michelle veía a Jason solo un par de veces al año y, como resultado, no era la clase de padre que él necesitaba que fuera. Sabía que si no comenzaba a vivir de otra manera, iba a suceder lo mismo en mi relación con mi hijo Mick. Cuando pasé adelante a recibir a Cristo ese domingo, lo estaba haciendo de veras. Hice el compromiso de cambiar, y realmente quería ser un marido y padre piadoso. La semana siguiente asistí a la misma clase sobre fundamentos a la que asistía Michelle, pero eso la hizo enojar.

«¡Joe, esta es mi iglesia! Ve a conseguirte otra», me dijo una noche. Ella aun se rehusaba a usar mi apellido, y en su lugar utilizaba su segundo nombre. También se sentaba en la otra punta del salón durante las clases de fundamentos y actuaba como si ni siquiera me conociera. A pesar de sus reacciones, continué yendo a la iglesia y asistiendo a las clases. Me bauticé pocas semanas después.

Creo que Michelle finalmente se desgastó en su intento de seguir enojada conmigo. Una noche después de la clase me preguntó si yo consideraría la posibilidad de encontrarnos con el pastor y su esposa para analizar la situación de nuestro matrimonio. A causa de que ella no estaba usando mi apellido y se rehusaba a sentarse junto a mí, nunca nos habían relacionado como marido y mujer. Todos se rieron bastante cuando descubrieron que yo era el marido del que Michelle se había estado quejando durante todos esos meses. Poco tiempo después renovamos nuestros votos, como cristianos, delante de toda la iglesia.

IR A LA IGLESIA Y ORAR PRODUCE MATRIMONIOS SÓLIDOS, ¿NO ES VERDAD?

En el otoño de 1987, unos ocho meses después de haber renovado nuestros votos, yo estaba sentada al lado de Joe mientras esperábamos que el líder de una clase sobre evangelización de nuestra iglesia nos diera algunas instrucciones. Pensamos que el asistir a esa clase y servir a Dios como pareja podría fortalecer nuestro matrimonio. La gente de la iglesia nos había dicho cuando nos reconciliamos, que siempre que oráramos juntos, asistiéramos a la iglesia como familia, y sirviéramos en un ministerio juntos, evitaríamos una nueva separación.

El líder comenzó a hablar: «Por favor, condensen su testimonio cristiano en una presentación de dos minutos con el propósito de poder transmitirlo a los inconversos. Llenen el espacio que está en blanco en las siguientes frases: *Antes de ser cristiano, yo*________________. *Y ahora que soy cristiano, yo*________________».

Sentada en la clase esa noche, pensando acerca de cómo había cambiado mi vida desde que se la había vuelto a dedicar a Cristo el año anterior, llegué a una certeza turbadora: Mi vida prácticamente no había cambiado para nada. A pesar de todos los intentos por hacerlo aparecer de otro modo, nuestro matrimonio estaba de nuevo en crisis. Mientras Joe, sentado al lado mío llenaba sin esfuerzo los espacios en blanco en su papel, yo me preguntaba qué es lo que podría estar escribiendo. ¿Pensaba que éramos felices simplemente porque le decíamos a la gente que lo éramos? ¿Realmente consideraba que había cambiado desde que se había vuelto cristiano, varios meses atrás? ¿No había notado que, a pesar de que asistíamos regularmente a la iglesia y orábamos juntos, todavía no habíamos aprendido a expresar nuestras frustraciones sin herir profundamente al otro? Me preguntaba si todas las otras parejas de esa clase y de nuestra iglesia se sentían tan felices en su matrimonio detrás de la escena como aparentaban externamente, o si, al igual que nosotros, simplemente estaban ocultando toda una vida de sufrimientos con sonrisas amables y cálidos apretones de manos. (De hecho, en ese año, dos de las parejas de la clase se divorciaron, y dos años más tarde el pastor que nos dirigía dejó el ministerio definitivamente a causa de una crisis en su matrimonio.)

Las semanas que siguieron, se convirtieron en una batalla de voluntades entre Joe y yo.

«Joe, necesitamos ir a uno de esos retiros de fin de semana que ayudan a las parejas a llegar a la raíz de sus problemas matrimoniales a fin de recibir orientación», le demandaba cada vez que nos veíamos envueltos en alguna acalorada discusión, que generalmente acababa sin ser resuelta.

«No, ¡es demasiado caro! Además, ¡por lo general, acabamos peleando sobre lo que los consejeros dicen, de todos modos!», me decía en respuesta, afirmándose en su posición aun más.

Esa conocida sensación de desesperanza estaba comenzando a retornar. El pensamiento de enfrentar una tercera separación me abrumada. Debido a que ahora éramos cristianos, nos imponíamos expectativas que no habían existido en las dos ocasiones anteriores en que nos habíamos separado. Para empeorar las cosas, habíamos renovado nuestros votos frente a toda la iglesia solo unos meses atrás, y nuestro pastor a menudo nos usaba como ejemplo del modo en que Dios podía sanar un matrimonio y traer esperanza dentro de cualquier situación que parecía completamente desesperanzadora. Admitir que estábamos en crisis otra vez significaba causar desánimo en aquellos que nos miraban alentando esperanzas en cuanto a sus propias situaciones.

En un esfuerzo por acercarnos a los demás, y a otras parejas, nos unimos a un grupo familiar de comunión. Una noche, los líderes del grupo preguntaron si alguien necesitaba oración por algo en especial. Sin pensarlo dos veces, yo dije impulsivamente: «¡Sí, nosotros! Joe y yo estamos luchando otra vez por mantener nuestro matrimonio». Me sentí aliviada al permitir que la verdad saliera a la luz, pero lo que sucedió a continuación me tomó por sorpresa.

Se nos pidió que nos sentáramos en medio del cuarto para que todos pudieran orar por nosotros. Nunca antes se nos «había orado» de este modo a ninguno de los dos, pero yo estaba dispuesta a intentar cualquier cosa, llegado este punto. Todos fueron muy amorosos cuando pidieron a Dios que sanara y bendijera nuestro matrimonio y que nos ayudara a resolver nuestras diferencias; no tuve el coraje de decirles que sus oraciones no estaban funcionando. En lugar de eso, cuando la semana siguiente uno de los miembros del grupo nos pregunté como andaban las cosas, le mentí. «Muchas gracias por orar por nosotros. Sí, sus oraciones dieron resultado y las cosas van mucho mejor entre nosotros».

Yo estaba tan frustrado como Michelle cuando resurgieron los problemas en nuestro matrimonio. Desde el comienzo del mismo discutíamos por todo: dinero, paternidad, mi familia, su familia. Piensen en cualquier tema: nosotros discutíamos sobre eso también. Nuestras tendencias naturales en cuanto al manejo de los conflictos solo empeoraban las cosas.

Yo tendía a guardar adentro lo que realmente sentía, y durante los años previos a la renovación de nuestros votos, perdía el control con el auxilio del alcohol. Michelle lo soportaba solo por un tiempo antes de explotar en ira cuando el intentar mantener la paz en la casa se volvía más de lo que podía manejar. Yo esperaba que las cosas cambiaran luego de que nos hicimos cristianos y renovamos nuestros votos en la iglesia, en especial porque dejé de beber. Pero cuando nuestras discusiones comenzaron a volverse fuertes y frecuentes pocos meses después, se nos hizo difícil pensar un lugar en el que pudiéramos buscar ayuda.

Finalmente, Michelle me convenció de que la acompañara a una cita semanal que había concertado con uno de los pastores de nuestra iglesia para recibir orientación. Pero, desafortunadamente, luego de tres semanas de consejería, comenzamos a pelear sobre nuevas cuestiones: lo que cada uno había dicho o no había dicho durante la sesión; si habíamos cumplido o no con la tarea que el pastor nos había asignado; ¡y hasta argumentábamos si el pastor estaba de parte de uno o del otro con respecto a los distintos temas que habían surgido durante el encuentro con él!

Entonces le dije a Michelle que yo no iba a volver allí. Rehusarme a asistir decididamente no ayudó a nuestra situación. Una noche, durante una pelea, yo empaqué mis maletas y me fui. Deseaba visitar Santa María y tomar un descanso de tanta pelea.

Cuando salí de casa esa noche, no tenía la intención de que nuestra separación fuera algo permanente. Pero cuando procuré regresar un par de semanas después, Michelle dijo que la única forma en que me permitiría quedarme era si asistíamos a sesiones de consejería de nuevo. Yo no lo deseaba. Y dado que ninguno de los dos retrocedía de su opinión, decidí conseguirme un apartamento. Imaginé que solucionaríamos nuestras diferencias en uno o dos meses, una vez que ambos nos calmáramos.

No tenía idea de que eso nos llevaría dos años.

Si bien es cierto que el asistir a la iglesia y orar juntos son cosas buenas para las parejas, es un error de concepto pensar que el hacerlo evitará la separación o el divorcio. La verdad es que las iglesias a lo ancho y a lo largo del país están llenas de parejas que se han comprometido con Cristo, asisten a la iglesia y oran juntas, pero cuyos matrimonios están en crisis. Si te has entregado a Jesús y te consideras cristiano, no hay garantía de que tu matrimonio esté libre de crisis. Sin embargo, si le permites a Jesús caminar junto a ti durante la crisis, él te proveerá todo lo que necesitas para atravesarla.

UN MANANTIAL DE «AGUA VIVA»

En el capítulo 4 de Juan, vemos a Jesús hablando con una mujer junto a un pozo en Samaria. Ella había estado casada cinco veces y ahora vivía con su amante. Jesús llevó a esta mujer a acercarse a él durante la conversación porque sabía que ella intentaba llenar el vacío que había en su vida con el amor de los hombres en lugar del amor de Dios. Jesús le prometió darle su agua viva, y ella se fue de junto al pozo en ese día para nunca más sufrir la falta de amor.

Debido a nuestro pasado, el pastor que nos asistió al renovar nuestros votos se refirió amorosamente a nosotros como «el hombre y la mujer de junto al pozo». La historia de la samaritana es aplicable a todos nosotros. Jesús desea llevarnos a un lugar en el que nos volvamos a él para satisfacer nuestra sed con el Espíritu Santo. A pesar de nuestras diferentes experiencias en el pasado, todos compartimos una sed común que nos atrae hacia la fuente de agua viva. El por qué algunos eligen beber de ella y otros se alejan, resulta un misterio para nosotros, pero sabemos que Jesús nos lleva a todos hasta su fuente, hasta su camino. ¿Puede ser que Dios te esté atrayendo hacia esa fuente a través de una crisis en tu matrimonio?

PREGUNTAS PARA EL ANÁLISIS CON EL GRUPO O CON EL COMPAÑERO DE APOYO

1. *¿Fuiste criado en un hogar en el que se sustentaban valores religiosos? ¿Hasta qué punto eso moldeó lo que eres hoy?*
2. *¿Tuviste una buena relación con tus padres mientras crecías? ¿Y ahora?*
3. *¿Fueron tus padres un modelo de buen matrimonio? Explícalo.*
4. *¿De qué modo tiendes a manejar el estrés en una situación de crisis?*
5. *Lee y analiza Juan 14:1-3.*
6. *Señala una cosa por la que estás agradecido con respecto a tu cónyuge.*
7. *Señala una cosa por la que necesitas que se ore por ti.*

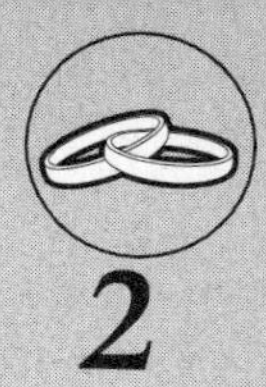

2

Necesitan construir un sistema de soporte seguro

Porque donde dos o tres se reúnen en mi nombre, allí estoy yo en medio de ellos.

—Mateo 18:20

La mañana siguiente al día en que Joe salió de casa, fui sola a la cita de consejería con el pastor. Me di cuenta de la decepción que le produjo que Joe y yo nos hubiéramos separado de nuevo, pero puso su mejor voluntad para tratar de alentarme y proveerme buena orientación. «Michelle, tienes que hacer todo lo posible por ser una esposa piadosa, sin que importe si tu esposo vive o no en tu casa. No te centralices en lo que haga Joe; solo preocúpate por hacer tu parte».

Ese era un consejo difícil de seguir para alguien que había transcurrido la mayor parte de su vida pasando de un matrimonio disfuncional a otro. *¿De qué manera puedo ser una esposa piadosa sin tener un marido en casa? ¿Y quién estará a mi lado, ahora que Joe se ha ido?*, me preguntaba. Esa aprensión debe haber resultado evidente, porque la tarea que me asignó el pastor fue estudiar las características de la mujer piadosa que aparecen en Proverbios 31.

Al dejar su oficina ese día me sentí sola y avergonzada de estar separada de nuevo. Iba a ser muy difícil enfrentar a la gente que había estado orando por nosotros y que nos había apoyado cuando renovamos nuestros votos solo ocho meses atrás.

Un par de días después, contraje una especie de gripe. En lugar de orar a Dios por una rápida recuperación, como normalmente hubiera hecho, agradecí la oportunidad de quedarme en casa y poder evitar el tener que enfrentarme con toda la gente de la iglesia. Dado que todo lo que hacíamos Joe y yo en la iglesia implicaba estar con otras parejas, me debatía tratando de descubrir dónde encajar ahora sin él. Las palabras del pastor con respecto a ser una esposa piadosa aunque Joe no estuviera en casa todavía resonaban en mis oídos.

ENCONTRAR NUESTRO LUGAR

Cumplí 40 años mientras estaba en cama con gripe. Decidí que cuando me recuperara me uniría a una clase de escuela dominical dirigida a personas de 40 años y más. No me resultaba extraño ni inconveniente asistir a esa clase sin Joe, ya que consistía mayormente de personas mayores y algunas pocas señoras viudas con las que podía relacionarme.

Al mirar atrás, veo que Dios me proveyó exactamente lo que necesitaba, aunque no fuera lo que deseaba. A pesar de que disfrutaba de la clase de escuela dominical y que muchas de las personas que conocí allí siguen aun en mi vida hoy, me desilusioné de los pastores de nuestra iglesia. Cuando Joe se fue, yo tenía la expectativa de que ellos me proveyeran un importante apoyo emocional, pero eso no sucedió. Había realizado incontables llamados telefónicos a la asistente administrativa de nuestro pastor principal, esperando que ella le dijera que dejara lo que estuviera haciendo para venir a verme cada vez que Joe y yo teníamos una discusión. En una ocasión, hasta le escribí una carta de reprensión a nuestro pastor, diciéndole: «Usted renovó nuestros votos en frente de toda la iglesia, y siempre nos sonrió y nos dio la mano cuando nos veía. Ahora que no somos más una "pareja feliz", usted parecería ignorarme. Si yo me siento así, probablemente también haya otros que se sienten del mismo modo. ¡Nuestros pastores deberían extendernos la mano para que los que sufrimos sepamos que les importamos!»

Escribí la carta durante uno de esos ejercicios de catarsis; nunca debí enviarla. Al momento de despacharla, lamenté haberlo hecho. Llamé a la asistente del pastor para pedirle que interceptara la carta al llegar y ella me dijo que haría lo posible.

Dos días después recibí un llamado de mi pastor. Había recibido la carta. Afortunadamente, él fue muy amable, y como resultado de la carta surgió un ministerio entre bastidores del que yo era cabeza de lanza junto con otras tres mujeres. Nuestra responsabilidad consistía en escribir notas y enviar tarjetas a aquellas personas que estaban pasando por crisis en sus vidas. Me produjo gran consuelo escribir palabras de aliento a las personas que sufrían, dado que yo también estaba sufriendo.

Lo único que me salvó de perder toda esperanza cuando Michelle se negó a dejarme regresar a nuestro hogar después de nuestra última separación fue mi sistema de soporte o apoyo, que creo que fue un regalo de Dios. Erróneamente pensaba que los pastores de nuestra iglesia habían escogido ponerse del lado de Michelle después de que nos separamos. Abrumado por la frustración, decidí comenzar a asistir a una iglesia más pequeña al otro lado de la ciudad. Esta nueva iglesia brindaba estudios bíblicos para varones, y uno de los hombres me invitó a asistir. Nunca había estado en un grupo de varones y no tenía idea del impacto que eso tendría sobre mí. No solo aprendí mucho sobre la Biblia, sino que también aprendí a mostrar abiertamente mis sentimientos ante otros hombres. Me di cuenta de que todos nosotros pasábamos por luchas semejantes, aun aquellos que tenían un matrimonio saludable.

Una cosa que he descubierto a lo largo de los años desde entonces es que la mayoría de los hombres que enfrentan crisis matrimoniales nunca tuvieron una buena relación con sus padres, y muy pocos contaron con modelos masculinos cristianos sólidos en cuanto al desempeño de su papel. El estudio bíblico de varones llenó un vacío que ni siquiera sabía que tenía. Aunque dejé de asistir a mi iglesia a causa de aquel malentendido, el Señor usó mi salida para crear un sistema de soporte que me ayudó a enfocarme en Dios en un momento de mucha soledad. También me proveyó la oportunidad de pasar tiempo con otros hombres cristianos que eran maduros en su caminar con el Señor.

Michelle y yo nos damos cuenta ahora de que nuestros pastores no nos podrían haber provisto todo lo que necesitábamos cuando nos separamos, pero eso no disminuyó el dolor que sentimos en ese momento. La separación es muy dura; a veces pienso que es más difícil que el divorcio o la muerte, porque uno no es soltero, pero al mismo tiempo tampoco se siente casado. Y, como cristiano, la separación es peor porque uno se sienta en la iglesia y ven a otras parejas y familias interactuando entre los miembros que la integran.

Continuamente recibimos llamados de personas que pasan por una separación o divorcio y han dejado de asistir a su iglesia porque se sienten abandonados por sus pastores durante la crisis. Pero esa es la forma que tiene el enemigo de aislar a las personas en crisis y hacerles pensar que al pastor no le importa. La verdad es que a la mayoría de los pastores les importa, solo que no llegan a cubrir todos los espacios. Recibimos casi tantos llamados de pastores y otras personas que quieren dar inicio a ministerios de reconciliación, como de parte de parejas cuyos matrimonios están en crisis. Creer que solo los pastores son los responsables de ayudar cuando alguien dentro de la iglesia se halla en crisis es un error conceptual.

La Biblia está llena de ejemplos referidos a que Dios espera que en medio de su pueblo se atiendan los unos a los otros.

En cambio no recuerdo ningún ejemplo en el que el Señor declare que se espera que los pastores lo hagan todo. En realidad, en varios pasajes Dios nos impulsa a hacer todo lo contrario. Por ejemplo, cuando Moisés intentaba desesperadamente mediar en todas las disputas de los israelitas mientras vagaban por el desierto, su suegro reconoció lo imposible de esa situación. «No está bien lo que estás haciendo, —le dijo el suegro a Moisés —pues te cansas tú y se cansa la gente que te acompaña. La tarea es demasiado pesada para ti; no la puedes desempeñar tú solo» (véase Éxodo 18:17–18). Jetro entonces le indicó a Moisés que seleccionara hombres capaces de asistirlo, hombres que temieran a Dios y amaran la verdad.

Con la alta tasa de divorcios que se dan entre los cristianos hoy, los pastores necesitan desesperadamente contar con quienes los ayuden, como lo tuvo que hacer Moisés. Y esa ayuda debe provenir de otras personas de la iglesia. Esa es la razón porque resultan tan importantes los grupos pequeños que provean compañeros de apoyo.

PASOS A SEGUIR PARA CONSTRUIR UN SISTEMA DE SOPORTE SEGURO

Si estás pasando por un tiempo de soledad a causa de que tu cónyuge no está junto a ti ahora, sabemos cómo te sientes y deseamos ayudarte a obtener el apoyo que necesitas. Dado que nosotros no nos reconciliamos por casi dos años, nuestros sistemas de soporte le proveyeron un sostén vital a nuestra vida. Estamos convencidos que sin un soporte piadoso y personas ante las que podíamos rendir cuentas no hubiéramos permanecido comprometidos con Dios, y seguramente tampoco el uno con el otro.

Un sistema de soporte seguro es aquel que nos ayuda a acercarnos a Dios y permanecer enfocadas en él, *sin que importen las circunstancias*. Una palabra de advertencia resulta oportuna aquí: Cuídate de buscar apoyo o soporte en alguien de otro género. Protege tus emociones y las emociones de los que te rodean. Por lo menos la mitad de la gente con la que hablamos, y cuyos matrimonios están en crisis, dicen que ellos o sus cónyuges están involucrados en relaciones adúlteras que comenzaron como una «inocente» amistad. Estás en un lugar vulnerable en este momento, y el próximo paso que des debe acercarte a Dios.

1. *Forma un equipo de oración.* La oración constituye una parte clave de tu sistema de soporte, en especial si tu cónyuge no está dispuesto a trabajar para que el matrimonio funcione. Sin embargo, no esperes que todo el apoyo de oración venga de una sola persona, porque de lo contrario correrás el riesgo de abusar de su hospitalidad. Proverbios 25:17 dice: «No pongas con exceso tu pie en la casa de tu vecino, no sea que, harto de ti, te aborrezca» (RVR95). Palabras fuertes, pero verdaderas cuando se trata de que nos cuidemos de entretener expectativas poco realistas de otros. Construyamos un equipo de oración, del mismo género, de entre tres y cinco personas, para poder repartir entre ellos las llamadas telefónicas y pedidos de oración.

2. *Busca un compañero de apoyo de tu mismo género.* Resulta vital que tengas alguien que camine a tu lado si tu matrimonio está en crisis. Mi mejor amiga de la escuela secundaria fue mi compañera de apoyo durante mi separación de Joe. Karin oró por nuestro matrimonio y me ayudó a mantenerme enfocada en Dios. Ninguna de las dos conocía demasiado de la Biblia, pero examinábamos juntas las Escrituras y les hacíamos a nuestros pastores y líderes muchas preguntas. Como resultado, nos ayudamos la una a la otra a crecer espiritualmente. Una palabra de advertencia: Del mismo modo que a Moisés se le instruyó que tomara en cuenta ciertas cualidades especiales cuando escogiera gente para ayudarlo, tu compañero de apoyo debería mostrar estas tres cualidades:

1. Un saludable temor de Dios (Proverbios 1:7)
2. Un amor constante y leal por la verdad de la palabra de Dios (Proverbios 2:1–5)

3. La disposición a orar regularmente por tu matrimonio (1 Pedro 4:7–8).

Tu compañero de apoyo no necesita conocer la Biblia en profundidad, ni tiene que asistir a tu misma iglesia. Muchos individuos han encontrado sus compañeros de apoyo en su lugar de trabajo. Un hombre me transmitió esto, narrando la forma en que encontró a su compañero de apoyo: «No conocía a nadie de mi iglesia ni de mi trabajo que pudiera ser mi compañero de apoyo, así que esperé y oré sobre ello durante tres semanas. Un día, sentí que Dios deseaba que le preguntara a un hombre mayor de la iglesia si es que quería ser quien me apoyara y acompañara. Me acerqué a él y le dije: "Mi matrimonio está en crisis, y estoy asistiendo a una clase sobre reconciliación. Se espera que le pida a alguien que sea mi compañero de apoyo y yo me preguntaba si usted consideraría la posibilidad de encontrarse conmigo una vez por semana para trabajar juntos con mi cuaderno de tareas".

«¡Los ojos del hombre se llenaron de lágrimas! Cuando le pregunté si había dicho algo incorrecto, me respondió: "No, usted no ha dicho nada equivocado, ha dicho lo correcto. Yo he asistido a la iglesia por mucho tiempo y nunca me sentí digno de servir en ninguna área. Esta es la primera vez que siento que podría ayudar a alguien"».

Los comentarios de este hombre son comunes a muchas personas que se sientan en nuestros bancos todas las semanas y a las que nunca se les ocurre que Dios pueda usarlas. Cuando uno se anima a pedirle a otro que sea su compañero de apoyo, no solo se ayuda a sí mismo, sino que les quita de encima a los pastores y líderes la presión de tener que hacerlo todo y le brinda a otro la oportunidad de sentirse útil.

3. *Comienza a asistir a un grupo de apoyo de personas del mismo género.* Muchas de las comunidades brindan una variedad de grupos de apoyo basados en la fe para tratar necesidades es-

pecíficas. Encuentra un grupo de apoyo que se centre en los principios cristianos. Si tu iglesia no te ofrece nada de esto, ponte en contacto con alguna iglesia más grande en tu misma área. En su libro *Safe People* [Gente segura], los psicólogos Henry Cloud y John Townsend hablan acerca de un aspecto importante de los grupos de apoyo: «Dentro de los grupos se produce una dinámica que está ausente en la relación uno a uno. Los miembros toman conciencia de la universalidad del dolor y el sufrimiento, y no se sienten tentados a condenarse».[1]

Mary es un ejemplo de alguien que encontró el consuelo que necesitaba en un grupo de apoyo de su mismo género luego de que su marido se fue. «*Cuando* me di cuenta de que mi marido había sido infiel, quedé devastada. Las palabras *separación* y *divorcio* ni siquiera formaban parte de mi vocabulario. Era cristiana, activa en nuestra iglesia, creía en Dios y confiaba en su dirección en cuanto a mi vida. Cuando mi marido me dijo que me abandonaba, entré en pánico y no supe qué hacer. Me sentía avergonzada y herida, y lo único en lo que podía pensar era en salvar mi matrimonio.

»Al principio titubeé en cuanto a acercarme a los líderes de nuestra iglesia porque yo enseñaba en una escuela cristiana y temía perder mi trabajo. En lugar de ello, me puse en contacto con otro ministerio de fuera de nuestra iglesia para recibir orientación. A través de este ministerio, pude encontrar un grupo de apoyo de mujeres cristianas a unos 24 kilómetros de mi casa.

»Continué asistiendo a nuestra iglesia y, aunque muchas personas de la iglesia me mostraban su apoyo, todavía seguía pasando por un momento difícil porque era allí donde me sentía más sola. Constantemente recordaba la vida que había conocido con mi marido e hijos cuando formábamos juntos una familia. Las otras familias me parecían muy felices mientras yo sufría por dentro. Continué asistiendo al grupo semanal de apoyo fuera de mi iglesia. Con la ayuda del grupo aprendí a no concentrarme más en intentar salvar mi matrimonio sino a poner mi confianza en Dios para que él hiciera lo que era mejor.

»Mi grupo de oración, que consistía de siete damas (algunas de mi iglesia), también constituía una parte importante de mi sistema de soporte. Cuando mi marido recién se había ido, una de esas damas me llamaba cada mañana solo para asegurarse de que me hubiera levantado y estuviera lista para irme a trabajar. Otra me permitía llamarla tarde por las noches si necesitaba hacerlo, lo que me resultó de mucha ayuda. Esa, generalmente, era la ocasión más difícil y solitaria del día. Dios parecía ordenar las cosas para que yo pudiera contactarme con una de esas mujeres cada día. Nunca hubiera podido atravesar mi crisis matrimonial sin mi grupo semanal de apoyo y sus oraciones».

4. Asiste a un grupo de estudio bíblico. El concurrir a un estudio bíblico te brindará la oportunidad de encontrarte con otras personas espiritualmente maduras. Los tiempos de conversación te ayudarán a crecer en tu relación con el Señor y con otros. Elige un grupo de estudio bíblico en el que los líderes hayan sido entrenados para enseñar doctrina sólida. El apóstol Pablo le escribió a Tito: «Tú, en cambio, predica lo que va de acuerdo con la sana doctrina. A los ancianos, enséñales que sean moderados, respetables, sensatos, e íntegros en la fe, en el amor y en la constancia. A las ancianas, enséñales que sean reverentes en su conducta, y no calumniadoras ni adictas al mucho vino. Deben enseñar lo bueno» (Tito 2:1–3).

5. Busca ser discipulado por un cristiano maduro (especialmente si eres un creyente nuevo). En la iglesia, o en el grupo de estudio bíblico, encuentra alguien que sea espiritualmente más maduro que tú. Esa persona precisa conocer lo suficiente de las Escrituras como para ayudarte a mantenerte encaminado bíblicamente. Cuando Joe y yo nos separamos, fui discipulada por dos mujeres. Luego de leer sobre la importancia de que las mujeres mayores enseñaran a las más jóvenes (ver Tito 2:3–5), le pregunté a una maestra jubilada de mi clase de escuela dominical si ella estaría dispuesta a discipularme. Leah y yo nos encontrábamos todos los viernes por la mañana. En lugar de abocarnos a un estudio estructurado, le pedí que me aconsejara en ciertas situaciones particulares, ya fueran referidas a Joe, los niños o mi trabajo. Por lo general, me decía: «Bien, no estoy segura en cuanto a lo que tendrías que hacer, pero vayamos a la palabra de Dios y veamos lo que *él* considera que deberías hacer». Fue para mí una excelente manera a aprender a buscar respuestas basadas en la Biblia para la vida cotidiana.

La otra mujer que me discipuló tenía más o menos mi edad, pero había sido cristiana y estudiado la Biblia por más tiempo que yo. Sally y yo vivíamos cerca una de la otra y salíamos a caminar juntas todas las mañanas para hacer ejercicio. Con todo amor me confrontaba cada vez que sacaba las Escrituras de contexto para adaptarlas a mi manera (lo que ocurría mucho más a menudo de lo que quiero admitir).

GUARDA TU CORAZÓN

Contar con un sistema de soporte seguro si es que tu cónyuge no está contigo evitará que cometas los mismos errores que nosotros y otras personas hemos cometido. Pero también deberás tomar algunas precauciones más para guardar tu corazón cuando te sientas solo. He aquí algunos pasos que pueden ayudarte:

1. *Evita pensar en ti mismo como si fueras soltero.* Mira el dedo del anillo en tu mano izquierda ahora. ¿Estás usando el anillo? Yo (Joe) realizo un «chequeo del anillo» casi todas las semanas con mi grupo de hombres del jueves por la noche. Les recuerdo a los varones cuyos matrimonios están en crisis que todavía están casados, aun si sus cónyuges les han entablado divorcio. Si comienzas a pensar que eres soltero porque tu cónyuge no está trabajando por salvar el matrimonio o ha entablado un juicio de divorcio, estás creyendo una mentira, y eso no es de Dios. No importa cuán desesperanzadoras que las cosas parezcan. Mantente enfocado en Dios, usa tu anillo

de bodas y mantén tu corazón preparado para reconciliarte con tu cónyuge. Hasta que tu cónyuge muera o vuelva a casarse, lo mejor que Dios tiene para ti es que estés contento en medio de tus circunstancias para que él pueda obrar un milagro.

En el próximo capítulo leerás acerca de parejas cuyos matrimonios se salvaron, aun cuando la reconciliación con el otro parecía imposible.

2. *Evita dedicarte a un ministerio dirigido a los solteros si todavía estás casado.* Algunas iglesias tienen ministerios activos para solteros que ofrecen un conjunto impresionante de hermosos programas. Sin embargo, si todavía estás casado, o hace poco que te has divorciado y todavía eres vulnerable, será mejor evitar ambientes sociales que puedan crear lazos físicos o emocionales que hagan más difícil la reconciliación con tu cónyuge.

3. *Evita hablar mal de tu cónyuge.* Algunos grupos de apoyo se enfocan demasiado en las conductas negativas de los cónyuges. Naturalmente, si existiera violencia doméstica o abusos verbales graves, resulta importante no negar la ofensa (encontrarán más sobre este tema en el capítulo 8). Sin embargo, un grupo de soporte sano te ayudará a implementar cambios positivos más que a concentrarte en lo que tu cónyuge está haciendo mal. Si descubres que la gente de tu grupo pasa la mayor parte del tiempo analizando los defectos de sus cónyuges, probablemente sea tiempo de seguir adelante y buscar un grupo más sano.

4. *Evita abandonar tu sistema de soporte una vez que tu crisis haya pasado.* Oramos para que tu matrimonio se convierta en una relación que glorifique a Dios. Sin embargo, no hagas lo que mucha gente hace una vez que se reconcilia con su cónyuge: deja de lado su sistema de soporte. Hemos visto personas caer desde lo alto de la montaña de la reconciliación al pozo de una profunda desesperanza porque se concentraron nuevamente en sus cónyuges y en sus problemas. Sin un sistema de soporte que permanece en pie, dejaron de hacer

todas las cosas que inicialmente los ayudaron a cambiar su enfoque hacia Dios.

VIVIR A LA MANERA DE DIOS, AUN CON UN CÓNYUGE QUE NO ESTÁ DISPUESTO

Una vez que tu sistema de apoyo está funcionando, Jesús usará a ese equipo para amarte y alentarte a través de su palabra y ayudarte a tomar decisiones sabias (analizaremos esto en mayor profundidad en el capítulo 10). Con frecuencia escuchamos a la gente decir: «Esa persona lleva a Jesús bajo la piel», cuando se refieren a un cristiano que estuvo junto a ellos a lo largo de una crisis.

Además de crear tu equipo de apoyo, tal vez también necesites realizar algunos cambios en tu vida personal. Aquí incluimos cuatro pasos a dar:

1. *Evalúa las amistades que tienes.* Muchos de los llamados que recibimos de alguno de los integrantes de una pareja señalan que ellos o sus cónyuges enfrentan ciertas cuestiones por haberse involucrado con terceros. Eso sucede tanto en ambientes ministeriales como en los lugares de trabajo. Si ya has desarrollado lazos emocionales o físicos con alguien que no es tu cónyuge, debes cortar con esa relación si deseas comenzar a hacer elecciones sabias referidas a tu matrimonio. Eso puede aun incluir un amigo del mismo género que resiste a tu cónyuge o que te tienta a pasar demasiado tiempo fuera de casa.

2. *Evalúa el tiempo que dedicas a tu familia.* Cuando un matrimonio está en crisis, en lugar de pasar más tiempo en casa con la familia, las personas tienden a involucrarse demasiado con el trabajo, o a permanecer mucho tiempo lejos del hogar. Pregúntale a tu cónyuge y a tus hijos si tu vida está equilibrada en esta área; por lo general ellos son los primeros en animarse a decirte la verdad.

Algunas mujeres se dan cuenta de que necesitan abandonar un hobby o algún ministerio, o dejar de trabajar tantas horas fuera de la casa para poder dedicar más tiempo a su familia. Algunos hombres descubren que se han centrado en su trabajo hasta el punto de ser solo proveedores y acaban por dividir y perder sus familias. Por supuesto, en el otro extremo del espectro, encontramos hombres que también admiten haber perdido sus familias porque se rehusaron completamente a trabajar.

3. *Evalúa la atmósfera de tu hogar.* Independientemente de tu género o del papel que desempeñes en el hogar, haz todo lo que puedas para poner tu casa en orden y convertirla en un lugar acogedor para tu familia. A veces tareas tan simples como reacomodar los muebles, comprar nuevas sábanas, trabajar en el jardín o pasarle una mano de pintura a las paredes será suficiente como para cambiar estados de ánimo negativos en positivos. Mucha gente a la que le hemos enseñado a usar esta herramienta nos ha dicho que esto por sí solo los ayudó a abrir una línea de comunicación positiva con un cónyuge que se sentía infeliz.

4. *Evalúa tu salud.* Cuando un matrimonio está en crisis, los niveles de estrés se elevan, lo que puede ocasionar un peligro para la salud. Por lo tanto, se necesita tomar precauciones especiales durante este tiempo. Si no has estado comiendo debidamente, ni haciendo ejercicios, o no has cuidado tu salud, empieza a hacerlo ahora. Comienza lentamente y establece algunas metas posibles a corto plazo. Celebra cada día en que alcances tus metas y marcha hacia adelante apuntando a las próximas.

EN ALGUNAS OCASIONES ESTÁ BIEN SENTIRSE SOLO

Mantenerte conectado con otros a través de un sistema de soporte seguro te ayudará a atravesar tu crisis matrimonial a la manera de Dios, pero no cometas el error de pensar que debes llenar todo momento en el que estés despierto con gente y actividades para evitar sentirte solo. Nosotros dos tuvimos luchas en esta área. Como adultos jóvenes descubrimos que el sentimiento de «enamorarnos» era un gran antídoto contra la soledad. Es por eso que nos sentimos tan atraídos el uno hacia el otro. Estuvimos juntos todo el tiempo hasta que nos casamos solo seis meses después. El pico de adrenalina del primer enamoramiento (o de regresar a estar juntos luego de una separación) puede ser tan embriagador como una dosis de droga o de alcohol. Aun luego de que nos volvimos cristianos, luchamos con el área de la soledad.

Lo que ninguno de nosotros comprendía era que la soledad que sentíamos tenía que ver con Dios y no con otras personas. La gente trata de llenar este hueco con cosas mundanas como el amor fuera del matrimonio, sexo lujurioso, drogas, compras compulsivas, sobrealimentación y otras cosas de ese tipo. Por eso el apóstol Juan advertía a los primeros cristianos que se guardaran de todo aquello que los llevara a quitar su mirada de Dios: «Porque nada de lo que hay en el mundo —los malos deseos del cuerpo, la codicia de los ojos y la arrogancia de la vida— proviene del Padre sino del mundo. El mundo se acaba con sus malos deseos, pero el que hace la voluntad de Dios permanece para siempre» (1 Juan 2:16–17).

¿Cuál es tu mayor lucha en este momento? ¿Te sientes abandonado por tu cónyuge, o por otros, o las dos cosas? Hasta puede ser que te sientas abandonado por Dios dado que muchas de tus oraciones parecen no ser contestadas. Sabemos cómo te sientes porque también estuvimos en esa situación. No pierdas el ánimo. Toda persona que conocemos que se mantuvo enfocada en Dios cuando su matrimonio y familia entraron en crisis ha salido de ella sintiéndose más cerca de Dios y de sus cónyuges. En el próximo capítulo conocerás a algunas de esas personas y aprenderás a esperar las respuestas de Dios.

PREGUNTAS PARA EL ANÁLISIS CON EL GRUPO O CON EL COMPAÑERO DE APOYO

1. *¿Estás conectado con una iglesia local? ¿Con qué estructuras de soporte cuenta la iglesia que tú puedas utilizar?*
2. *¿Por qué resulta importante el apoyo de alguien del mismo género? Cuando piensas en posibles compañeros de apoyo del mismo sexo, ¿quién te viene a la mente? ¿Por qué?*
3. *Analiza el valor de contar con un sistema de soporte seguro cuando un matrimonio está en crisis.*
4. *¿Cuál crees que es tu responsabilidad inmediata dentro de tu particular situación?*
5. *Busca y analiza 1 Juan 4:11–13.*
6. *¿Por qué cosa estás agradecido esta semana?*
7. *¿En qué consiste tu mayor preocupación? Pídele a tu cónyuge, compañero de apoyo, o grupo pequeño que ore por ti esta semana. Pregúntales cómo puedes orar tú por ellos también.*

3

Dios les va a responder las oraciones a su manera

Mira que estoy a la puerta y llamo. Si alguno oye mi voz y abre la puerta, entraré, y cenaré con él, y él conmigo.

—Apocalipsis 3:20

En su mayoría, las parejas y los individuos que nos contactan admiten que han orado a Dios pidiendo una clara orientación de él pero se sienten confundidos porque sus problemas matrimoniales continúan. Clint y Penny estuvieron casados durante menos de dos años y acababan de regresar de un viaje misionero cuando Penny tomó la decisión de ponerle fin al matrimonio. «No me entiendan mal», escribió en su libro *The Path of Most Resistance* [La senda de mayor resistencia].[1] «Cuando yo abandoné a Clint, no dejé de creer en Dios ni por un momento. Simplemente dejé de comunicarme con él». Cuando Penny se mudó, Clint habló con los ancianos de su iglesia y les pidió oración. Cada domingo, luego de la reunión, durante seis semanas todos oraron y creyeron que Penny se arrepentiría y detendría el divorcio. Clint continuó orando, confiando en que Dios sanaría su matrimonio, pero las cosas acabaron en divorcio. Finalmente, cuando toda esperanza de reconciliación con Penny se desvaneció, Clint se decidió a dejar California para comenzar una nueva vida en Florida.

Once años pasaron. Un día Clint recibió una carta de Penny que estaba viviendo a 4.800 kilómetros de distancia. Ella se había arrepentido y reconciliado con Dios y sentía que Dios la impulsaba a pedirle perdón a Clint por haber acabado con el matrimonio. Cuando él recibió la carta de Penny, la llamó y hablaron por teléfono durante cinco horas. Ninguno de los dos se había vuelto a casar, así que decidieron encontrarse y analizar frente a frente las cuestiones que habían llevado a Penny a abandonar su matrimonio.

En una carta que Clint le envió a Penny el día después de su larga conversación telefónica, él escribió: «Te perdoné hace años pero, como te dije anoche, solo en estos últimos meses he pedido al Señor que me perdonara por estar secretamente enojado con él por nuestra ruptura. Él respondió mis oraciones anoche con tu llamado telefónico. Tengo paz ahora. Gracias».[2]

Luego de once años de silencio, Dios respondió las oraciones de Clint. Él y Penny se volvieron a casar algunos meses después. Hoy, Clint y Penny están juntos en el ministerio en Dublin, California,[3] y también forman parte de nuestro grupo nacional enfocado hacia la reconciliación, ayudando a otras parejas a llevar su matrimonio a la reconciliación.

Earl y Kaye forman otra pareja cuyas oraciones Dios respondió después de años de silencio. Se casaron la primera vez en 1969, pero durante el primer mes de su matrimonio Kaye fue violada y dada por muerta. Aunque Kaye sobrevivió, su corto matrimonio no. «Nos fuimos por distintos caminos, pero en el fondo de nuestros corazones, nunca nos olvidamos el uno al otro». ¡Treinta y cinco años después se volvieron a casar! También están sirviendo juntos en el ministerio en Chico, California,[4] ayudando a parejas a reconciliarse.

No hay duda de que Dios puede obrar milagros en tu matrimonio, y tú deberías continuar pidiéndole y creyendo que lo hará. Pero es una equivocación pensar que él sanará tu matrimonio simplemente porque se lo has pedido. Escrituras como Santiago 1:5–6 nos instruyen a pedir a Dios, creer, y no dudar. Pero Santiago también nos advierte a no poner toda la confianza en que suceda tal como pedimos: «Más bien, debieran decir: "Si el Señor quiere, viviremos y haremos esto o aquello". Pero ahora se jactan en sus fanfarronerías. Toda esta jactancia es mala» (Santiago 4:15–16).

El ya fallecido J. Vernon McGee, escritor y erudito en Biblia, comentaba a propósito del tema de que Dios nos dé siempre lo que le pedimos: «Es una tontería piadosa pensar que puedes obligar a Dios a hacer algo (y) que Dios tiene que hacerlo porque tú lo crees. Durante una buena cantidad de años he estado padeciendo un cáncer en mi cuerpo, y nadie desea ser sanado más que yo. No me digan que no creo en la sanidad por fe, porque sí creo. Se me ha dicho que puedo obligar a Dios, y que Dios *me va a sanar* si se lo demando. Yo no sé cuál es su voluntad, pero cualquiera que sea, eso es lo que quiero que se haga. Dios desea que le llevemos nuestras necesidades a él, pero solo él determinará la forma de responder a nuestras oraciones».[5]

ESTATE ATENTO A RECIBIR
LA RESPUESTA DE DIOS

El problema con respecto a esperar una respuesta de Dios a nuestras oraciones según la forma en que nosotros consideramos que debiera hacerlo es que si lo que buscamos es una respuesta específica, puede ser que nos perdamos la respuesta real que él nos dé. Yo (Michelle) a menudo recibo llamados de mujeres cristianas cuyos maridos no cristianos se han ido y les han entablado divorcio. Muchas se sienten abandonadas por Dios porque le pidieron que salvara sus matrimonios, y en lugar de ello, sus cónyuges se casaron con otra. En muchos de estos casos, sus maridos ya cometían adulterio o las sometían a violencia física. Pero debido a que esperaban que la respuesta de Dios llegara en la forma de un matrimonio salvado, estas mujeres pasaron por alto el hecho de que Dios había respondido sus oraciones liberándolas de matrimonios violentos o poco saludables.

Consideremos lo que Pablo dice en 1 Corintios 7:15: «Si el cónyuge no creyente decide separarse, no se lo impidan. En tales circunstancias, el cónyuge creyente queda sin obligación; Dios nos ha llamado a vivir en paz». (Podemos leer todo 1 Corintios 7, cuando tengamos tiempo, para captar todo el contexto del mensaje de Pablo en estos versículos.)

Luego de estar en el ministerio por muchos años, hemos aprendido que Dios responde las oraciones en su tiempo y a su manera. Lo importante es confiar en que él nos dará la respuesta que necesitamos, aunque en muchos casos no sea la respuesta que deseamos.

El matrimonio tipo montaña rusa de Kathy se estaba cobrando sus víctimas. Ella y su marido acababan de separarse otra vez, la octava, cuando ella decidió anotarse para concurrir a una clase de reconciliación en su iglesia. Asistió fielmente a las clases durante las doce semanas, orando que su marido se le uniera, pero él no lo hizo. Cuando terminaron las clases, se unió a un grupo de soporte y a otro de estudio bíblico para mujeres cuyos matrimonios estaban en crisis. Kathy se aferraba a la esperanza de que su matrimonio se salvara, y oraba diariamente por su marido. Sin embargo, él se rehusaba a volver a casa.

«Cuando le dije a mi marido que estaba dispuesta a hacer lo que fuera para salvar nuestro matrimonio, él me informó que estaba iniciando los trámites de divorcio. Lloré mucho al principio y no me sentía motivada a hacer nada. Había bajado de peso hasta llegar a los cuarenta y cinco kilos y tenía que obligarme a comer. Esto es lo que escribí en mi diario en ese tiempo: "¡Esta batalla es del Señor y yo reclutaré guerreros de oración que me ayuden! Solo espero que sea una batalla corta". Poco después de anotar eso el Señor me condujo al grupo de soporte para mujeres cuyos matrimonios estaban en crisis».

Aunque Kathy oraba diariamente por su marido y confiaba en que Dios obrara un milagro en su matrimonio, este termino en un divorcio indeseado. Un par de años más tarde, Kathy se casó con Don, un maravilloso cristiano. Salieron por un tiempo y cuando estuvieron listos, tomaron varias clases para prepararse para el casamiento. Cuatro años después, Don y Kathy comenzaron un ministerio para familias ensambladas en Riverbank, California.[6] Aunque el primer matrimonio de Kathy acabó, Dios bendijo su deseo de hacer las cosas a su manera, y hoy ella y Don usan el sufrimiento de su pasado para ayudar a otras parejas a prepararse para un nuevo matrimonio, adaptarse a él y a los desafíos que presenta una familia ensamblada.

En algunos casos, en lugar de cambiar las circunstancias que nos resultan estresantes, Dios nos da la gracia de aprender a vivir con ellas, como sucedió con Richard. Cuando yo (Joe) hablé con Richard por primera vez acerca de su crisis matrimonial, sabía que él iba a necesitar mucha oración y apoyo. Richard, su esposa, y sus cuatro hijos vivían en la Costa Este. A su esposa acababan de diagnosticarle un desorden mental. Ella afirmaba que no lo amaba más y que Dios le decía que se divorciara de él. Le recomendé que se consiguiera un compañero de apoyo y también un equipo de oración, y que se uniera a un grupo de hombres tan pronto como le fuera posible. Acepté ser parte de su sistema de soporte en términos de oración y llamadas telefónicas. Él admitió no ser muy maduro en cuanto a su fe cristiana, así que lo alenté a encontrar una iglesia que fuera buena en la enseñanza de la Biblia y a buscar alguien que lo discipulara.

Richard estaba desesperado por salvar su matrimonio y lograr que su esposa fuera sanada. Nos mantuvimos en contacto durante los siguientes meses. En una ocasión me preguntó: «¿Por qué permite Dios que esto le suceda a nuestra familia? Oro y le pido que la sane y, sin embargo, las cosas se están poniendo peor». En determinado momento, su esposa acabó en una institución mental y ni siquiera le permitían visitarla. Le dije que continuara haciendo su parte y se concentrara en Dios, y que con el tiempo tendría respuesta a estas preguntas.

Varios meses después, con la ayuda de cierta medicación, la esposa de Richard pudo volver a su hogar. Richard me llamó una noche, extasiado con el hecho de que Dios hubiera salvado su matrimonio y sanado a su esposa. Me gocé con él pero le advertí de que no dejara caer su sistema de soporte. Estuvo de acuerdo en seguir asistiendo a su grupo de hombres, mantenerse concentrado en Dios, y llamarme cuando lo necesitara. Parecía que Dios había respondido las oraciones de Richard y que su esposa verdaderamente había sido sanada. Pero las cosas tuvieron un giro peor al año siguiente.

La esposa de Richard decidió dejar de tomar su medicación un año después de que se habían reconciliado. Afortunadamente, él seguía manteniendo su sistema de apoyo intacto y pudo enfrentar la crisis con una firme fe en el Señor. Eso sucedió hace casi cinco años, y su esposa todavía lucha con la depresión. Él ha aceptado el hecho de que su matrimonio probablemente siempre sea difícil, pero se ha comprometido a permanecer fiel a ella y mantenerse enfocado en Dios. Mantiene un contacto regular con su compañero de apoyo y todavía me llama cada tanto. No hace mucho, me dijo: «Sé que si mi matrimonio no hubiera estado en crisis, mi caminar con el Señor no hubiera sido tan firme como lo es hoy, así que estoy bien con esta realidad de tener un matrimonio algo menos que perfecto. Mi relación con Dios y con mis hijos me ha ayudado a sentirme alegre aun cuando mi esposa no ha sanado».

EL SILENCIO DE DIOS SIGNIFICA «ESPERA»

A veces Dios parece quedarse en silencio. La mayoría de nosotros ha oído el dicho: «Dios siempre responde la oración. A veces dice sí, a veces dice no, y a veces dice: *Espera*». A diferencia de Richard, mucha gente que espera piensa que el silencio de Dios significa que no está oyendo las oraciones o que no le importa. De acuerdo con Oswald Chambers, escritor y profesor de un seminario, el silencio de Dios en realidad significa todo lo contrario:

> Los silencios de Dios son sus respuestas… Su silencio es la señal de que te está llevando a una maravillosa comprensión de él mismo. ¿Te estás lamentando delante de Dios porque no has percibido una respuesta audible? Encontrarás que Dios te ha confiado, dentro de la mayor intimidad posible, un silencio absoluto, no de desesperación sino de placer, porque él sabe que puedes soportar una revelación aún mayor… Algo maravilloso con respecto al silencio de Dios es que el contagio de su quietud se te mete adentro y tú te conviertes en alguien que confía: «Sé que Dios me ha escuchado». Su silencio es la prueba de que lo ha hecho… Si Jesucristo te está llevando a comprender que la oración es para que su Padre sea glorificado, te dará a ti la primera señal de su intimidad contigo: el silencio.[7]

Varias semanas antes de nuestra reconciliación, Joe llegó un día a la casa e intentó convencerme de que era necesario que volviéramos a estar juntos. Casi me pareció demandante: «Michelle, estamos viviendo fuera de la voluntad de Dios, y es necesario que yo regrese a casa ahora». Me sentí confundida porque todavía peleábamos mucho y faltaba un elemento de amor y preocupación en el deseo de Joe de reconciliarnos. Yo deseaba hacer la voluntad de Dios y estaba orando por que él me diera una respuesta clara, pero él parecía permanecer en silencio. No comprendí en ese momento que lo que Dios me decía en realidad era: «Espera». Ese tiempo de silencio resultó en una de las más bellas experiencias con Dios que jamás he tenido.

Un día, durante este período, decidí salir y dedicar un tiempo a orar en soledad. Mientras oraba recordé varios temas de conflicto en nuestro matrimonio que nunca habían sido resueltos. En el pasado, cuando intentaba sacarlos a la luz, Joe las silenciaba. Los conté, y había seis. De pronto me di cuenta de que Dios finalmente había roto el silencio al mostrarme esos temas específicos. «Padre», le dije, «gracias por traerme a la mente estos seis temas de conflicto acerca de las que Joe y yo nunca hemos podido hablar para resolverlos. Sé que es tu voluntad que los resolvamos de modo que podamos reconciliarnos y tener un matrimonio que te honre. Señor, voy a poner estas seis cuestiones en tus manos y confiar que cuando estén resueltas, esa sea la señal de que debemos volver a vivir juntos».

Luego de hacer esta oración, tuve paz en el corazón, y confié en Dios para que él obrara nuestra reconciliación en su tiempo. Unas pocas semanas después estas seis cuestiones se hablaron y resolvieron. ¡Y fue Joe precisamente quien las sacó a relucir! Para sorpresa de todos, volvimos a vivir juntos muy poco tiempo después.

Al mirar hacia atrás, estoy agradecida de haber continuado orando y pasando tiempo con la palabra de Dios mientras él se mantuvo en silencio. Si hubiera creído que Dios no me escuchaba o que no le importaba, dudo que Joe y yo pudiéramos habernos reconciliado. La lista que presenté delante de Dios mientras clamaba, durante su silencio, fue la misma que él utilizó para confirmarme que era el momento de la reconciliación.

Durante años, Joe y yo escuchamos a distintas parejas e individuos contar una y otra vez acerca de la manera en que pudieron ver la mano de Dios en sus vidas en los momentos en los que él parecía guardar silencio. En la mayoría de los casos, aquellas parejas que han experimentado una reconciliación matrimonial admiten que estuvieron tentadas a tirar la toalla a causa de que se cansaron de esperar que Dios les diera una respuesta. Karin casi lo hizo.

Luego de esperar durante años que Dios sanara la crisis en la que estaba su matrimonio, Karin no podía entender por qué sus oraciones permanecían sin respuesta. «Desearía que Dios escribiera con humo en el cielo y me hiciera claro lo que debo hacer. ¡Siento como que él se ha quedado en silencio por demasiado tiempo!», me dijo frustrada un día. Justamente cuando Karin pensaba que ya no quedaban esperanzas para su matrimonio y que esos años de silencio significaban que Dios le estaba diciendo que no, aconteció el milagro. Su marido había decidido irse a vivir a otro lado e iniciar los trámites del divorcio, y durante ese proceso programaron una reunión para dividir sus bienes y discutir los detalles del divorcio. Karin se refiere a ese día como el día en que su matrimonio se sanó. «Cuando mi marido vino a nuestra casa para decidir cómo dividirlo todo, se ofreció a volver una vez por semana para ocuparse del jardín, de modo que yo no tuviera que contratar a alguien para hacerlo. Yo le dije que, dado que él vendría a trabajar en el jardín, podría traer su ropa sucia y yo la lavaría para que no tuviera que gastar en un lavadero. Una cosa condujo a la otra, y muy pronto nos estábamos comunicando tiernamente de corazón a corazón, ¡y nuestro enojo se disipó!» Nunca se mudó al otro apartamento.

Eso sucedió hace más de diez años. Hoy Karin y su marido tienen un matrimonio sólido y disfrutan de sus hijos adultos y de sus nietos. Lo que Karin no había notado durante los años en que Dios parecía guardar silencio fue que él estaba haciendo una obra entre bastidores, que ella no podía ver, en preparación para aquel día en el que sus corazones se volverían tiernos.

QUÉ HACER CUANDO DIOS GUARDA SILENCIO

Si Dios parece guardar silencio en tu vida en este momento, no pierdas las esperanzas. No es fácil, pero si mantienes tu atención puesta en Dios y te tomas de sus promesas en esos momentos, la bendición que te espera hará que valga la pena toda dificultad por las que hayas pasado. Aquí incluimos algunas pautas que, tanto nosotros como otras personas, consideramos que pueden ayudar a que nos mantengamos enfocados en Dios mientras esperamos su respuesta:

1. *Arrepiéntete de todo pecado del que seas consciente en tu vida, de modo que puedas oír a Dios.* Algunos de nosotros nos concentramos tanto en lo que nuestros cónyuges o aun nosotros mismos estamos o no estamos haciendo, que descuidamos tratar con nuestro propio pecado. En cierta ocasión yo (Michelle) me molesté con Joe porque íbamos tarde a la iglesia y él decidió detenerse a cargar gasolina, aunque parecía haber suficiente como para llegar allí. Cuando él no aceptó mi consejo con respecto a hacerlo después, yo me puse de mal humor. Mientras él llenaba el tanque, le dije a Dios: «Señor, ¿por qué no me escucha él a veces, cuando resulta muy obvio que estoy en lo cierto? ¡Cosas como esta me frustran! Él debería haber esperado para llenar el tanque *después* de volver de la iglesia, y no ahora». Sentada con los brazos cruzados, golpeteando con el pie, alcancé a echarle un vistazo a mi expresión de amargura en el espejito del costado. De inmediato me sentí culpable y avergonzada. Aquí estábamos, camino a la iglesia (¡a enseñar sobre reconciliación en una clase, para colmo!), y yo en realidad pensaba que Dios estaría de mi lado porque el llegar a la iglesia en hora era mucho más importante que mostrarle respeto a mi marido, independientemente de que él hubiera aceptado o no mi consejo.

Sencillo como parece este ejemplo, si yo no me hubiera arrepentido y no le hubiera pedido perdón a Joe por mi actitud, esa situación podría haber sido el comienzo de muchos otros episodios semejantes que no serían confesados, y sabemos por experiencia que esta es la manera en que las capas de resentimiento se van acumulando unas sobre otras.

El apóstol Juan escribió: «Si afirmamos que no tenemos pecado, nos engañamos a nosotros mismos y no tenemos la verdad. Si confesamos nuestros pecados, Dios, que es fiel y justo, nos los perdonará y nos limpiará de toda maldad» (1 Juan 1:8–9). Juan quería que los cristianos comprendieran la importancia de sentirse seguros de su salvación. No les estaba diciendo que si nos olvidamos de confesar o morimos antes de poder confesar perderemos nuestra salvación. Si le has confesado a Dios que eres pecador y has aceptado a su Hijo Jesús como tu Salvador, entonces todos tus pecados son perdonados: los pasados, los presentes y los futuros. Y tienes vida eterna (ver Juan 3:14–18). Lo que Juan está diciendo es que cuando pecamos debemos confesarle el pecado a Dios para poder tener comunión nuevamente con él.

2. *Pídele a tu compañero de apoyo o a algún amigo cercano que te diga si es que ve algún «punto ciego» en tu actitud hacia tu cónyuge.* Michelle y yo raramente aconsejamos a las parejas juntas. Nuestro llamado parece dirigirse en particular a los cónyuges que no están dispuestos a trabajar a favor de su matrimonio. A causa de eso, Michelle se encuentra con las mujeres y yo con los hombres por separado. Muy a menudo, el cónyuge que no está bien predispuesto llega cuando las clases o sesiones de consejería ya están por la mitad. Cuando lo hace, generalmente nos sorprende notar que ese cónyuge que se rehusó a venir a la primera mitad de la clase o sesión, en realidad no es para nada un monstruo. En muchos casos esas parejas se reconcilian. Tal como sucedió cuando nuestro matrimonio estaba en crisis, un cónyuge que ha sido herido suele pintar un cuadro irreal de su compañero porque lo único en que se concentra es su comportamiento negativo.

Jesús habló acerca de la importancia de tratar primero con las propias conductas negativas antes de juzgar las de los demás: «¿Por qué te fijas en la astilla que tiene tu hermano en el ojo, y no le das importancia a la viga que está en el tuyo?…

¡Hipócrita!, saca primero la viga de tu propio ojo, y entonces verás con claridad para sacar la astilla del ojo de tu hermano» (Mateo 7:3,5). Si te concentras en la «astilla» de tu cónyuge, te resultará difícil escuchar lo que Dios quiere decirte.

En su libro *Hope for the Separated* [Esperanza para los separados], el Dr. Gary Chapman escribe: «A menudo les he dado a las personas (que asisten a mis sesiones de consejería) una hoja de papel y les he pedido que hagan una lista de las fallas y errores de sus cónyuges. Escriben profusamente durante diez o quince minutos. Algunos aun me han pedido más papel. Las listas se ven magníficas y muy bien detalladas. Cuando les pido que hagan una lista de sus propios errores, inmediatamente anotan su falla principal. A eso le sigue un largo período de silencio mientras tratan de pensar en la número dos. Algunos nunca la descubren, y muy raramente alguien me ha devuelto una hoja con más de cuatro fallas personales».[8]

3. *Abre la palabra de Dios y espera escucharlo a él.* Yo (Joe) suelo referirme a la Biblia como la «Mente de Dios». Cuando la abro, espero escucharlo a él. A veces, él me habla a través de alguna escritura en particular; en otras ocasiones a través de una historia o un ejemplo. Hubo tiempos, durante nuestra separación, en los que yo estaba aprendiendo a estudiar la Biblia y no sabía dónde ubicar ciertos pasajes, pero tenía la seguridad de que, si continuaba leyendo, Dios me daría algo. Siempre les digo a mis muchachos de los martes por la noche: «Si quieren conocer la voluntad de Dios, entonces abran la *Mente de Dios* (la Biblia), o nunca llegarán a escucharlo».

Yo (Michelle) asistí a un retiro de mujeres justo después de que Joe y yo nos separamos por segunda vez. La oradora dijo: «Dedicarle quince minutos por día a la Biblia cambiará sus vidas de una manera que nunca imaginaron posible». Me criaron con la idea de que uno lee las Escrituras una vez por semana en la iglesia, o memoriza porciones de ella durante una clase de mitad de semana para alcanzar una mejor calificación. Nunca se me hubiera ocurrido leer la Biblia diariamente, solo con el fin de entrar en contacto con Dios. La idea de que no hacía falta dedicarle horas de estudio para producir un cambio me trajo esperanza. Creo que la gente con frecuencia no lee la Biblia porque piensa que tiene que asistir a un estudio bíblico o a una reunión de la iglesia para poder abrirla. Pero eso no es verdad. La religión señala que uno recurre a la «mente de Dios» solo cuando está en un ambiente estructurado y dedicado a tal fin. La religión también dice que uno debe pasar horas leyendo la Biblia para poder acercarse a Dios. No es que un estudio estructurado o el pasar horas leyendo la Palabra no sea bueno, pero quince minutos diarios resulta suficiente para cambiarte la vida, y ciertamente es mucho mejor que no leer nunca la palabra de Dios.

4. *Perdona a tu cónyuge y pídele que te perdone.* Cuando un matrimonio está en crisis perdonar resulta muy difícil; sin embargo, es el paso más importante a dar cuando Dios parece guardar silencio. Notemos lo que el salmista dice en el Salmo 86:5–7: «Tú, Señor, eres bueno y perdonador; grande es tu amor por todos los que te invocan. Presta oído, Señor, a mi oración; atiende a la voz de mi clamor. En el día de mi angustia te invoco, porque tú me respondes».

El Señor es un Dios perdonador y porque nosotros somos perdonados, debemos perdonar a otros también. Puede ser que estés diciendo en este momento: *¡Pero yo no soy el que necesita ser perdonado! ¡No he hecho nada malo!* Te comprendemos. Ambos nos sentimos de esa manera más de una vez cuando nuestro matrimonio estaba en crisis; y mucha gente con la que hablamos, también.

Pero reflexiona sobre la cita de Gary Chapman acerca de hacer una lista con las fallas de tu cónyuge. Es importante que asumas la responsabilidad de tus *propias* faltas. Por otro lado, no te concentres demasiado en rastrear toda una lista de cosas con las que *crees* que has ofendido a tu cónyuge. Eso puede salir al revés y provocar más ofensas. Muchas personas nos han dicho que se molestaron cuando sus cónyuges hicieron una lista de supuestas ofensas y luego les pidieron que los perdonaran por ellas. Un hombre me dijo: «¡Mi mujer comenzó a leer una larga lista de cosas que yo ni siquiera recordaba que ella hubiera hecho! Ciertamente no me sentí ofendido a causa de ellas, así que, ¿cómo iba a perdonarla por ello? Me sentí manipulado y obligado a decir: "Sí, te perdono" solo para lograr que la conversación acabara».

Durante nuestra separación, Michelle se encontró con nuestro pastor para recibir orientación porque se sentía frustrada a causa de que interminablemente desenterrábamos cosas del pasado. El pastor le sugirió que me dijera simplemente esta frase: «Por favor, ¿me perdonas por no haber sido la esposa que tú necesitabas que fuera?» Cuando ella me pidió que la perdonara usando esas palabras, se creó una atmósfera distinta inmediatamente, y yo le pedí que ella también me perdonara a mí. Aunque no nos reconciliamos hasta varios meses después, esa frase produjo un adelanto en nuestra comunicación. Nos referimos a la frase que el pastor le sugirió como la «frase del perdón» y funciona bien dentro de cualquier relación. Ken y Jane constituyen un perfecto ejemplo de ello.

Cuando Jane llamó a nuestro ministerio, había abandonado toda esperanza de que su matrimonio con Ken pudiera salvarse. Su relación con él era tan mala que nada parecía ser capaz de detener esa espiral descendente. Michelle sugirió que Jane le dijera la «frase de perdón» a Ken. Pocos días después, Jane y Ken aparecieron en un seminario de reconciliación en nuestra iglesia y asumieron el compromiso de trabajar en favor del matrimonio. Jane dijo que esa frase los colocó en el camino de la reconciliación. Ken señaló más adelante: «Cuando ella formuló de esa manera su pedido de perdón, eso pareció evitar que las cosas volvieran a subir de tono. Bajamos las armas y yo vi un rayo de esperanza».

Eso sucedió en 1996. Hoy Ken y Jane son los fundadores de un gran ministerio sin fines de lucro en Turlock, Californa, llamado Prodigal Sons and Daughters [Hijos e hijas pródigos],[9] que ofrece ayuda a adolescentes con problemas y a sus padres.

El perdón es el primer paso para la reconciliación. Sin perdón, una pareja que vuelve a unirse simplemente está colocando una alfombra encima de sus cuestiones problemáticas. Con el tiempo su matrimonio volverá a estar en crisis. Eso es lo que vivimos Joe y yo por años. Pero cuando asumimos la responsabilidad de «soltar» las ofensas (aunque no confrontamos cada una de esas ofensas) nuestro matrimonio comenzó a pegar un giro. Un error que vemos cometer a muchas parejas es pensar que no pueden perdonar a sus cónyuges a menos que ellos les pidan perdón. El problema con ese tipo de pensamiento es que dentro del matrimonio muchas veces uno de los cónyuges nunca lo pide. Una de las razones es que la gente considera de distintas maneras las ofensas. Por ejemplo, supongamos que tú piensas que tu cónyuge te habló bruscamente y fue poco amable contigo delante de un amigo o pariente. Posteriormente, confrontas a tu cónyuge y él o ella te dice algo así: «¿De qué estás hablando? ¡Yo no fui grosero sino *tú*!» ¿Qué vas a hacer entonces? Tu cónyuge podría decir: «Lo siento» sin sentirlo. O tú podrías decirle «Lo lamento» sin sentirlo realmente. Decir «lo lamento» solo para que alguien te pueda perdonar no tiene sentido porque no es algo genuino.

Si quieres ser sincero y evitar una disculpa falsa, tienes tres opciones. La primera, puedes alejarte enojado y seguir enojado hasta que tu cónyuge vea las cosas a tu manera. La segunda, puedes guardar rencor y amargura porque tu cónyuge nunca ve las cosas como tú. Y la tercera, luego de hablar la verdad (en amor) puedes decidir perdonar a tu cónyuge y entregarle la ofensa a Dios (considera la respuesta de Jesús a los insultos y el odio en Lucas 23:34). La clave cuando alguien no está arrepentido o ignora el tema no es disimular (analizamos esto en más detalle en los capítulos 6 y 7), sino entregarle la ofensa a Dios y no guardar rencor ni caer en la falta de perdón.

El acto de perdonar implica la acción de solo un actor, en tanto que la reconciliación requiere una respuesta de las dos partes. Si tuviéramos que esperar que los demás se arrepintieran antes de poder perdonarlos, ¡tal vez necesitaríamos esperar para siempre en algunos casos!

Los pasos o acciones que proponemos en el siguiente punto nos proveen una manera fácil de ayudar a derribar la barrera de la falta de perdón a fin de reconciliarnos con nuestro cónyuge.

5. Pasa tiempo a solas con el Señor y descansa mientras el guarda silencio. Una de las cosas que nos ayuda a ambos a acercarnos a Dios y sentir su presencia cuando estamos confundidos es alejarnos y pasar un tiempo a solas con él. Esta constituye una herramienta que queremos compartir con todos porque sabemos lo bien que funciona.

Jesús pasó horas a solas orando a su Padre, y eso nos muestra la importancia de ir a Dios cuando necesitamos conocer su voluntad. Si estás confundido y necesitas escuchar a Dios, acércate a él y permítele encontrarse contigo en medio de tus circunstancias. «Acérquense a Dios y él se acercará a ustedes» (Santiago 4:8).

A Joe y a mí nos gustar pasar tiempo a solas con Dios de manera diferente. Joe puede estar a solas con Dios en el jardín y aun lavando su automóvil, pero yo no puedo desembarazarme de las presiones cotidianas a menos que salga de mi casa. Si te pareces a mí, puede ser que desees hacer lo mismo que hice yo cuando quise pasar un tiempo de calidad a solas con Dios. Luego de leer un librito acerca de cómo pasar un día con Dios, lo utilicé como modelo para crear mi propia escapada de toda un día y una noche para estar con el Señor.

Preparación: Si pasar afuera la noche no te resulta demasiado estresante u oneroso, esa es una muy buena forma de estar a solas con Dios. Aun si no puedes irte toda una noche, intenta elegir un ambiente tranquilo alejado de tu casa, tal como una playa, un sitio en el que se practique la pesca, o cualquier otro lugar en el que se vea el despliegue de la naturaleza. Lleva tu Biblia, un cuaderno, una concordancia de la Biblia y un devocional. A mí me gusta *En pos de lo supremo*.

Por la mañana: Comienza temprano y utiliza la primera parte del día para agradecer a Dios por todo lo que te venga a la mente. Concéntrate en la belleza que te rodea. Tómate tu tiempo y pídele a Dios que te traiga a la mente todo aquello por lo que estás agradecida. Usa tu concordancia para buscar palabras como *amor, gratitud* y *gracia*. Busca pasajes de la Biblia que te ayuden a mantenerte concentrado en ello.

Por la tarde: Pídele a Dios que te traiga a la mente a cualquier persona (que no sea tu cónyuge, dado que ya estás trabajando en esa relación) que necesites perdonar o con la que debas reconciliarte. Escribe los nombres y ora por ellos. Si has colocado en la lista alguien que ha ejercido violencia sobre ti, no sugerimos que al volver vayas a aquel que ha abusado de ti para reconciliarte con él (vamos a analizar las relaciones violentas más en profundidad en el capítulo 8). Sin embargo, ten en cuenta que el perdón sigue siendo el primer paso para la reconciliación de cualquier tipo de relación.

Si Dios te recuerda acerca de alguien que tiene algo contra ti, ora para conocer la voluntad del Señor con respecto a esa situación. Esta es una parte importante del día que pasarás con Dios porque él nos advierte acerca de no ir al altar cuando sabemos que alguien tiene algo en contra de nosotros: «Por lo tanto, si estás presentando tu ofrenda en el altar y allí recuerdas que tu hermano tiene algo contra ti, deja tu ofrenda allí delante del altar. Ve primero y reconcíliate con tu hermano; luego vuelve y presenta tu ofrenda» (Mateo 5:23–24).

Con respecto a tu matrimonio, pídele a Dios que te capacite para mirar a tu cónyuge a través de sus ojos y entender mejor cómo reaccionar ante sus necesidades cuando regreses a tu hogar. Tu respuesta debe enfocarse en complacer a Dios como la prioridad número uno.

Temprano en la noche: La última parte del día se usará para evaluar cómo estás usando los dones y talentos que Dios te ha dado, en base a Romanos 12:6–8. Por ejemplo, si tienes el don de la enseñanza, ¿has considerado anotarte en un curso de estudio de la Biblia con el propósito de enseñar a otros? ¿Podría tu iglesia contar con tu ayuda en alguno de los rubros en los que Dios naturalmente te ha dotado? Si no estás seguro en cuanto a cuáles son tus dones espirituales luego de leer los versículos de Romanos, considera someterte a un «examen sobre dones espirituales» cuando regreses a casa.[10]

6. *Mantén tu atención en Dios, aun si no tienes ganas de hacerlo.* Luego de que Michelle y yo estuvimos juntos de nuevo durante un par de años, en una ocasión salimos de vacaciones recorriendo el país. Al regresar a casa lo hicimos cruzando Utah, por una ruta conocida como «La autopista más solitaria de los Estados Unidos». Nos detuvimos en una estación de servicio para cargar gasolina y encontramos que el precio era demasiado alto para mi gusto, así que decidí continuar conduciendo hasta encontrar otra estación más adelante en el camino. Debí haberme dado cuenta de que la siguiente estación de servicio de aquella solitaria autopista iba a tener el precio al doble de lo que lo tenía la primera. De más está decir que cuando el medidor de gasolina señaló que el tanque estaba casi vacío, yo ya estaba dispuesto a pagar lo que fuera.

Esa experiencia me condujo a crear el «indicador de carga del tanque espiritual», un medidor que monitoreara nuestros «tanques espirituales». Cuando necesitamos recargarlos, Dios está allí para llenarnos. Sin embargo, tendemos a viajar por las autopistas de la vida siguiendo nuestro propio camino hasta que nuestros tanques espirituales se vacían. Solo entonces estamos dispuestos a que Dios vuelva a llenarnos.

Esta herramienta no requiere de la participación de nadie más para funcionar. Nos ayuda a Michelle y a mí a mantenernos concentrados donde debemos y no en donde solíamos hacerlo. En lugar de tratar de resolverlo todo cuando las cosas no salen de la manera en que quisiéramos, hemos aprendido a enfocarnos en el Espíritu de Dios y permitir que él nos llene.

La próxima vez que comiences a sentirte incómodo por alguna cosa, recuérdate que tienes dos opciones: puedes eva-

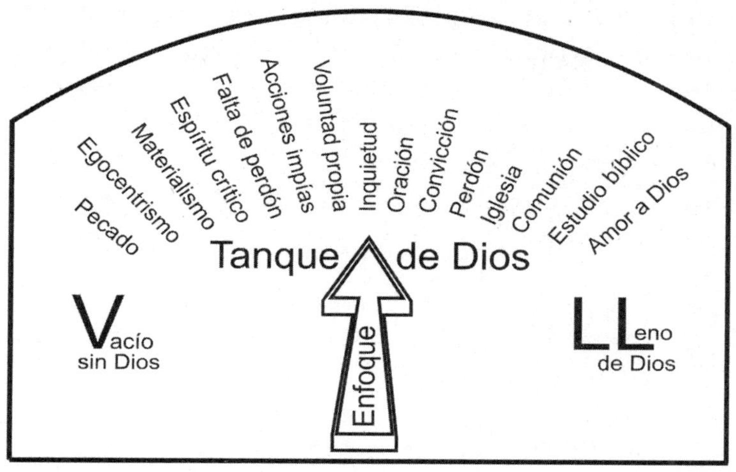

dir la oración, lo que te llevará en la dirección de tu propia voluntad; o puedes cambiar tu enfoque en cuanto a la oración y entonces enfocar el indicador espiritual hacia Dios. El cambiar tu enfoque ante la *primera* señal de incomodidad te mantendrá siempre lleno de él.

DIOS SIEMPRE ESTÁ ALLÍ

Tu enemigo, Satanás, quiere que te sientas desamparado. Una de las maneras en que lo hace es engañarte para que creas que Dios te ha abandonado. Una vez que crees la mentira de que Dios no se preocupa por tus problemas, ya no irás a él en oración y te convertirás en una víctima fácil de las estratagemas de Satanás. La verdad es que, si has orado para recibir a Cristo como tu Salvador, eres un hijo de Dios y él nunca te va a abandonar: «Nunca te dejaré; jamás te abandonaré» (Hebreos 13:5).

Una razón por la que tengas que esperar que tu matrimonio sane completamente quizá sea que Dios esté obrando en el corazón de tu cónyuge. Pero otra razón por la que tal vez estés sufriendo una crisis matrimonial probablemente sea que

Dios está permitiendo que tu propio corazón se quiebre para que él pueda entrar. En el siguiente capítulo analizaremos la manera en la que Dios puede usar los motivos errados del corazón para llevar a cabo su perfecta voluntad.

PREGUNTAS PARA EL ANÁLISIS CON EL GRUPO O CON EL COMPAÑERO DE APOYO

1. *¿Estás buscando la ayuda de Dios en tu situación presente? Si es así, ¿de qué manera?*
2. *En base a los ejemplos dados en este capítulo, ¿de qué modo responde Dios la oración?*
3. *¿Has sentido alguna vez que Dios no está dispuesto a responder tus oraciones, o que no puede hacerlo?*
4. *¿Has experimentado alguna vez el «silencio» de Dios?*
5. *Busca y analiza Filipenses 4:6–7.*
6. *Menciona al menos una de las cosas por las que estás agradecido.*
7. *Participa a los demás algún pedido de oración. Si ustedes nunca han orado como pareja y estás estudiando el libro junto con tu cónyuge, intenten orar el uno por el otro. Si tu cónyuge no está dispuesto o no es capaz de orar, ora con tu compañero de apoyo o con el grupo pequeño, si te sientes cómodo haciéndolo.*

4

Identifiquen las motivaciones secretas

Examíname, oh Dios, y sondea mi corazón; ponme
a prueba y sondea mis pensamientos.

—Salmo 139:23

A través de los años nos hemos dado cuenta que las motivaciones se presentan profusamente dentro de las sesiones de consejería y de las clases sobre reconciliación. Sabemos, por nuestra experiencia del pasado, y por la de otros, que mucho de lo que se dice al comienzo de una crisis matrimonial se fundamenta en ciertas agendas y motivos ocultos de uno o de los dos cónyuges. El Dr. Robert Ross, escritor y consejero profesional, nos escribió, en total acuerdo con esto: «A menudo me encuentro con parejas que vienen a recibir consejo aunque uno de ellos ya ha tomado una decisión secreta en cuanto a divorciarse. Esa persona pasa por toda esta movida con el fin de poder decir: "Bien, lo intentamos todo y nada funcionó"».[1]

Sabemos que cada año cientos de parejas asisten a los seminarios y retiros de fin de semana esperando reavivar el romance en su matrimonio, y muchos lo hacen porque sus matrimonios atraviesan una crisis severa. Jill, por ejemplo, convenció a su marido Ben para que asistiera a un seminario de Marriage Alive[2] [Matrimonio vivo] durante el 2003, como el último esfuerzo de erigir una defensa que salvara su matrimonio. Dio resultado, y todavía están juntos hoy. Tenemos incontables testimonios de parejas que dicen que sus matrimonios destruidos se sanaron al buscar consejo como pareja o al asistir a un encuentro de fin de semana para matrimonios.

Sin embargo, sería erróneo pensar que los motivos de todos los que se presentan a recibir consejería o asisten a seminarios sobre matrimonio sean siempre los mismos. La mitad de la veces ni siquiera conocemos nuestras propias motivaciones, y mucho menos las de los demás. «Engañoso es el corazón más que todas las cosas, y perverso; ¿quién lo conocerá?» (Jeremías 17:9, RVR95). Pero Dios puede aun usar nuestras motivaciones equivocadas para cumplir su voluntad, como lo hizo en el matrimonio de Mark y Debbie.

Mark y Debbie asistieron a una clase sobre reconciliación que nosotros dábamos en nuestra iglesia hace varios años, pero sus motivos no eran los mismos. «Yo asistí de modo que cuando nuestro matrimonio acabara en divorcio, nuestros niños no pudieran decir que su papá era el único que había intentado salvarlo», dice ahora Debbie, recordando la primera vez que se presentó en la clase. «Nuestras peleas se habían vuelto tan explosivas que, llegado cierto punto, la policía tenía que intervenir. Durante las primeras semanas de clase, yo viví una mentira. Asistía, cumplía con las tareas asignadas y participaba de los debates, aunque no creía que Dios pudiera cambiar mi vida o restaurar nuestro matrimonio. No confiaba en Dios y, decididamente, no confiaba en los cristianos. Había tenido una mala experiencia en la iglesia durante mis años más jóvenes y todo lo que conocí allí fue la hipocresía. Así que cuando los líderes de nuestra clase nos pidieron que nos concentráramos en Dios y creáramos un sistema de soporte con otros cristianos, sinceramente esperaba que todos (inclusive Dios) me dejaran de lado al descubrir que yo no vivía a la altura de las expectativas de la gente».

A medida que pasaban las semanas, se le fue haciendo más difícil a Debbie mantener su falsa postura, y comenzó a hablar abiertamente acerca de sus luchas. «No podía seguir fingiendo. Al final, simplemente decidí contarles a las mujeres de mi grupo cómo me sentía realmente. En lugar de juzgarme o condenarme, las mujeres de ese grupo de debate me sorprendieron pues me mostraron simpatía y aún me hicieron partícipe de algunos de sus propios conflictos. Poco a poco, mi corazón se comenzó a ablandar con respecto a Dios y a los demás, y empecé a practicar lo que aprendía en la clase».

Eso sucedió en 1994. Dios realizó un milagro en el matrimonio de Mark y Debbie a pesar de los motivos secretos que la impulsaban a ella en un principio. Hoy sirven a Dios como líderes junto con nosotros en el ministerio nacional, y están comprometidos con Dios y el uno con el otro.

La compasión de Mark se hace evidente cuando le habla a la gente de mantener su atención enfocada en Dios a pesar de lo que su cónyuge haga: «Si te estás esforzando mucho y no ves ningún progreso en tu matrimonio, ¡no te des por vencido! Ora por tu cónyuge diariamente. Mantén tu atención enfocada en Dios (no en tu cónyuge) y confía en él en cuanto al logro de resultados en tu matrimonio. "Confía en el Señor de todo corazón, y no en tu propia inteligencia. Reconócelo en todos tus caminos, y él allanará tus sendas"» (Proverbios 3:5–6).

DIOS REVELARÁ LAS MOTIVACIONES ERRADAS EN SU TIEMPO

Puede ser que te estés preguntando de qué manera saber si los motivos de tu cónyuge son puros. También podría ser que admitieras que eres *tú* el que no tiene motivaciones completamente sinceras. No importa en qué extremo del espectro te encuentres; Dios conoce el corazón de tu cónyuge así como el tuyo. Dios revelará las motivaciones equivocadas a su tiempo. Tómate unos momentos para responder en forma personal las siguientes preguntas:

- ¿Puedes pensar al menos en cinco razones por las que deseas seguir casado con tu cónyuge?
- ¿Qué razones te vienen a la mente cuando piensas por qué deseas acabar con este matrimonio?

- ¿Has asistido alguna vez a consejería enfocada en la pareja o a algún seminario sobre matrimonio sin realmente desear hacerlo? ¿Le expresaste con sinceridad a tu cónyuge la forma en que te sentías al respecto?
- ¿Piensas que tu cónyuge alguna vez haya asistido a reuniones de consejería o relacionadas con el matrimonio simplemente para apaciguarte y no para usar lo que aprendía a fin de mejorar el matrimonio?
- ¿Se produce un bloqueo emocional entre tú y tu cónyuge cuando se tratan ciertas cuestiones candentes? ¿Puedes recordar fácilmente cuáles son esas cuestiones?
- ¿Cuánto hace que no le dices a tu cónyuge lo que realmente piensas con respecto a temas matrimoniales importantes?
- ¿Cuánto tiempo hace que tu cónyuge no te comunica en verdad sus opiniones o pensamientos?
- Si tu cónyuge se acercara a ti hoy y confesara que ha estado viviendo una mentira dentro del matrimonio, ¿podrías escuchar todo lo que tuviera que decirte sin cerrarte emocionalmente o volverte agresivo?
- Si no estuvieras siendo honesto en tu matrimonio, ¿estarías dispuesto a ser sincero ahora con Dios, confesándole tus temores y frustraciones, sin que te importara lo que pensara tu cónyuge?

Aunque estas preguntas son para que las respondas en forma privada, recuerda que Dios ve tu corazón. Las palabras que le dijo el Señor a su siervo Samuel en el Antiguo Testamento todavía nos sirven de recordatorio hoy: «El hombre mira lo que está delante de sus ojos, pero Jehová mira el corazón» (1 Samuel 16:7, RVR95).

El Dr. Warren Wiersbe, pastor y profesor, escribe en *Be Real* [Sé auténtico] «Si vivimos para agradar a los hombres, siempre tendremos problemas porque no hay dos personas que estén totalmente de acuerdo y nosotros nos encontraríamos atrapados en el medio. El caminar en luz (vivir para agradar a

Dios) simplifica nuestros objetivos, nos unifica la vida, y nos da un sentido de paz y equilibrio».[3]

EL SER AUTÉNTICOS PUEDE LLEVAR A QUE OTROS SUFRAN

Una pareja a la que le ministramos varios años atrás se reconcilió luego de haber estado separada durante casi un año. Comenzaron a servir en el ministerio en su iglesia ayudando a otras parejas en crisis. Pasaron tres años y recibimos un llamado de la esposa diciendo que poco después de reconciliarse su marido había comenzado con otra aventura amorosa y ahora estaba viviendo una doble vida, aun cuando participaba del ministerio. Cuando él finalmente decidió ser auténtico, no fue con el propósito de arrepentirse; era solo porque no podía continuar sosteniendo una doble vida por más tiempo. El exponer la verdad significó el fin de su matrimonio y un gran dolor para muchos en la iglesia y en la familia, pero la mujer nos dijo: «Por mucho que nos haya dolido descubrir que él estuvo viviendo una mentira durante todo este tiempo, prefiero sufrir conociendo la verdad que mantener una falsa paz creyendo una mentira».

Curt y Debra era otra pareja que consideraba genuina su reconciliación y, sin embargo, continuaban con conflictos. Debra pensaba que ella y Curt tenían un buen matrimonio sin secretos en el medio. Eso fue hasta que Curt hizo un extenso viaje para ayudar a su madre moribunda. «Mientras Curt estaba afuera, encontré una tarjeta de crédito que ni siquiera sabía que teníamos. Cuando le pregunté a Curt sobre ella, admitió que había estado ocultando un problema de apuestas durante bastante tiempo».

«Traté de decírselo a Debra en varias ocasiones», señaló Curt cuando dieron su testimonio, varios años después. «Quería recibir ayuda, pero tenía miedo de que Debra me abandonara al descubrir todo el dinero que debíamos pagar por esa tarjeta».

Estaba equivocado; Debra no se fue. Ambos trabajaron con intensidad y pagaron la deuda y Curt prometió no apostar nunca más. Todo iba bien, hasta que volvió a suceder lo mismo dos años después. Esta vez Curt no fue descubierto. Dios le dio convicción y él estuvo dispuesto a confesarle a Debra, a la iglesia y a la familia. Sin embargo, aun cuando Curt dijo la verdad por su voluntad en esta ocasión, eso no dejó de tener consecuencias. Debra lo recuerda así: «Cuando me dijo que había comenzado a apostar de nuevo, esa segunda vez fue peor que la anterior. En la primera ocasión que sucedió, yo me atribuí parte de la culpa porque él dijo que sentía temor de decírmelo. ¡Pero no podía argumentar eso ahora! Había estado a su lado, y él me había defraudado. Le pedí que se fuera porque pensaba que nunca podría volver a confiar en que me dijera la verdad».

Curt se fue de la casa y buscó ayuda a través de un ministerio dirigido a gente con adicción al juego. Mientras él y Debra estuvieron separados, cada uno de ellos se ocupó de trabajar sus propias cuestiones. Debra asistía a unos estudios bíblicos para mujeres en tanto que Curt cumplió estrictamente con el programa referido a adicciones y se reconcilió con toda la gente a la que había engañado en los años anteriores.

Debra asumió el riesgo de reconciliarse con él casi dos años más tarde. «Yo entendí que tenía que confiar que Dios se ocuparía de Curt, y si descubría que el volvía a ser deshonesto, tendría que cruzar ese puente cuando llegara a él. Lo que me dio el mayor alivio fue que en esta ocasión él había decidido sacar a la luz su adicción porque deseaba hacer lo correcto, sin importar cuál fuera mi respuesta».

«Sabía que les iba a causar sufrimiento a todos cuando decidí decir la verdad, pero también supe que no podría obtener la ayuda que necesitaba a menos que lo hiciera», admitió Curt ante nosotros justo antes de que se reconciliaran.

A veces uno puede sufrir porque el cónyuge decide correr el riesgo de ser auténtico. Eso es lo que sucedió una noche entre Joe y yo. En un momento, durante nuestra separación, me sentí sola e insegura y decidí ir al apartamento de Joe. Nuestro hijo estaba allí pasando el fin de semana, y cuando yo aparecí sin haber sido invitada, con un bolso para pasar la noche, Joe se sorprendió, y al principio pareció gustarle. Su expresión cambió, sin embargo, cuando descubrió por qué estaba allí: «Joe, todo lo que deseo es pasar la noche aquí (sin atar ninguna cuerda) y solo permitir que me tomes en tus brazos porque me siento muy sola».

Joe frunció el ceño y su respuesta me tomó por sorpresa. Me había estado pidiendo que nos reconciliáramos por tanto tiempo que yo esperaba que él me acogiera gustoso esa noche. Anteriormente, ya habíamos pasado varias noches juntos durante nuestra separación. *Después de todo, todavía estamos casados*, me decía a mí misma, aunque yo no quería que volviera a casa todavía. Pero las cosas estaban por cambiar.

«Michelle, no puedes simplemente venir y pasar la noche cuando quieres. Ya no quiero más migas y trocitos de ti. Me resulta demasiado difícil».

«Bien», le dije, intentando mostrarme segura de mí misma mientras procuraba retener las lágrimas. «¡Entonces jamás volveré a pasar la noche contigo!» Aunque sostenía mi cabeza en alto al dar la vuelta para comenzar a alejarme, por dentro me sentía temerosa, solitaria, y lo peor de todo, rechazada. Cuando conducía de regreso, ya no pude evitar las lágrimas. Sollozando, clamé en voz alta, parte en oración y parte a causa de mi frustración. «Señor, todo lo que deseaba hacer era pasar la noche con Joe y que él me sostuviera en sus brazos para no sentirme tan sola. No puedo creer que él me alejara. Nunca conocí esta clase de rechazo antes. No tengo nadie a quien ir».

En ese momento, la presencia de Jesús fue tan real que me volví para mirar la butaca vacía a mi lado. Era como si él estuviera sentado allí, hablándome directamente al corazón: «Michelle, cada vez que te has sentido sola o asustada he estado allí con mis brazos extendidos esperando que corrieras hacia mí. En lugar de eso, siempre has pasado corriendo a mi lado y te has arrojado a los brazos de algún hombre. ¿Cuándo me permitirás que sea Aquel que te sostiene cuando estás sola y asustada?» Para ese entonces ya estaba en casa y mis lágrimas ya no caían por sentirme rechazada. Corrían a causa de un corazón arrepentido. Desde mi adolescencia, había encontrado el significado de mi vida y mi autoestima solo en los hombres, y no había descubierto la verdad de que eran los brazos de Jesús los que nunca me soltarían.

Joe fue sincero conmigo esa noche, y sus palabras me dolieron, pero su rechazo me ayudó a darme cuenta de mi necesidad de depender de Jesús de una nueva manera. Una vez que fui completamente auténtica con el Señor, él pudo llenar la soledad de mi corazón de una vez y para siempre. Mi nueva dependencia de Dios vino como resultado de esa honesta confrontación de Joe.

DIOS AUN PUEDE USAR NUESTRAS MOTIVACIONES EQUIVOCADAS

Varias semanas después de ese incidente en el apartamento de Joe, uno de los pastores de nuestra iglesia llamó para ver si yo estaba dispuesta a encontrarme con él y Joe durante seis semanas para recibir consejería.

«¿Está de acuerdo Joe?», le pregunté, deseando secretamente que no lo estuviera.

«Sí, Joe estaba completamente de acuerdo cuando le pregunté», respondió el pastor.

«Oh, sí, seguro. Estoy dispuesta a tener esos encuentros también», le dije. Me alegré de que el pastor no pudiera ver mi cara de frustración. Aunque estaba aprendiendo a depender de Dios para tener un sentido de significación en la vida, Joe y yo todavía teníamos una buena cantidad de cuestiones sin resolver en nuestro matrimonio.

No tenía ninguna expectativa en cuanto a encontrarme con Joe semanalmente y no deseaba que volviéramos a estar juntos. Me había acostumbrado a vivir separada. Por supuesto, había momentos en los que extrañaba ser una esposa y ama de casa, pero el temor a que volviéramos a pelear y discutir todo el tiempo me detuvo en cuanto a asumir el riesgo de reconciliarnos. Esperaba seguir separada por un largo tiempo (tal vez el resto de mi vida), así que las seis semanas de consejería matrimonial me parecieron una pérdida de tiempo. Secretamente, esperaba que Joe no se presentara al primer encuentro, pero eso no sucedió. Cuando yo llegué a la iglesia la primera semana, el camión de Joe ya estaba en el estacionamiento. ¡Temprano, además!

Bien, pensé. *¿Él desea que nos encontremos como pareja durante seis semanas? Bueno, va a escuchar todo lo que no ha escuchado hasta ahora y que hizo que nuestro matrimonio fracasara. Tal vez hasta se levante y se vaya, como lo ha hecho en el pasado, y entonces el pastor verá por qué resulta imposible comunicarse con Joe.*

Cuando el pastor llamó para pedirme que me encontrara con él y Michelle, eso me alentó porque quería que Michelle fuera confrontada con su falta de disposición a reconciliarse. Había dejado de beber y estaba haciendo todo lo posible para que ella aceptara que no era la voluntad de Dios que estuviéramos separados. Pero parecía que cuanto más intentaba convencer a Michelle, más ella se alejaba. Por eso tenía expectativas en cuanto a las sesiones de consejería de pareja. Estaba seguro de que el pastor la convencería de dejarme regresar a casa. En nuestro primer encuentro, el pastor Phil comenzó con preguntas como las siguientes:

- «¿Qué piensan que debe cambiar para que los dos puedan reconciliarse?»
- «¿Qué cambios positivos han visto el uno en el otro?»

- «¿Hay algunas esferas en sus vidas en las que no están asumiendo su responsabilidad?»

Él intentaba tomar notas, pero nos interrumpíamos constantemente el uno al otro y discutíamos tanto que, llegado cierto punto, dejó a un lado su bolígrafo, levantó sus manos al cielo como si estuviera orando y nos rogó que paráramos de discutir.

Estoy seguro de que el pastor debe haber hecho algunas consultas para prepararse para nuestra próxima reunión, porque la siguiente semana estableció ciertas reglas básicas. Cuando entramos a su oficina, su voz era más autoritaria. Nos dijo que no deberíamos interrumpir, y nos advirtió que si comenzábamos a discutir, se levantaría y esperaría en el pasillo hasta que acabáramos de reñir y nos calmáramos.

Tal vez imagines que nos habrá resultado muy embarazoso interrumpirnos y discutir luego de su advertencia. Para nada. Cada vez que el pastor nos hacía una pregunta sobre la que había alguna cuestión irresuelta, las reglas básicas quedaban fuera del cuadro. Cuando uno de nosotros interrumpía al otro, el pastor levantaba sus brazos y decía: «Bueno, bueno… ¡ya están interrumpiéndose de nuevo! Joe, permítele terminar», o «Michelle, déjalo que acabe». Me resultaba difícil no ponerme a la defensiva cuando me sentía atacado por Michelle. Era aún más difícil quedarme sentado allí y no irme, pero sospechaba que eso era lo que Michelle quería, y no deseaba darle ese gusto.

Cuando Joe y yo estábamos en esas sesiones de consejería, era como si se abriera la compuerta de una esclusa. Yo era absolutamente sincera y no dejaba piedra sin voltear. Con los años, había aprendido a contenerme en mis opiniones y sentimientos como una forma de esquivar conflictos y evitar que Joe saliera de la casa para ir al bar. Con la secreta esperanza de que él decidiera irse en medio de una de las sesiones de consejería, ya no temía sus reacciones y no tenía nada que perder excepto mi matrimonio, que de todos modos no tenía interés en retener.

Joe solo podía soportar una cierta medida de mi «sinceridad» antes de estallar, y entonces nos enredábamos en una discusión acalorada que hacía que el pastor saliera al corredor por un rato. Sorprendentemente, sin embargo, Joe nunca salió del cuarto. Nos encontramos durante seis semanas y el pastor nunca intentó apurarnos. A veces estuvimos allí por dos horas. No pude contar todas las ocasiones en las que el pastor salió al corredor, y no recuerdo mucho de lo que dijo. En realidad, ahora me doy cuenta de que mayormente funcionó como árbitro y nos proveyó un lugar en el que discutir dentro de ciertas pautas. Resultaba difícil para cualquiera de nosotros dos no aparecer para ese encuentro o irnos en medio de la sesión porque aquello hubiera ocasionado que la otra persona pareciera más comprometida con el matrimonio y por lo tanto se convirtiera en «el ganador». No obstante, a pesar de nuestras motivaciones obstinadas y centradas en nosotros mismos, Dios nunca se dio por vencido y las sesiones de consejería jugaron un papel muy importante en nuestra reconciliación, que se produjo un par de meses después.

Cuando Michelle comenzó a dar rienda suelta a sus sentimientos en nuestras sesiones de consejería, quedé sorprendido. Nunca la había visto hablar con tanta audacia de lo que realmente pensaba y sentía. Tomó una actitud dura contra mí con respecto a la manera en que me había comportado en nuestro matrimonio, especialmente en cuanto a la bebida y al hecho de irme en medio de los conflictos. No me gustaba lo que estaba oyendo, pero por lo menos finalmente sabía lo que ella pensaba. Sus palabras estaban en línea con la forma en que se había comportado todos esos años, y la reflejaban. Michelle admitió que a veces se había sentido herida o frustrada, pero en lugar de ser sincera, había fingido que todo estaba bien porque deseaba pasar una buena Navidad o unas vacaciones divertidas, o simplemente por evitar el conflicto para que yo no me fuese. También me dijo que había perdido el respeto y el amor por mí con el paso de los años por causa de mi comportamiento impío cuando las cosas se volvían tensas.

Por supuesto, le dije a Michelle algunas cuantas cosas también, pero ella ya me las había oído decir muchas veces antes. Cuando acabaron las seis semanas de consejería, me sentí decepcionado porque no nos habíamos reconciliado. En lugar de eso, nuestra situación parecía aun más desesperanzada. No mucho después, sin embargo, algo sucedió que cambió mi enfoque en cuanto a tratar de salvar nuestro matrimonio y empecé a confiar en Dios, fuera que volviéramos a estar juntos o no.

Dos semanas después de que nuestras sesiones de consejería acabaron, Michelle decidió hacer un viaje a Alaska (lugar en el que vivía antes de que nos uniéramos) para visitar algunos amigos con los que había mantenido contacto durante los últimos nueve años. Me ofrecí a llevarla al aeropuerto y traté de actuar como si no me importara que se estuviera yendo. Pero en el fondo de mi corazón estaba preocupado porque temía que ella quisiera volver a vivir en Alaska y que entonces nunca nos reconciliáramos.

Una noche, después de una semana de su partida, oré a Dios y le pedí que me ayudara a confiar en ella. Sentí que Dios me decía: «No puedes confiar en Michelle, ni en nadie más en cuanto a ese asunto. Solo puedes confiar en *mí*, y puedes confiarme a Michelle».

Durante las semanas en que Michelle no estuvo, dediqué tiempo a estar delante del Señor, entregándole a Michelle y nuestro matrimonio por primera vez. Comencé a comprender que ella había sido mi «pequeño dios». En lugar de confiar en Dios, había confiado en mí mismo para salvar nuestro matrimonio. Estaba concentrado en tratar de no perder a

Michelle como mi esposa porque pensaba que nunca podría ser feliz de otra manera. Finalmente reconocí este comportamiento como idolátrico.

En los dos primeros mandamientos que aparecen en Éxodo 20:3–4, Dios dice :«No tengas otros dioses además de mí», y «No te hagas ningún ídolo… Yo, el Señor tu Dios, soy un Dios celoso». Una vez que me arrepentí, me sentí como un nuevo hombre. Finalmente, podía creer con sinceridad que la vida con o sin Michelle no sería lo que determinara mi felicidad. Dios era el centro de mi atención y el único al que iba a adorar. Michelle era libre para vivir su vida como eligiera, y yo me sentía libre al fin.

MOTIVACIONES GENUINAS, AMOR GENUINO

Cuando Joe fue a recogerme al aeropuerto luego de regresar de Alaska, parecía un hombre diferente. Se lo veía más atractivo, con mejor apariencia y más seguro. «¿Qué es lo que tienes diferente?», le pregunté, intentando determinar si se había hecho un corte de cabello distinto o tenía nueva ropa.

«Nada. ¿Por qué me lo preguntas?», me respondió.

«Por ninguna razón. Simplemente me pareces distinto». Y continué observándolo cuando el no me miraba.

Al día siguiente le dije a mi amiga Karin que Joe se veía atractivo cuando fue a buscarme al aeropuerto.

«¿Te sientes atraída por él? ¿Hay alguna posibilidad de que ustedes dos se reconcilien?», me preguntó sonriendo.

«No», le mentí. «¿Bromeas? Ni siquiera pienses que podemos volver a estar juntos».

Un par de semanas después Dios me reveló las seis cuestiones que eran como detonadores candentes en nuestro matrimonio, mientras caminaba y oraba en la playa. A causa de que Joe había cambiado su enfoque, sacándolo de mí y colocándolo en Dios, se preocupaba más por decir lo que consideraba correcto que por mencionar las cosas que pensaba que podrían llevarme a una reconciliación con él. Su total dependencia de Dios lo hacía sentir seguro de sí mismo por primera vez, y su confianza lo hacía atractivo para mí.

En *My Utmost for His Highest* [En pos de lo supremo], Oswald Chambers dice: «Nadie entra en la experiencia de la entera santificación sin pasar por un "funeral blanco", el entierro de la vieja vida… Nada puede alterar la vida que es una con Dios con un propósito: ser testigo de él… ¿Hay un lugar al que la memoria regresa con un recuerdo purificado y extraordinariamente agradecido? "Sí, fue entonces, en ese 'funeral blanco' que hice un pacto con Dios"».[4]

Yo tuve mi «funeral blanco» cuando Joe rehusó dejarme estar esa noche con él, y Joe tuvo el suyo cuando pensó que yo volvería a trasladarme a Alaska. Ambos recordamos esos acontecimientos como puntos de inflexión muy importantes en el tema de nuestra reconciliación, porque fue en Dios que nos enfocamos principalmente y no el uno en el otro. Finalmente, estábamos en vías de *darle una patada* el hábito de necesitar estar «embriagados» por algo o alguien que no fuera Jesús.

CORRE EL RIESGO DE SER AUTÉNTICO

No es fácil escuchar críticas u oír a tu cónyuge decirte cosas en las que le gustaría que cambiaras. Pero para lograr una genuina intimidad y reconciliación, tendrás que correr el riesgo de ser auténtico y ayudar a tu esposa/o a hacer lo mismo. Puedes usar el siguiente ejercicio con tu cónyuge o con cualquier otra persona con la que hayas roto relaciones o con la que se haya producido un bloqueo emocional. Resulta especialmente útil con los adolescentes.

Primero, pide a tu sistema de soporte que ore por ti. No te conviene realizar este ejercicio sin tener bastante apoyo de oración. Es posible que estalle la ira y se lastimen mucho los sentimientos cuando le damos permiso a las personas para decirnos algo que han estado reteniendo por temor a nuestra reacción. Así que pídele a tu equipo de apoyo que ore para que Dios te dé la sabiduría, el valor y el discernimiento de saber qué decir.

En segundo lugar, elige el momento apropiado. El momento justo es de suma importancia cuando decidimos realizar este ejercicio. Sé sensible al entorno y al humor de tu cónyuge. Por ejemplo, cuando la gente está con hambre o cansada, en medio de sus tareas o bajo presión no tiene disposición a tratar cuestiones serias. Puede ser que pienses *Bueno, entonces dejémoslo así, porque la persona con quien quiero practicar este ejercicio nunca tendrá el tiempo para tratar las cuestiones serias que yo pueda presentarle.* Espera un momento. Recuerda que el primer paso es la oración. Dios te dará esa sabiduría sin reproche, si se la pides: «Si a alguno de ustedes le falta sabiduría, pídasela a Dios, y él se la dará, pues Dios da a todos generosamente sin menospreciar a nadie» (Santiago 1:5).

En tercer lugar, haz estas preguntas mientras oras interiormente: «¿Alguna vez has evitado decirme cómo te sientes o cómo piensas realmente? ¿Hay algo que quieras decirme ahora?» Ora en silencio y espera. Tu cónyuge puede querer probar las aguas primero, mencionando algunas cosas para ver si es que te enojas. Por ejemplo, si tu realizas este ejercicio con un adolescente, puede ser que te gruña, diciendo algo como: «Sí, correcto, y luego tú entrarás en uno de tus ataques de ira y me dejarás sin salidas por un año». Un cónyuge disgustado podría decir: «¿Por qué debería responderte? Tú nunca escuchas, de todos modos». Algunos hasta nos han dicho que sus cónyuges los miraron con una expresión en su rostro que significaba: «¿Crees que estoy loco? ¡No voy a entrar en ese terreno!» Es posible que hagan falta varios intentos, durante un cierto período, de modo que tu cónyuge sepa que no vas a enloquecer o cerrarte si escuchas algo que no te guste. Ciertamente, ese es el riesgo, pero resulta importante recordar que sea lo qué fuere que tu cónyuge evita decirte, eso está en su corazón. El decirte lo que siente simplemente lo pone en luz, y entonces es posible trabajar en el asunto juntos. Tu enemigo el diablo quiere que se mantenga en la oscuridad, pero Dios quiere sacarlo a la luz.

Por último, escucha y haz preguntas aclaratorias. Cuando Jesús hablaba con la gente, hacía preguntas con propósito y no reaccionaba ante las respuestas. Les daba a las personas un lugar seguro en el que ser auténticas. Aprendamos a hacer lo mismo con aquellos que amamos. Aun si escuchas algo con lo que no estás de acuerdo, o que no te gusta, ese no es el momento ni el lugar de ponerte a la defensiva. Si lo haces, simplemente volverás a levantar un muro. Al escuchar, orando en silencio y haciendo preguntas aclaratorias para lograr que la persona avance en el tema, estarás estableciendo un precedente y ayudando a que la verdad salga a la luz. Considera hacer las siguientes preguntas:

- ¿De qué modo contribuyo al quiebre de nuestra comunicación?
- ¿Qué puedo hacer para lograr que nuestro hogar sea un lugar en el que resulte más agradable estar?
- ¿Alguna vez te pongo presión para que seas alguien que no eres?
- ¿Qué desearías que yo dejara de hacer?

Obviamente, deberás cuidarte del impulso de decirle a aquel que amas todas las cosas en la que desearías que cambiara. Pero este ejercicio no ha sido pensado para usarse con ese propósito. Se ha diseñado para proporcionarle un lugar seguro a otro, de modo que pueda ser auténtico contigo. Los ejercicios de los capítulos7 y 8 tratarán acerca de la importancia de sacar a la luz *tus* temas y preocupaciones, y te ayudarán a ser genuino con los demás, aun cuando te atemorice.

¿CUÁL ES EL TEXTO SUBYACENTE?

Hace varios años una actriz nos dijo que en una ocasión participó de una obra de teatro en la que el director con frecuencia se acercaba a los actores que ensayaban su libreto y vociferaba «¡el subtexto!» Lo hacía cuando pensaba que la inflexión de sus voces o el lenguaje corporal no estaba en línea con la trama (o sea el texto subyacente) de esa escena. Él sabía que la audiencia quedaría confusa si aquellas líneas se decían de un modo que contradijeran el texto subyacente de la obra.

Aunque no seamos actores sobre un escenario ensayando una obra, probablemente nos hará bien imaginar a Dios (el gran director de nuestras vidas) diciéndonos a viva voz: «¡el *subtexto*!», mientras nosotros le respondemos: «Tu voluntad sea hecha y no la mía, Señor».

Mientras aprendas a colocar tu confianza completamente en las manos de Dios y le permitas que dirija el rumbo de tu vida, confiamos en que tendrás tu propio «funeral blanco». Una vez que pases por él, podrás acceder al poder sobrenatural del Espíritu Santo que vive dentro de ti, y llevar una vida absolutamente plena, independientemente de lo que tu cónyuge decida hacer. Dios te ha dado una personalidad única con el fin de ser usada en conjunción con su Espíritu Santo. ¿Disfrutas de lo que Dios te ha dado? ¿O has estado tan preocupado con la crisis de tu matrimonio que ya no sabes ni quién eres?

En el siguiente capítulo, hablaremos sobre por qué algunas parejas se divorcian debido a que sus cónyuges han cambiado… ¿O será que lo que les pasa es que tienen vacío el tanque del amor?

PREGUNTAS PARA EL ANÁLISIS CON EL GRUPO O CON EL COMPAÑERO DE APOYO

1. *Analizar las cinco razones por las que quieres mantenerte casado.*
2. *¿En algún momento pusiste a tu cónyuge en el lugar que solo Dios debería tener en tu vida?*
3. *Analiza la forma que podría tener para ti un «funeral blanco».*
4. *¿Haz considerado algunas de estas herramientas y ejercicios junto con tu cónyuge?*

5. *Busca y considera los Diez Mandamientos que aparecen en Éxodo 20.*

6. *Comparte algo por lo que estés agradecido en tu vida.*

7. *Presenta un pedido de oración. (Si te es posible y estás dispuesto, continúa orando cada semana con tu cónyuge, compañero de apoyo o grupo pequeño. Si nunca has llevado un diario para registrar en él tus pedidos de oración y sus respuestas, considera la posibilidad de comenzar con uno ahora.)*

5

Los cónyuges pueden cambiar después del casamiento

Así, todos nosotros, que con el rostro descubierto reflejamos como en un espejo la gloria del Señor, somos trasformados a su semejanza con más y más gloria por la acción del Señor, que es el Espíritu.

—2 Corintios 3:18

Varios meses antes de que Joe y yo nos reconciliáramos, fui a su apartamento a dejar a nuestro hijo y noté que él lo había estado redecorando. «Bien, es una decoración inusual», le dije, escrutando las modificaciones. Había cambiado la mesa de café por una especie de cofre de tesoros, y algunas láminas de Mickey Mouse reemplazaban a los adornos de pared que se había llevado de casa cuando nos separamos. Tenía macetas que imitaban ranas sobre algunas mesitas, almohadones con forma de animales sobre el sofá y un carrusel en un rincón de la sala. «Esto se parece más a un negocio de juguetes que al apartamento de un adulto», dije revoleando los ojos.

«He decorado mi apartamento de esta forma para que Mick se divierta cuando viene aquí», dijo Joe irritado. «¿Sabes, Michelle?, ¡tú has cambiado! Estás muy seria últimamente. Quizá lo que necesites es alegrarte un poco y divertirte de vez en cuando».

«¿*Yo* he cambiado?» Decidí irme antes de que empezara la batalla, pero no sin tener la última palabra. Usando un tono de voz muy maduro, le respondí: «Bueno, tal vez debería vestirme como Blanca Nieves y todos podríamos vivir felices para siempre». Afectando un modo presumido, salí por la puerta. Al ver estacionado en la entrada de autos el camión de Joe pintado de amarillo brillante con llamas, murmuré: «Nunca podríamos volver a vivir juntos. Decididamente estamos cada vez más separados, y Joe ya ni siquiera es la misma persona».

Cuando Michelle y yo nos casamos, había un buen equilibrio en nuestra vida entre el trabajo y la diversión. Por supuesto, teníamos nuestros problemas, pero aún así, lográbamos mucho como pareja. Abrimos nuestro propio negocio el primer año de casados, y nos divertimos haciéndolo. Yo soy más espontáneo y menos estructurado que Michelle, pero cuando recién nos estábamos conociendo yo no había notado tanta diferencia. Cuando la llamé y la invité a salir, no me dijo: «Sí, como no, pero luego de acabar de lavar la ropa». Hubo muchas veces en las que ella dejó todo simplemente para ir a la playa de noche, aun después del nacimiento de Mick. Más adelante, sin embargo, cuando las cosas se volvieron más tensas en nuestro matrimonio, si me mostraba espontáneo y le proponía salir a alguna parte, Michelle reaccionaba como si yo fuera un irresponsable. Me decía algo así como: «Pensé que habías dicho que ibas a trabajar en el jardín hoy». O: «Joe, ¿no ves que hay millones de cosas para hacer por aquí? ¿Se espera de mí que deje todo y me ponga a jugar todo el tiempo?» Para la época en que nos separamos por última vez, ya no parecíamos tener nada en común. Michelle me acusaba de haber cambiado, pero yo creo que ella fue la que cambió.

LOS PUNTOS FUERTES PUEDEN CONVERTIRSE EN DEBILIDAD

No resulta infrecuente que las parejas atribuyan sus problemas matrimoniales al cambio de uno de los dos (o de ambos) luego de haberse casado. Pero eso es un error. La verdad es que todos tenemos puntos débiles y puntos fuertes en nuestra personalidad que nunca cambian. Sin embargo, hay ocasiones, bajo circunstancias de tensión, en que la gente parece haber cambiado. Mels Carbonell, escritor y creador de la prueba de evaluación de personalidad y dones espirituales en Uniquely You in Christ [Eres único en Cristo], lo explica de esta manera: «La Biblia confirma que tu fuiste hecho maravillosamente (Salmo 139:14). El plan de Dios y su propósito eran crearte a ti como una persona singular. Te dotó para glorificarlo específicamente a través de tu influencia, tanto en lo natural como en lo sobrenatural. Como cristiano, tienes una personalidad dada por Dios y dones espirituales que te motivan. Toda personalidad tiene sus puntos fuertes y sus puntos débiles… Recuerda siempre que cuando estés bajo presión tenderás a inclinarse hacia tus puntos fuertes».[1] Carbonell entonces advierte que el inclinarse en extremo hacia los puntos fuertes puede hacer que una persona acabe actuando en debilidad: «El uso exagerado de un punto fuerte se convierte en abuso, y tu mejor cualidad se convierte en la peor. Esa característica, que la gente apreciaba tanto en ti, puede convertirse en algo que finalmente desprecien».[2]

Dado que las presiones pueden hacer que la gente se comporte de un modo distinto, resulta fácil comprender por qué una persona puede pensar que su cónyuge ha cambiado luego del casamiento. Después de todo, ¿hay alguna otra relación sobre la tierra que presente más desafíos que el matrimonio? El apóstol Pablo aun advertía a aquellos a los que enseñaba que consideraran la posibilidad de quedarse solteros: «Los que se casan tendrán que pasar por muchos aprietos» (1 Corintios 7:28).

El matrimonio es difícil por muchas razones. Por un lado, tenemos que aprender a convivir con nuestras muchas diferencias (o al menos tolerarlas). Casi todos los expertos en relaciones están de acuerdo con las descripciones del Dr. Carbonell en cuanto a las fortalezas y debilidades de la personalidad, y acerca del desafío que representa el vivir en armonía con aquellos a los que amamos.

Antes de que dos personas se casen, les parece que nada los puede separar, pero una vez que termina la luna de miel, todo da la impresión de separarlos. Nos frustramos con nuestros cónyuges porque luego del casamiento ellos «cambian» para transformarse en una persona que no nos gusta tanto; o, por el otro lado, nos casamos con alguien al que esperamos cambiar, pero descubrimos que nuestro cónyuge sigue siendo siempre igual. Nuestro pastor dijo una vez: «Compararía el matrimonio con las moscas paradas en una puerta de tela metálica: ilas que están afuera quieren entrar, y las que están adentro quieren salir!».

Aun después de que Joe y yo nos reconciliamos, seguimos intentando cambiar al otro en lugar de aceptar las diferencias. Yo intentaba hacer que se orientara más hacia el logro de metas; él trataba de que yo me volviera más espontánea. Yo pensaba que algo estaba mal con Joe porque para él la «diversión» consistía en despertar a la mañana para encarar un día que no tenía ninguna agenda en especial dentro de la que moverse; él pensaba que algo estaba mal en mí porque yo consideraba que un «día divertido» era aquel que se enfrentaba con una larga lista de cosas para hacer y una apretada fecha tope que pendía como una amenaza sobre nuestras cabezas. Entonces, varios meses después de haber vuelto a vivir juntos, vimos una serie de videos en nuestra iglesia, titulados «Your Personality Tree» [El árbol de tu personalidad], de Fred y Florence Littauer.[3] Lo que descubrimos en ese fin de semana revolucionó nuestro matrimonio. Finalmente comprendimos que nuestros temperamentos y personalidades nos habían sido dados por Dios y que no tenía nada de malo ninguno de ellos: simplemente habíamos sido configurados de diferente manera.

LOS CUATRO TEMPERAMENTOS BÁSICOS

El filósofo griego Hipócrates fue el primero en describirle al mundo los cuatro temperamentos básicos, 400 años antes de Cristo. En los últimos años, escritores y oradores cristianos muy conocidos (incluyendo los Littauer) se han referido a estos tipos de personalidad utilizando sus propias descripciones, evaluaciones y títulos. La clasificación de temperamentos más conocida es la acuñada por Hipócrates: sanguíneo, colérico, melancólico y flemático. A través de los años, combinamos las enseñanzas de otros para crear nuestras propias explicaciones y evaluaciones con respecto al temperamento. En tanto que todas las personas tienen algunas características de cada temperamento, uno de ellos generalmente es el que predomina. Tómate unos momentos para realizar este examen. Aunque ya lo hayas hecho antes, esto te ayudará a aplicar las herramientas que aparecen en el resto del capítulo.

Evaluación de los temperamentos
Luego de estudiar las cuatro opciones de cada línea, por favor, traza un círculo alrededor de la frase que mejor te describa, o que te describa la mayor parte de las veces. Probablemente te sientas identificado con todos hasta un cierto punto, pero traza el círculo solo alrededor del que mejor se aplica a ti. Si no estás seguro, pregúntale a alguien que te conozca bien.

Fortalezas

Vital (lleno de vida)	Asume riesgos	Analítico	Se adapta a situaciones
Juguetón	Convincente	Termina proyectos	Calmado

Sociable	Cabeza dura	Sacrificado	Acepta reglas
Divertido	Dominante	Confiable	Amistoso
Alegre	Seguro de sí	Artístico	Tranquilo
Conversador	Se guía por metas	Pensativo	Tolerante
Animado	Líder	Leal	Escucha bien
Inspirador	Independiente	Perfeccionista	Agradable
Optimista	Franco	Organizado	Complaciente

Anota el subtotal de tus puntos sumando el total de círculos de cada columna, y pasa a la siguiente sección.

Debilidades

Indisciplinado	No simpatiza	Antipático	Haragán
Interrumpe	Impaciente	No se considera competente	Indeciso
Demasiado conversador	Desconsiderado	Fácil de ofender	Quiere paz a toda costa
Ingenuo	Demasiado seguro de sí	Negativo	Desinteresado
Desorganizado	Controlador	Depresivo	Falto de auto confianza
Desordenado	Astuto	Malhumorado	Murmurador
Ruidoso	Dominante	Huraño con la gente	Siempre cansado
Incapaz de concentrarse	Crítico/ juzgador	Manipulador	Demasiado complaciente
Inconsecuente	Intolerante	Introvertido	Indiferente

Anota el subtotal de tus debilidades, y luego súmalo a tus fortalezas para lograr el total definitivo.

Total de las fortalezas (anotadas arriba). ______

Totales finales ______

Resultados de la evaluación de los temperamentos

La columna que haya alcanzado el total más alto es la que representa tu temperamento básico. Puede ser que hayas logrado resultados semejantes en otras columnas, pero es más que probable que tengas marcas altas en una o dos y más bajas (o ningún punto) en las otras dos columnas. Si tu puntaje es parejo en las cuatro, tal vez podrías pedirle a tu cónyuge, a un amigo cercano o a un miembro de la familia que te ayude a desempatar. En tanto que nuestra meta es ser equilibrados en cualquiera de los temperamentos, la mayor parte de la gente no alcanza un equilibrio parejo a menos que lo practique mucho, o que sea flemática y tenga dificultad en llegar a una decisión.

Si has alcanzado el mayor puntaje en la primer columna, tienes una personalidad sanguínea. Si tu mayor puntaje está en la segunda, tu personalidad es colérica. Si tus marcas son más altas en la tercera, tienes una personalidad melancólica, y si haz alcanzado más puntos en la cuarta, tu personalidad es flemática.

Descripción de los temperamentos

Sanguíneo: Bromista
- Fortalezas: Es sociable, lo entusiasman la gente y las fiestas, es espontáneo, perdona con facilidad.
- Debilidades: Es indisciplinado, interrumpe, no escucha, es inconsecuente.

Colérico: Director
- Fortalezas: Es líder, se fija metas, es convincente, tiene confianza en sí mismo.
- Debilidades: Es indiferente, controlador, impaciente, tiene demasiada confianza en sí mismo.

Melancólico: Oficial exigente
- Fortalezas: Es analítico, termina los proyectos, es detallista, confiable, tiene expectativas de perfección.
- Debilidades: Nada le resulta lo bastante bueno, es negativo, tiene un humor variable, se ofende fácilmente.

Flemático: Pacificador
- Fortalezas: Es adaptable, sereno, de humor estable, sabe escuchar, es amistoso.
- Debilidades: Es perezoso, indeciso, siempre está cansado, es indiferente.

Cada temperamento resulta igualmente importante

Los cuatro temperamentos son necesarios y ninguno es mejor que otro. Por ejemplo, imaginemos que se nos asignara llevar a cabo un proyecto grupal en la iglesia o lugar de trabajo. La persona colérica probablemente estaría a cargo, y su mantra seguramente sería: «¡Vamos! ¡Hagámoslo de una vez!» La persona sanguínea querría asegurarse de que lo pasaran bien. Su mantra sería: «Pidamos comida y asegurémonos de que haya música mientras trabajamos». El flemático esperará las órdenes del líder, y su mantra será: «¡Estoy aquí para ayudar! Pueden contar conmigo; solo díganme lo que quieren que haga y nos llevaremos bien!» La persona melancólica no dirá mucho porque estará concentrada en los detalles importantes que el resto pasa por alto. Su mantra será: «No se olviden de leer las instrucciones… y si no pueden hacer bien el trabajo, ¡no hagan nada!»

Cuando la gente se siente aceptada y amada tal como es, trabaja en desarrollar sus puntos fuertes. Como resultado, el llevar adelante proyectos grupales (o familiares) crea un sentido de unidad y se logra mucho. Por el otro lado, cuando la gente se siente juzgada y no aceptada, sus puntos fuertes se convierten en puntos débiles. De tal modo, los proyectos grupales (y familiares) pueden acabar resultando una fuente de conflictos y no se alcanzará gran cosa. La persona colérica se volverá mandona y demandante; la sanguínea se alejará, y cuando el proyecto esté acabado, organizará una fiesta en la que se atribuya todo el mérito; el flemático se enfermará a causa de las tensiones entre la gente; y el melancólico se deprimirá mucho porque las cosas no se han hecho bien, o no saldrá de su escondite por días.

LAS PAREJAS SE CASAN POR SUS PUNTOS FUERTES, Y SE SEPARAN A CAUSA DE SUS PUNTOS DÉBILES

Los opuestos a menudo se atraen, debido a un aprecio de las diferencias en la otra persona, y a que se sienten atraídos por los puntos fuertes de los que ellos carecen según su propio temperamento. Los Littauer están de acuerdo en que esto es frecuente en las parejas: «Cuando nos concentramos en los puntos fuertes de nuestro compañero, nos volvemos complementarios el uno del otro, pero cuando nos concentramos en las diferencias, estamos en problemas. El frívolo sanguíneo (a menudo) se siente atraído por la seriedad del melancólico. El colérico, al que le gusta dirigir, (con frecuencia) se siente atraído por el flemático, que muestra disposición a seguirlo».[4]

Steve y Karen se ríen de sus diferencias ahora, pero hubo una época en la que no les parecían tan divertidas. «Yo soy mayormente colérica y Steve principalmente melancólico. Me encantaba que Steve fuera perfeccionista, y me sentía atraída por su naturaleza silenciosa y su resolución a lograr que las cosas se hicieran bien. Un par de años después de casarnos, me empecé a molestar con él por ser tan obsesivo y comencé a concentrarme en las debilidades de su temperamento. Todos los aspectos de su personalidad perfeccionista que yo amaba, comenzaron a volverme loca; ¡hasta la forma en que mojaba las estampillas para pegarlas en el sobre cuando pagábamos las cuentas! En lugar de fijarme en el hecho de que siempre pagaba las cuentas sin retraso, me irritaba que le llevara tanto tiempo pegarle las estampillas a los sobres. Mi personalidad colérica, inclinada a fijarse metas, solo deseaba ver la tarea terminada. Lo miraba estudiar el sobre, alinear perfectamente las estampillas, y asegurarse de que cada pequeño detalle estuviera correcto. Muchas veces me hubiera gustado saltar sobre la mesa, sacarle la estampilla de las manos, y simplemente estamparla en el sobre ladeada, solo por volverlo tan loco como él me estaba volviendo a mí. Nos reímos sobre eso ahora, pero debo admitir que hay momentos en que salgo del cuarto cuando él va a pegar las estampillas en los sobres».

Ocho maneras de aceptar las características únicas de nuestro cónyuge

1. Haz una lista de los puntos fuertes de tu cónyuge. Recuerda el tiempo en que tú y tu cónyuge se conocieron. Además de la atracción física que puedan haber experimentado, ¿qué cualidades de su personalidad admirabas? ¿En qué pensabas cuando regresaste a casa después de tu primera cita? ¿Recuerdas cómo describías a tu futuro cónyuge a tus amigos luego de que te diste cuenta de que te estaba enamorando? Otra vez, aparte de su apariencia física, ¿qué palabras usabas para describir a esa persona a la que comenzabas a amar? Esas eran las cualidades positivas del temperamento natural de tu cónyuge, y son los puntos fuertes que te atrajeron al principio hacia él o ella.

Utilizando tarjetas pequeñas, haz una lista de tantas cualidades positivas de tu cónyuge como puedas. (Utiliza las descripciones mencionadas debajo de las fortalezas del temperamento natural correspondiente a tu cónyuge, si necesitas algo de ayuda.) Luego, usa las tarjetas para orar por tu cónyuge cada día y para agradecerle a Dios por la forma en que lo ha hecho, de un modo maravilloso, a la imagen de nuestro Señor. Aun si tu matrimonio está en crisis y tu cónyuge deja ver sus debilidades, trata por todos los medios de enfocarte en sus cualidades positivas.

2. Elogia verbalmente a tu cónyuge. Dile lo que te gusta de él o de ella. No fuerces las cosas; simplemente hazlo al conversar, como el Señor te guíe. También diles a otros lo que te gusta de tu cónyuge. Eso puede parecerte difícil si te hallas dentro de una crisis severa, porque sería lo opuesto a lo que la gente espera escuchar cuando una pareja no se lleva bien. Pero por eso precisamente es que resulta tan poderoso. Satanás desea que hablen cosas negativas el uno del otro para lograr causar división. Pero Dios usará tus palabras de bendición acerca de tu cónyuge para liberar su poder sobrenatural. Independientemente de lo que haga tu cónyuge, la parte que te toca es obedecer a Dios. «Y este es su mandamiento: que creamos en el nombre de su Hijo Jesucristo, y que nos amemos los unos a los otros, pues así lo ha dispuesto. El que obedece sus mandamientos permanece en Dios, y Dios en él» (1 Juan 3:23–24).

Cuando a las personas se las aprecia por sus diferencias en lugar de juzgarlas, se sienten amadas y comprendidas. Por lo tanto, un cónyuge o miembro de la familia al que sinceramente se lo elogia, mostrará sus puntos fuertes con mayor facilidad y se sentirá seguro dentro del matrimonio y de la familia. ¿Puedes pensar en alguno de tus padres, un maestro, o un jefe que haya creído en ti y se haya concentrado más en tus capacidades que en tus defectos? Es muy probable que te hayas distinguido cuando estabas en presencia de esa persona porque te sentiste apreciado y seguro. La Biblia está llena de escrituras que nos dicen que tratemos a los demás con amor y respeto. El apóstol Pablo ciertamente comprendía la importancia de ello: «Eviten toda conversación obscena. Por el contrario, que sus palabras contribuyan a la necesaria edificación y sean de bendición para quienes escuchan» (Efesios 4:29).

3. *Evita señalar los puntos débiles de tu cónyuge.* Cuando a la gente se la critica o juzga constantemente, no se sentirán amados. Como lo decía el Dr. Carbonell, esto los lleva a inclinarse hacia sus puntos fuertes en lo natural para sobrevivir (generalmente conduciéndolos a un extremo) y entonces sus fortalezas se convierten en sus debilidades. Las personas con un temperamento perfeccionista tienden a ser más críticas de los demás (y también de ellos mismos) pero cualquier temperamento puede llegar a desarrollar este hábito. Cuando nos centramos en las debilidades de nuestro cónyuge o de nuestros hijos, entramos en un círculo vicioso: Nuestro cónyuge o nuestros hijos dejan de sentirse amados, así que actúan de una manera desamorada; luego, debido a que dejan ver más sus debilidades que sus puntos fuertes, nos volvemos más críticos, y nos concentramos en sus conductas negativas; entonces todo vuelve a empezar. El Dr. Robert Ross, un consejero en relaciones, se refiere a este «fenómeno de reacción». Él dice: «Se trata de un patrón circular en el que cada cónyu-

ge "ayuda" al otro a mantener sus conductas negativas. Por ejemplo, el marido descuida a su esposa y no dedica tiempo a estar con ella, así que ella se queja, y entonces él la descuida más, y la rueda sigue girando».

4. *Elige vivir en equilibrio.* Jesús era la perfecta combinación de los cuatro temperamentos: Su primer milagro se realizó durante una fiesta (sanguíneo); él era un líder poderoso, enfocado en lograr la meta por la cual había venido y les hizo frente a los líderes religiosos de sus días (colérico); se preocupó por todos los detalles y cumplió con la ley del Antiguo Testamento (melancólico); y él era el Príncipe de Paz, enfocado hace la cualidad de carácter cristiana más importante: el amor (flemático). Como cristianos, tenemos acceso a una armonización de los cuatro temperamentos a través del Espíritu Santo, pero debemos *elegir* vivir en la naturaleza del Espíritu y no en nuestra naturaleza carnal. Necesitamos ser equilibrados.

La mejor manera de hacerlo es estudiar las fortalezas de cada temperamento y trabajar para implementar esas fortalezas en nuestra vida. Esto requiere de práctica, pero no es difícil, como podríamos suponer. Por ejemplo, si alcanzaste un puntaje bajo en cuanto a temperamento melancólico y no eres una persona detallista por naturaleza, practica tomándote tiempo para trabajar en un proyecto y pidiéndole a un amigo melancólico que te ayude a través de consejos útiles sobre cómo volverte una persona más detallista. Si tu puntaje como sanguíneo fue bajo, oblígate a ir a una fiesta de vez en cuando y relaciónate con nueva gente, o deja de lado las actividades programadas de un día solo para volverte más espontáneo. Aprender a ser equilibrado no solo resulta divertido, sino que es lo que se espera de nosotros al madurar y volvernos más parecidos a Cristo.

5. *Deposita amor en el tanque emocional de tu cónyuge.* Mantener lleno de amor el tanque emocional de tu cónyuge es tan importante como llenar tu *tanque de combustible espiritual* (analizado en el capítulo 3). Si tu cónyuge piensa que no lo amas, eso resultará tan destructivo de la relación como si te

concentraras en sus debilidades y te volvieras crítico de todo lo que hace. La conducta de tu cónyuge cambiará debido a que no se siente amado, y eso hará aflorar lo peor de su temperamento natural. El escritor y consejero matrimonial Gary Chapman dice que la gente se comporta diferente cuando su tanque emocional está lleno de amor: «Estoy convencido de que mantener el tanque emocional lleno de amor resulta tan importante para un matrimonio como lo es mantener adecuado el nivel de combustible en un automóvil. Hacer funcionar tu matrimonio con un tanque vacío de amor puede resultarte aun más difícil que conducir tu automóvil sin ponerle combustible… la gente actúa de modo diferente cuando su tanque emocional está lleno».[5]

6. *Aprende a reconocer el «lenguaje amoroso» de tu cónyuge.* Mantener lleno de amor el tanque de tu cónyuge no resulta tan fácil como pudieras pensar. ¿No sabes, acaso, que es posible que ames a tu cónyuge y que sin embargo él o ella crea que no lo amas? De acuerdo con el libro de Gary Chapman *The Five Love Languages* [Los cinco lenguajes del amor], hay cinco métodos clásicos de expresar el amor, y todos nosotros tenemos un método al que consideramos nuestro principal lenguaje amoroso. Él dice: «Si queremos que (alguien al que amamos) perciba el amor que intentamos comunicarle, debemos expresarlo en términos de su propio lenguaje amoroso».[6] Esos cinco lenguajes posibles incluyen:

1. Palabras de afirmación: Una persona se siente muy amada cuando se le hacen elogios y se le dicen palabras amables.
2. Tiempo de calidad: Una persona se siente muy amada en los espacios de comunicación que se dan frente a frente y uno a uno.
3. Actos de servicio: Una persona se siente muy amada cuando la gente realiza acciones amables, tal como ayudar en la casa, y otras.

4. Toques físicos: Una persona se siente muy amada cuando recibe abrazos y toques, aunque no necesariamente un toque sexual.

5. Regalos: Una persona se siente muy amada cuando recibe regalos ocasionalmente, o en momentos especiales.

Todos demostramos y recibimos amor a través de estos cinco lenguajes del amor, pero recordemos que solo uno será el dominante. Si nunca has estudiado los lenguajes del amor, te ayudaría conseguir el libro de Chapman y hacer que toda la familia respondiera al examen que presenta. El lenguaje amoroso principal de Joe es dar y recibir regalos. Durante años, cada vez que me compraba algo él pensaba que me estaba diciendo: «Te amo», pero mi principal lenguaje amoroso son las palabras de confirmación, y cuando deseaba hacerle saber a Joe que lo amaba, simplemente se lo decía. No le compraba regalos. Ninguno de los dos escuchaba al otro expresar su amor porque hablábamos diferentes lenguajes amorosos.

Ahora que conocemos cuáles son nuestros principales lenguajes amorosos, nos aseguramos de hablar cada uno el del otro, especialmente en las fechas de cumpleaños y ocasiones especiales. Cuando nos dimos cuenta de cuáles eran esos lenguajes para expresar amor, Joe dijo bromeando: «¡De haber sabido que todo lo que deseabas era una tarjeta y que cenáramos juntos el día de tu cumpleaños, podría haberme ahorrado miles de dólares a través de todos estos años!» (Rápidamente le recordé que el recibir «regalos» es mi tercera expresión de amor.) Para los dos, la segunda opción es el pasar tiempo de calidad juntos, y esa es la razón por la que hemos podido trabajar juntos, codo a codo, todos estos años.

En el caso de una de las parejas cuyo matrimonio estaba en crisis, para el marido el descubrir cuál era el lenguaje de amor de su esposa marcó toda una diferencia: «Cuando mi esposa y yo aprendimos acerca de los diferentes lenguajes del amor, eso salvó nuestro matrimonio. Yo había estado viajando mucho, debido a mi trabajo, y le compraba cosas a Karen, la llamaba cuando estaba afuera, y constantemente le decía que la amaba. Pero ella seguía diciéndome que no se sentía amada. No podía entenderlo, porque realmente la amaba y pensaba que se lo estaba demostrando. Cuando realizamos el examen sobre los lenguajes del amor del libro de Gary Chapman, descubrí que su principal lenguaje amoroso era el tiempo de calidad. Dado que yo viajaba, no importaba cuántas palabras le dijera o cuántos regalos le hiciera, ella seguía sintiendo falta de amor porque yo no estaba físicamente con ella. Mi principal lenguaje del amor son las palabras de confirmación, así que Karen podía haber mantenido mi tanque de amor lleno a través de tarjetas y llamados telefónicos (lo que ella comenzó a hacer con más frecuencia después de hacer la prueba). Sé que hay parejas en la que uno de los cónyuges viaja y, sin embargo, llevan adelante magníficos matrimonios, pero a nosotros casi nos destruyó el matrimonio. Cambié de trabajo para poder estar en casa, e inmediatamente Karen recuperó el amor que había estado extrañando. También hicimos algunas otras modificaciones, pero brindarle a Karen el tiempo de calidad que necesitaba fue lo que realmente produjo un gran cambio dentro de nuestro matrimonio».

7. *Aprendamos a «complementarnos» en lugar de «competir».* En los últimos años han aparecido numerosos libros, tanto cristianos como seculares, que explican las diferencias entre los hombres y las mujeres y la manera en que podemos aprender a aceptar esas diferencias. Somos atraídos hacia nuestro cónyuge con el deseo de complementarnos el uno en el otro. En su libro *Men Are Like Waffles—Women Are Like Spaghetti* [Los hombres son como waffles y las mujeres como espaguetis], Bill y Pam Farrel dicen:

> A medida que contamos con nueva investigación, se va volviendo cada vez más obvio que Dios ha hecho a los hombres y a las mujeres diferentes de muchas maneras. Pensamos diferente, procesamos las emociones de manera distinta, tomamos decisiones de otro modo, y aprendemos de forma diferente. Y sin embargo, hombres y mujeres nos complemen-

tamos de una manera tan hermosa, que la relación saludable entre los cónyuges hace que cada uno sea más completo.[7]

Debido a las diferentes necesidades que presentan los hombres y las mujeres, esto puede resultar una gran fuente de conflictos. En su libro *What Men Want* [Lo que los hombres desean], H. Norman Wright registra un diálogo imaginario entre Dios, Adán y Eva. En un determinado punto Dios dice: «Una relación pensada para ser complementaria se volvió competitiva. El deseo de Eva era controlar a Adán... La seguridad y amor mutuos que sentían en presencia del otro primero se empañó y luego se rompió... Como resultado se produjo una lucha por el poder. La fortaleza del hombre se pervirtió; y ese sentido pervertido de fortaleza lo llevó a la dominación y no a un liderazgo amoroso dentro del matrimonio...»[8]

Yo (Michelle) escucho a las mujeres decir permanentemente que si sus maridos fueran simplemente más amorosos ellas se volverían más románticas. Pero de acuerdo con la mayoría de los expertos en relaciones humanas, las mujeres deben establecer el ambiente siendo románticas *primero*, y entonces sus maridos se mostrarán más amorosos (la teoría de la «reacción» que mencionamos anteriormente).

Los hombres en general tienen mayor dificultad en expresar sus sentimientos, lo que no les permite a sus esposas saber qué es lo que necesitan. Las mujeres, en cambio, suelen expresar sus sentimientos abiertamente, pero han descubierto por experiencia que cuando lo hacen, sus maridos tratan de solucionar el problema en lugar de escucharlas. H.Norman Wright describe a un «hombre sabio» de este modo: «Un hombre que aprende a no ofrecer soluciones... ni minimizar los problemas de su esposa... ha comprendido el cuadro. Ahora es sabio».[9]

Aun con oración, el tratar de entenderse el uno al otro resulta casi imposible porque los hombres y las mujeres han sido creados para ser diferentes y solo Dios puede entender cabalmente la manera en que nos ha creado. Los Farrel están de acuerdo con esto: «Se nos ha dicho infinidad de veces que la verdadera intimidad se logra cuando en una pareja se comprende el uno al otro. El problema es que un hombre nunca comprenderá totalmente a una mujer y una mujer nunca entenderá por completo a un hombre».[10]

Yo (Joe) tengo un libro en nuestra oficina que les paso a los muchachos cuando comienzan a quejarse con respecto a no poder entender a sus esposas. El título es *Everything Men Know About Women* [Todo lo que los hombres saben de las mujeres], y cuando lo abren, encuentran 200 páginas en blanco. Había una razón por la que tomé ese libro cuando vi la tapa: yo también quería saber. La otra cosa que les digo a los hombres es que hay dos ocasiones en la vida de una pareja en la que no se entenderán el uno al otro: antes de la boda y después de la boda. Pero eso no significa que no podamos recurrir a Aquel que sí nos comprende (y que nos hizo) para poder entender mejor a nuestros cónyuges.

8. Satisface las necesidades del otro. La mayoría de los expertos en relaciones humanas está de acuerdo en que las necesidades de los hombres y las de las mujeres son diferentes. Basándonos en nuestras propias necesidades y utilizando una medición informal que hemos estado llevando a cabo por años, hemos llegado a definir seis de las necesidades más comunes que tienen los hombres y las mujeres dentro del matrimonio:

Un hombre necesita (1) respeto y admiración (una comunicación sincera y no una actitud discutidora con respecto a sus ideas y decisiones); (2) una mujer que lo desee sexualmente; (3) una mujer que se cuide físicamente; (4) apoyo doméstico (una esposa que apoye sus decisiones y mantenga el hogar en orden); (5) tiempo para relajarse (generalmente frente al televisor, dado que no le requiere tomar decisiones); y (6) actividades (practica de deportes, asistencia a espectáculos deportivos, y otras cosas recreativas).

Una mujer necesita (1) un marido de carácter, que sea leal y que la proteja amorosamente; (2) afecto (no sexual; sin embargo, la mayoría de las mujeres han expresado que cuando estas seis necesidades se ven suplidas, ellas *sí* desean a sus maridos sexualmente); (3) poder conversar sentados frente a frente (por eso el salir a cenar les resulta tan romántico en la época del noviazgo); (4) sinceridad (una pequeña mentira puede destruir su capacidad de entrar en intimidad); (5) seguridad económica (la mayor parte de las mujeres nos ha dicho que abandonarían la idea de tener «una casa grande y riquezas materiales» por un hombre que mostrara las primeras cuatro cualidades de esta lista); y (6) compromiso con la familia (que dedique tiempo de calidad a los niños y a hacer cosas junto con la familia).

Siendo las necesidades tan diferentes y los métodos para suplirlas también distintos, ¿nos puede sorprender que los hombres y las mujeres enfrenten problemas para mantener lleno de amor el tanque emocional del otro? Aunque sea así, Dios no permite que eso sea una excusa para ignorar el mandamiento que les da a los maridos y las esposas: «Sométanse unos a otros, por reverencia a Cristo. Esposas, sométanse a sus propios esposos como al Señor. Porque el esposo es cabeza de su esposa, así como Cristo es cabeza y salvador de la iglesia, la cual es su cuerpo. Esposos, amen a sus esposas, así como Cristo amó a la iglesia y se entregó por ella» (Efesios 5:21–23, 25). Necesitamos hacer todo lo que podamos para suplir las necesidades del otro por amor a Cristo.

OTRAS DIFERENCIAS SINGULARES

A lo largo de los años hemos descubierto que no todos se identifican con su temperamento o con los resultados de la prueba sobre los lenguajes del amor. Y muchos expertos en relaciones humanas están de acuerdo en que alrededor del 20 por ciento de las personas no encajan dentro de la norma en cuanto a las diferencias que existen entre hombres y mujeres.

También nos hemos dado cuenta de que a algunas personas simplemente no les gusta que las etiqueten. Las hace sentir que han sido despojadas de su individualidad. Sin embargo, casi todo el mundo coincide en que existen otras diferencias singulares en todos nosotros que afectan la manera en que nos relacionamos el uno con el otro. Incluimos aquí las seis que se perciben con mayor frecuencia:

1. *Diferencias en cuanto a experiencias de la infancia.* Dado que no hay dos personas que hayan sido criadas exactamente de la misma manera, cada uno de nosotros entra al matrimonio con la propia y singular lente que le ha provisto su experiencia, y esa lente funciona como un filtro de nuevas experiencias. Aquí señalamos algunas de las experiencias que pueden afectar la manera en que tú o tu cónyuge visualizan la vida:

- El que hayas sido criado en un hogar formado por dos padres, en contraposición con los hogares que tienen un solo padre
- El que tus padres se hayan divorciado
- El que alguno de tus padres (o tal vez los dos) tuviera una adicción de algún tipo
- El que haya habido abuso sexual o violencia física en tu familia
- Tu experiencia religiosa
- Las diferencias étnicas y culturales
- Cuestiones hereditarias que hayan afectado tu salud o tu capacidad de tener hijos
- Tu trasfondo económico

2. *Diferencias espirituales.* Las diferencias espirituales entre tú y tu cónyuge puede implicar un factor muy trascendente dentro del matrimonio. Esto resulta especialmente difícil si uno es creyente y el otro no, porque un cristiano tiene el poder de Cristo viviendo en él a través del Espíritu Santo y un no creyente no lo tiene. Aun en los casos en los que ambos cónyuges sean creyentes, uno suele ser más maduro espiritualmente que el otro y, como resultado, el cristiano más maduro deberá cuidarse del deseo de «jugar a ser Dios» en la

vida de su cónyuge. Una señora nos dijo: «Yo acostumbraba tratar de corregir a mi marido cuando pensaba que no estaba actuando con madurez espiritual, pero eso siempre empeoraba las cosas. Entonces descubrí que si mantenía la boca cerrada Dios lo confrontaría mejor que yo. Ahora, en lugar de corregirlo, simplemente me hago a un lado para dejarle espacio al Espíritu Santo y permitir que Dios haga la obra. Resulta sorprendente lo mucho que mi marido ha crecido en el Señor desde que yo me hice a un lado para no estorbar en el camino».

3. *Diferencias en cuanto al nivel de energías.* El marido y la mujer no suelen tener el mismo nivel de energías. Esperar que tu cónyuge mantenga tu ritmo o que desacelere físicamente para ir a tu misma velocidad es introducir presiones en el matrimonio. Cuando una pareja comienza un noviazgo parecería que ambos tienen una energía inagotable en su intento de equilibrar el trabajo y la diversión. ¡Y aún encuentran tiempo para hablar durante horas antes de que acabe el día! Sin embargo, luego de la boda, cuando la pareja comienza a entrar en una rutina normal, probablemente se den preferencias naturales y diferencias en cuanto a la rutina horaria de ir a dormir. La mayoría de las parejas que conocemos ha tenido que llegar a un acuerdo en esta área. Una mujer nos dijo: «Tengo más energías a altas horas de la noche, pero mi marido se siente cansado temprano. Así que me voy a la cama con él cuando él lo desea, y luego de que se duerme, a menudo me levanto y escribo hasta las dos o tres de la mañana».

4. *Diferencias en cuanto a la salud.* Todos nosotros sufrimos enfermedades en un momento u otro. Y nuestros cuerpos envejecen a un ritmo diferente. Algunos individuos hasta pueden tener que reordenar su vida completamente por algún problema de salud de su cónyuge. Si a tu cónyuge le han diagnosticado alguna enfermedad crónica o algún mal que lo vaya a afectar por el resto de su vida, les resultará difícil abandonar las actividades que en un tiempo compartieron en pareja, pero aceptar este cambio y enfrentarlo mostrando

compasión puede darle un nuevo sentido de unidad al matrimonio. Hemos conocido varias parejas que en el transcurso de los años se han unido más como resultado de ponerse al lado de un cónyuge enfermo o envejecido mostrándole amor. Una mujer hizo este relato: «Cuando me lastimé la espalda en un accidente de ski, mi marido tuvo que reorganizar toda su vida. Éramos jóvenes y muy atléticos antes del accidente, y de pronto tuve que pasar a dedicarle tiempo a la práctica de ejercicios de control del dolor en lugar de conducir bicicletas de montaña con él. Pero con el paso de los años, yo he aprendido a tratar el dolor y mi marido ha aprendido a mostrarme el cariño y el consuelo que necesito. Nuestras vidas cambiaron, pero estamos ahora más unidos de muchas maneras. Todavía disfrutamos del tiempo de esparcimiento, pero tuvimos que aprender a reorganizar las cosas un poco. Por ejemplo ahora, cuando él se va a andar en bicicleta, yo dedico ese tiempo a escribir. Y además hemos descubierto varios nuevos intereses y pasatiempos que nos gustan a ambos, de modo que todavía podemos dedicar un tiempo de calidad a estar juntos».

5. *Diferencias en cuanto a la toma de decisiones.* No hay dos personas que tomen sus decisiones exactamente de la misma manera, en especial las decisiones grandes como, por ejemplo, tener hijos, comprar o amoblar la casa, o cambiar de trabajo. Esta es la experiencia de nuestra amiga Michelle: «Cuando recién nos casamos tuvimos muchas dificultades debido a la manera en que Eric y yo tomábamos nuestra decisiones en lo que se refería a comprar cosas para la casa. Cierta vez, ví un armario en un catálogo que era exactamente lo que estábamos buscando, así que le dije a Eric que debíamos hacer el pedido para que lo enviaran. Yo, por naturaleza, tiendo a manejarme con metas y antes de casarme, cuando quería algo, simplemente iba al negocio y lo compraba, sin que me importara el precio. A Eric, por el contrario, le gusta buscar buenas ofertas. A él le encantan esos lugares exóticos en los que uno tiene que rebuscar bajo pilas de objetos polvorientos para encontrar lo que está buscando. Cuando intenté que él

enviara el pedido a donde indicaba el catálogo, me dijo: "Michelle, eso le quita toda la gracia al asunto. Déjame realizar una búsqueda. Yo puedo encontrarlo; solo dame la marca y los detalles. ¡Y será divertido!"

»Pensé que insistir en aquel armario no valía si iba a ocasionar una pelea, y acepté esperar mientras él realizaba su búsqueda. A decir verdad, nunca pensé que lo encontrara. Pero varias semanas después, ¡allí estaba, en la trastienda de un negocio de objetos en consignación! Era exactamente igual al del catálogo y parecía nuevo. Cuando le pregunté por qué costaba menos de la mitad del precio de uno nuevo, me mostró un pequeñito rasguño abajo, en una esquina, que jamás nadie hubiera visto. Ese día decidí no permitir que nuestra diferente manera de tomar decisiones se convirtiera en una fuente de conflictos. Y también estoy contenta, porque a lo largo de los años hemos conseguido algunas muy buenas ofertas, y nos hemos divertido mucho buscándolas juntos».

6. *Diferencias en cuanto a las familias de origen.* Ni tu ni tu cónyuge podrá cambiar su familia de origen o las experiencias de su infancia. Muchas de sus reacciones y el filtro por el que pasan sus experiencias provienen de la forma en que fueron criados. Sin embargo, deben aprender a aceptar e integrar sus diferencias o ellas se convertirán en una tremenda fuente de conflictos después de que se casen, en especial luego de que se conviertan en padres. Hemos leído diversos libros a través de los años que describen distintos tipos de familias. Cinco parecen ser los más comunes:

1. La familia sobreprotectora: En este tipo de familia, los padres revolotean sobre sus hijos, sin permitirles asumir las responsabilidades adecuadas a su edad. Como resultado, los hijos no pueden desarrollar un sentido de auto estima. Pero el aspecto positivo de este tipo de familia es que los niños se sienten amados y cuidados.

2. La familia desconectada: Los miembros de este tipo de familia no se sienten integrados los unos con los otros. Cada cual mira por sus propios intereses. A veces los niños son des-

cuidados o sufren violencia. Sin embargo, los hijos aprenden a ser autosuficientes.

3. La familia conformista o sumisa: La individualidad se percibe como una falta dentro de este tipo de familias. A los hijos se los hace sentir culpables cuando no se conforman a los ideales de la familia como un todo. Se sienten aceptados cuando abrazan las mismas perspectivas políticas y religiosas que sus padres. Pero esos niños suelen crecer guardando algunas magníficas tradiciones.

4. La familia autoritaria: Los padres de este tipo de familia tienden a imponer su autoridad sobre sus hijos y pueden ser insensibles y producir desgaste. Los hijos a menudo no se sienten amados. Pero los niños tienden a crecer con una buena comprensión del valor de normas y reglas.

5. La familia conectada: Este tipo de familia, por supuesto, constituye un modelo de equilibrio que integra las otras cuatro. No se siente amenazada por las diferencias y a todo los miembros se los anima a que alcancen el máximo de sus posibilidades.

Para procurar volverse una familia más conectada, se pueden estudiar los aspectos positivos de cada una de las otras cuatro familias que describimos e intentar implementarlos en nuestras familias desde ahora. Presentará un desafío más difícil si tú o tu cónyuge han tenido muchas experiencias negativas dentro de sus familias de origen. Pero contando con el poder de Dios y el sincero deseo de efectuar cambios, nunca es demasiado tarde.

Si nunca has considerado los tópicos que cubrimos en este capítulo junto con tu cónyuge, ora para que se les dé la oportunidad de hacerlo. Hemos descubierto que si un cónyuge comienza la conversación mostrándose vulnerable primero, muchas veces el otro contribuirá a la misma. La clave es darle a tu cónyuge una oportunidad sin exigirle.

Una vez escuchamos a un orador cristiano decir: «Vuélvete un estudioso de tu cónyuge… aprende cómo es él o ella». Queremos alentarte a hacerlo cuando implementes las herramientas de este capítulo en tu vida. Dedica tiempo a conocer a tu cónyuge y a tus hijos y luego enfócate en las cosas positivas referidas a ellos y no des demasiada importancia a las negativas. Nunca entenderás completamente a las personas que amas, pero con la ayuda de Dios podrás intentarlo.

PREGUNTAS PARA EL ANÁLISIS CON EL GRUPO O CON EL COMPAÑERO DE APOYO

1. *De acuerdo con tu puntaje de las páginas 89–90, ¿cuál consideras que es tu temperamento básico?*
2. *¿Cuál crees que es tu principal lenguaje de amor?*
3. *¿Cómo es tu familia de origen?*
4. *¿Cuáles crees que son los temperamentos básicos y los lenguajes de amor de tu cónyuge y de tus hijos?*
5. *Busca y analiza Efesios 4:1–16.*
6. *¿Por qué cualidades positivas de tu cónyuge estás agradecido a Dios?*
7. *¿Por qué debilidades de tu propio temperamento necesitas oración?*

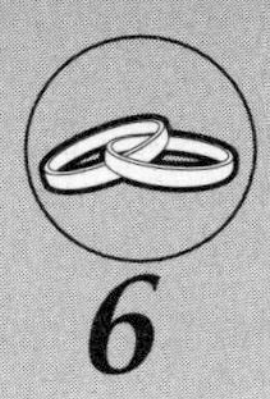

6

La ira se puede manejar a la manera de Dios

No tomen venganza, hermanos míos, sino dejen el castigo en las manos de Dios, porque está escrito: «Mía es la venganza; yo pagaré.»

—Romanos 12:19

«¡*J*oe, tú me haces enfadar tanto, que ya no puedo soportarlo más!» Pisando fuerte por las escaleras, corrí hacia el baño y di un portazo. Busqué algo que arrojar, pero en lugar de esto atravesé de un puñetazo la tapa de un desprevenido cesto de mimbre. Mi difícil situación hasta hubiera resultado divertida de no ser tan dolorosa: el brazo había atravesado la tapa del canasto hasta la altura del codo, y allí los dientes de mimbre habían ocupado su posición para vengarse. Luego de respirar profundamente y de liberarme, me atreví a abrir un ojo para estimar los daños. La sangre fluía de varias marcas profundas de las *garras* sobre la carne.

Un par de días después asistí a una conferencia, junto con varias amigas del trabajo, y allí pasamos la noche; así que fue imposible esconder las escoriaciones de mi brazo. Mis amigas se rieron bastante del episodio de «la venganza del canasto de mimbre», pero, en cuanto a mí, yo sabía que Dios no miraba favorablemente lo que había hecho. Este incidente ocurrió durante nuestra segunda separación. Justo después de esto le volví a dedicar mi vida a Cristo, pero las costras siguieron actuando con un recordatorio constante de que hacía falta realizar una buena cantidad de cambios en el área del enojo.

Crecí en medio de una familia que no se privaba de expresar nada en lo que se refería a la ira. Todo lo que había presenciado en el manejo de conflictos habían sido gritos, insultos, golpes y elementos arrojados por el aire, aun al punto de la rotura de cosas valiosas o del desgarramiento de ropas. En mi familia, el que gritaba más fuerte, el que era más agresivo o más vengativo, salía vencedor de la contienda.

Como seguidora de Cristo, yo realmente deseaba dar vuelta la página, en especial en el área de la ira, así que me arrepentí y le prometí a Dios efectuar cambios. A través de la práctica, intentando mantenerme en calma, la ira se detuvo: *o así me lo pareció*. A causa de que me ira había cesado y Joe se había vuelto cristiano, pensé que finalmente estábamos en camino a lograr un buen matrimonio. Fue durante ese tiempo «apacible» que renovamos nuestros votos matrimoniales en noviembre de 1986.

Las primeras semanas en que estuvimos juntos de nuevo fueron bastante calmas. Pero cada vez que se producía el menor desacuerdo, en lugar de resolverlo, rápidamente acabábamos con la discusión para evitar toda posibilidad de que nuestra ira se intensificara y se saliera de control. Lo que no percibíamos era que simplemente estábamos conteniendo nuestra ira. Con tantos conflictos irresueltos y escondidos, comenzaron a producirse pequeñas irrupciones. Esa fue la época en la que admití delante de nuestro grupo de hogar de la iglesia que nuestro matrimonio estaba de nuevo en crisis. Fue en medio de una acalorada discusión que nos separamos por última vez. Los dos descargamos sobre el otro meses de ira reprimida y yo hice añicos una pila entera de platos.

Durante los siguientes cinco años (aun luego de que nos reconciliamos y comenzamos a servir en el ministerio juntos) Joe y yo lidiábamos con el tema de cómo manejar nuestra ira a la manera de Dios. Erróneamente suponíamos que se esperaba que los cristianos no se enojaran. En consecuencia, intentamos ignorar esa emoción y enterrarla cada vez que salía a la superficie. Pero solo podíamos contenerla por un tiempo, hasta que uno de nosotros hacía irrupción o zapateaba en un arranque de ira. Luego de que nos calmábamos, nos arreglábamos; pero ese ciclo destructivo pronto recomenzaba. Con el paso del tiempo, nuestras irrupciones se espaciaron, pero todavía sucedían y ambos sabíamos que no estábamos tratando con nuestra ira de manera apropiada.

Cuanto más estudiábamos la Biblia y madurábamos en el camino cristiano, más decididos estábamos a terminar con nuestros estallidos de ira. Leíamos libros, asistíamos a clases y estudiábamos la palabra de Dios en busca de respuestas. Hicimos todo lo que pudimos por aplicar lo que aprendíamos, pero continuamos teniendo problemas en cuanto a expresar la irá de una manera saludable. Luego de mucho estudio e investigación, descubrimos que teníamos un concepto errado con respecto a todo el tema de la ira: la ira no es un pecado; se trata de una emoción que Dios nos ha dado con un propósito. Nunca habíamos considerado la emoción de la ira como una señal de advertencia que nos ayudaba. En lugar de ello, considerábamos a la ira como un monstruo en espera de devorar nuestro matrimonio.

También descubrimos que el sufrimiento emocional de la ira opera de forma muy parecida al sufrimiento físico: el ignorarlo solo va en detrimento de la salud de nuestro matrimonio, tal como ignorar el dolor que produce tocar una estufa encendida. Al suprimir nuestra ira estábamos ignorando una señal de alarma que indicaba que algo andaba mal.

La idea equivocada de que las parejas tendrán mejores matrimonios si simplemente *evitan* el conflicto con frecuencia conduce a problemas más serios, tales como contener la ira y bloquear la intimidad. Hemos aprendido con el paso de los años que Dios usa el conflicto para atraernos más a él y para acercarnos el uno al otro. Pretendíamos no estar enojados cuando en realidad éramos tan pecadores delante de los ojos de Dios como si hubiéramos estado gritando o rompiendo algo. Al fingir, nos volvíamos deshonestos.

En su libro *Sacred Marriage* [Matrimonio sagrado], Gary Thomas llama a esto «fingimiento educado» y escribe: «Los adultos maduros perciben que toda relación incluye conflicto, confesión y perdón. A menos que en realidad uno disfrute de andar por allí como un adulador (un lisonjero), la ausencia de conflicto demuestra que la relación no es lo suficientemente importante como para pelear por ella o que ambos individuos son demasiado inseguros como para arriesgarse a disentir».[1]

Una vez que Michelle y yo dejamos de temerle a esa emoción de ira y la vimos como una emoción dada por Dios, pudimos comenzar a realizar cambios positivos y duraderos, pero no sin una buena medida de esfuerzo. Una de las cosas con la que continuábamos luchando, aun después de visualizar la ira como nuestra aliada era cómo aplicar Efesios 4:26: «No dejen que el sol se ponga estando aún enojados». Como muchos cristianos, pensábamos que este versículo significaba que todo desacuerdo tenía que ser solucionado antes de irnos a dormir.

Eso nos resultaba difícil porque nuestras peleas más significativas siempre parecían tener lugar al anochecer. Hubo momentos en los que uno de nosotros, o los dos, fingíamos que nuestra ira se había apaciguado simplemente para poder dormir. Pero, con nuestra tendencia a enterrar las cuestiones en lugar de resolverlas, el fingir que no estábamos enojados nos atrapaba dentro del ciclo de controlar la ira primero y luego hacer irrupción.

Finalmente, al estudiar Efesios 4:26 dentro del contexto de las escrituras que la rodean, descubrimos que Dios nos daba la solución para manejar la ira: «Con respecto a la vida que antes llevaban, se les enseñó que debían quitarse el ropaje de la vieja naturaleza, la cual está corrompida por los deseos engañosos; ser renovados en la actitud de su mente y ponerse el ropaje de la nueva naturaleza, creada a imagen de Dios, en verdadera justicia y santidad» (Efesios 4:22-24).

Nuestra tendencia natural es a controlar nuestra ira o fingir que no existe. Pero Dios nos reveló una solución sobrenatural para nosotros a través de este versículo: «Por lo tanto, dejando la mentira, hable cada uno a su prójimo con la verdad, porque todos somos miembros de un mismo cuerpo. "Si se enojan, no pequen". No dejen que el sol se ponga estando aún enojados, ni den cabida al diablo» (Efesios 4:25-27).

DEJEMOS DE LADO LA MENTIRA

Joe y yo estudiamos esos versículos juntos porque deseábamos producir cambios en nuestras propias vidas y ayudar a otros en el manejo de la ira. Debido a que teníamos que enseñar sobre el tema de la ira, nos vimos obligados a cavar más profundamente de lo que normalmente hubiéramos hecho. Lo que descubrimos fue que mientras evitáramos tratar las cuestiones que se iban presentado, nunca nos sería posible expresar nuestra ira de una manera que le agradara a Dios. Pablo quería que los cristianos comprendieran que nuestra vieja manera de vivir era engañosa, pero que ahora como seguidores de Cristo debíamos hablar la verdad (siempre en amor, por supuesto). Al hacerlo, el diablo no tendría cabida en nuestra ira.

Hablando en términos prácticos, digamos que tú y tu cónyuge tienen una noche una discusión y perciben que no se va a resolver pronto. Entonces puedes decirle algo así: «Tú sabes que estoy cansado, y tú debes estarlo también. Durmamos un poco y volvamos a esta cuestión, después que hayamos podido descansar y orar y estemos en condiciones de pensar con claridad». Al hacerlo, estás hablando la verdad en amor.

Si tu cónyuge te acusa de estar todavía enojado (*y lo estás*), admítelo. Simplemente dile algo así: «Tú sabes que el sentir ira no es un pecado, pero mentirte en este momento sí lo sería. En realidad, todavía estoy enojado y con mayor razón entonces no deberíamos discutir sobre esto hasta tarde en la noche. Yo te amo y estoy comprometido con este matrimonio, pero ahora necesito dormir un poco».

Tal vez estés pensando: *¿Bromeas! ¡Mi cónyuge me seguiría por toda la casa demandándome que resolviéramos la discusión!* O quizá: *No hay manera en la que le permita a mi cónyuge irse a la cama así. ¡Lo obligaría a quedarse y solucionar nuestros problemas, en especial si mi cónyuge admite que todavía está enojado!* Si esto es lo que estás pensando ahora, entonces creo que hay una cuestión más de fondo en tu hogar: tienen problemas de control y de límites. (Vamos a considerar los límites en el capítulo 8. Por el momento, hagan lo que puedan para aplicar las herramientas provistas en este capítulo.)

Una cosa que encontramos muy útil en nuestra búsqueda de aprender a tratar con la ira de un modo constructivo y de quitar toda mentira y falsedad del uno con el otro fue comprender en primer lugar por qué la gente siente la emoción de la ira. La mayoría de los libros que hemos leído incluye listas de razones básicas, y las siguientes cuatro se hallan al principio de la lista:

1. Por *heridas* debidas a palabras o acciones que nos han dañado, o dolor físico a causa de heridas en nuestro cuerpo.

2. Por *frustración* causada porque alguien no accede a satisfacer nuestras necesidades o expectativas, o a causa de haber perdido algo o de que algunos equipos o tecnología no funcionen adecuadamente.

3. Por *temor* a perder el amor de alguien o miedo con respecto a nuestra integridad física.

4. Por tener una *sensación de injusticia* debido a que nos han decepcionado en nuestras expectativas de equidad o una ira justa como resultado del maltrato de otros.

Luego de comenzar a pensar en la ira como una advertencia amistosa y de descubrir que se trata de una emoción subsidiaria de alguna de estas cuatro áreas, yo (Michelle) decidí pasar alrededor de una semana rastreando la emoción cada vez que emergía. En lugar de usar la palabra *ira*, utilicé las palabras *herida, frustración, temor* o *injusticia* (o una combinación de ellas) para poder llegar a la raíz de la emoción. Luego practiqué mencionar las razones en voz alta, pero no en un tono airado. Por ejemplo, si algo se me extraviaba, decía: «Me siento realmente frustrada ahora a causa de haber perdido _______». En el caso de tener mis sentimientos heridos porque Joe hubiera hecho o dicho algo que lo provocara, practiqué decir lo siguiente: «Ese fue un comentario hiriente». En verdad me resultó divertido descubrir algunas de las razones que me despiertan ira y comenzar a considerar la emoción de ira como un aliado en nuestro hogar. Este ejercicio comenzó a diluir mi ira porque identificaba con sinceridad la fuente que la causaba, y exponía la verdad que se escondía detrás de cada episodio.

Resultó liberador descubrir que la emoción de ira no constituye un pecado. Hemos sido hechos a la imagen de Dios, y hay varios cientos de versículos en la Biblia que hablan de la ira del Señor. Dios hace claro en cada pasaje que no debemos pecar al airarnos, pero nunca nos dice que la ira en sí misma constituya un pecado. Por el contrario, el apóstol Pablo escribe: «Airaos, pero no pequéis» (Efesios 4:26, RVR95).

Sin embargo, en tanto que la emoción de la ira no es pecado, descubrimos que la manera en que la expresamos, por lo general, sí lo es. Resulta natural pecar si nos airamos cuando nos sentimos heridos, frustrados, temerosos o si hemos sufrido una injusticia. Hemos nacido con una naturaleza egoísta y pecadora. Basta con observar a cualquier niño de dos años reaccionar cuando otro le quita un juguete. Afortunadamente, los cristianos tenemos el Espíritu de Cristo morando en nosotros para ayudarnos a sobreponernos a nuestros deseos carnales.

Haz lo mejor que puedas para practicar el dominio propio y aceptar la gracia de Dios cuando caes. Mientras vivamos sobre esta tierra, continuará la lucha entre nuestra carne y nuestro espíritu: «Vivan por el Espíritu, y no seguirán los deseos de la naturaleza pecaminosa. Porque esta desea lo que es contrario al Espíritu, y el Espíritu desea lo que es contrario a ella. Los dos se oponen entre sí, de modo que ustedes no pueden hacer lo que quieren» (Gálatas 5:16–17).

La cuestión importante a tener en cuenta es que cuando tropezamos o caemos, debemos arrepentirnos rápidamente y buscar el perdón de Dios. Él siempre nos brindará otra oportunidad para hacer las cosas bien en esa próxima ocasión.

Evitemos la conducta pasivo agresiva

Una de las razones por la que resulta importante expresar la ira del modo en que lo programó Dios (más allá de obedecerle) es porque cuando no lo hacemos puede ocasionar en nosotros una ira pasivo agresiva. De acuerdo con la mayoría de los psicólogos y expertos en relaciones humanas, la ira pasivo agresiva conforma la conducta más difícil de tratar porque no se maneja la ira y su fuente o procedencia no están identificadas. Si tú o tu cónyuge están airados pero no quieren dedicar tiempo y esfuerzo a poner en descubierto la razón, su matrimonio está en peligro de destrucción debido a una conducta pasivo agresiva. Algunas señales de la ira pasivo agresiva son:

- Consumo de drogas
- Retracción emocional con respecto a relaciones importantes
- Relaciones adúlteras
- Mentiras
- Indisposición a participar de acontecimientos familiares u orientados hacia la pareja
- Retracción en cuanto al sexo
- Indisposición a comunicarse
- Pecado secreto como pornografía o uso inapropiado de Internet

A Satanás le gusta desviar a las parejas a través de conductas pecaminosas en lugar de permitirles tratar con las cuestiones que en realidad les causan ira porque él no desea que los matrimonios sean fuertes. Satanás desea matrimonios basados en el engaño, pero Dios quiere matrimonios fundamentados en la verdad.

A mí (Joe) me gusta usar el ejemplo de una granada de mano cuando enseño a otros con respecto a la ira. Utilizo una vieja granada de mano desactivada y montada en forma de trofeo. Yo la llamo una «granada de ira» Todos nosotros somos potenciales granadas de ira si no expresamos nuestra ira a la manera de Dios, exponiéndola a la luz. Si la estamos ocultando y fingimos que no está allí, es posible que alguien venga e inocentemente le quite el «seguro» y que la explosión pueda causar un daño irreparable a los que más nos importan. He hablado con hombres que han perdido toda la familia a causa de sus explosiones de ira. Les digo que deben «aprender a desactivarse para poder ser usados». Les instruyo que soplen en un globo de aire hasta llenarlo y lo hagan explotar la próxima vez que comiencen a perder los estribos a causa de alguna cosa. Les ayudará a liberar algo de su frustración y les dará tiempo para procesar el próximo paso.

Otra cosa que puede ayudar a desactivar la ira es el humor. Cuando Michelle y yo somos capaces de encontrarle la parte humorística a una situación que se está tornando tensa, eso nos permite relajarnos un poco y no tomar la cosa demasiado en serio. Descubrimos de casualidad esta herramienta cuando muchos años atrás surgió una circunstancia que nos resultó muy frustrante. Normalmente esa situación hubiera acabado en que uno de los dos se enojara. En esa ocasión, como acabó en risas, nos dimos cuenta del poder que tiene el humor sobre las situaciones de tensión.

Cuando nuestro hijo Mick era pequeño, nos costaba comprarle ropa. Todo parecía molestarle: las medias, las camisas, los pantalones, y lo que ustedes puedan imaginar. Siempre que lo llevábamos de compras, temblábamos; ninguno de los dos queríamos ir solo con él. Al volver a casa, generalmente uno de nosotros, o los dos, estábamos irritados y desgastados por la experiencia. Una tardecita, durante una de esas temidas excursiones de compras, Michelle y yo estábamos afuera de la puerta del probador de un negocio de ropas tratando de atajar los pares de pantalones que nuestro hijo lanzaba por encima de la pared. Nos sentíamos frustrados al escuchar a nuestro hijo quejarse. «¡Estos pantalones tampoco me quedan!», decía mientras arrojaba otro por encima de la puerta. Entonces descubrí que él nos había lanzado sus propios pantalones, los que estaba usando cuando entramos al negocio, diciendo que *estos* tampoco le iban bien. Fue muy cómico descubrir que se había probado sus propios pantalones, sin darse cuenta, y había dictaminado que esos tampoco le quedaban bien, así que Michelle y yo no podíamos parar de reír. Ya no estábamos enojados porque la risa y el buen humor habían desactivado nuestra frustración y podíamos evaluar nuestra situación con claridad. Hasta cambió la forma en que nuestro hijo se estaba comportando. Él intentó no reírse, pero terminó cediendo ante una situación tan llena de humor; todavía nos seguimos riendo de ello hoy, doce años después.

PERMITE QUE DIOS TE BENDIGA

Con el tiempo, yo (Michelle) pude poner en práctica mucho de lo que aprendí y que transmití a otros con respecto a la ira. Cada tanto, sin embargo, caía en el antiguo comportamiento y comenzaba a tratar de contenerme, para luego explotar y expresar mi ira. Pero volvía a arrepentirme y pedirle a Dios su ayuda. Finalmente, un día, mientras Joe y yo sosteníamos una discusión, el Señor me reveló algo que cambió la forma en que yo manejaba la ira de una vez por todas. Al notar que la discusión parecía no poder resolverse rápidamente, yo comencé por cerrar la boca y luego alejarme. En esa ocasión sentí que el Señor me decía: «Si pasas esta prueba y expresas tu ira de la manera en que yo quiero que lo hagas (sacándola a la luz y temiéndome a mí y no a Joe), encontrarás una bendición por delante».

Decidí dar un paso de obediencia al Señor, quitarme toda hipocresía (aunque Joe se pusiera muy enojado), y no pecar al expresar mi ira. Esa revelación constituyó realmente un punto de inflexión, y la «bendición» de Dios no se hizo esperar. En lugar de irme pisando fuerte, enfrenté a Joe y hablé la verdad, manteniéndome enfocada en la cuestión que estábamos tratando, aunque él se mostró visiblemente frustrado. Nuestra discusión se resolvió por completo de una manera que honraba a Dios y a cada uno de nosotros. La «bendición» que aguardaba fue la intimidad entre nosotros, porque la cuestión quedó completamente resuelta y yo no volví a caer en mis viejos patrones de conducta. Experimenté la misma seguridad que la mayoría de nosotros relaciona con la experiencia de aprender a andar en bicicleta: «lo hemos logrado» y aun cuando nos caigamos de la bicicleta, en definitiva sabemos como conducirla.

Hasta ese momento, las cuestiones irresueltas permanecían enterradas dentro de nuestra relación y se hacían evidentes por nuestras explosiones cuando las tensiones aumentaban. Las cuestiones irresueltas nos causaban un aumento del estrés: Cada vez que surgía un nuevo problema, no teníamos la fortaleza dentro de nuestra relación como para tratarlo como una cuestión independiente. En lugar de concentrarnos en el problema que necesitábamos resolver, el enfoque siempre se fijaba en el que pecaba por airarse.

Esto constituyó un importante punto de inflexión para nuestro matrimonio. Cuando Michelle dejó de tener las explosiones de ira, o de alejarse y cerrarse emocionalmente conmigo, me llevó casi un año poder creer que finalmente había cambiado. Me mantenía en espera de que regresara su antigua conducta. En algunas ocasiones aun decía: «Muy bien, aquí viene… adelante, ¡estalla!…» Decir algo de ese tipo en el pasado hubiera sido como sacarle el seguro a la «granada de la ira». No era que quería que ella explotara; simplemente quería acabar con el asunto porque pensaba que de todos modos sucedería. Pero, debido a que comenzamos a tratar con las cuestiones a medida que se presentaban, la bomba ya no estaba allí. Dado que ella enfocaba su ira en la fuente del problema, me obligaba a mí a hacer lo mismo, y con el tiempo yo también cambié.

LAS EXPRESIONES PARA MANIFESTAR LA IRA SE APRENDEN

Los expertos concuerdan en que aprendemos a expresar la ira según el ejemplo que se nos da cuando somos niños. Pero nunca es demasiado tarde para cambiar la forma en que tú expresas tu ira, aun cuando tu cónyuge se rehúse a hacer lo mismo. Si aprendes a expresar tu ira identificando su fuente, eso constituirá un modelo para tu cónyuge y tus hijos sobre cómo evitar la conducta pasivo agresiva. Nuestros hijos eran casi adultos para cuando nosotros finalmente pudimos manejar nuestra ira, pero por la gracia de Dios, desde ese entonces hemos sido ejemplos de una nueva conducta que muestra la forma correcta en que se debe expresar la ira.

En su libro *The Five Love Languages of Children* [Los cinco lenguajes del amor de los niños], Gary Chapman y Ross Campbell escriben: «Recuerden que toda ira debe salir, sea verbalmente o a través de la conducta. Si no se le permite salir de forma verbal, lo que vendrá a continuación será una conducta pasivo agresiva».[2]

Utilizando como ejemplo la manera en que Campbell ayudó a su hijo David a expresar verbalmente su ira, él dice: «Otra razón por la que deseaba que la ira saliera (verbalmente) era porque mientras quedaba dentro de David, controlaba la casa… Cuanta más ira el expresaba verbalmente, menos de ella aparecía en la forma de mentira, robo, sexo, drogas y todas las otras conductas pasivo agresivas tan comunes hoy en día».[3] (Podemos leer más acerca de cómo manejan los niños su ira en el libro de Campbell: *Kids in Danger* [Niños en peligro]).

PASOS PARA LLEGAR A LA RAÍZ DE LA IRA

Dado que la ira es una emoción secundaria, resulta necesario descubrir las razones por las que está allí esa emoción, para poder evitar el «fingimiento educado». A veces la razón es simple y la cuestión se puede tratar rápidamente. En otras ocasiones no resulta tan fácil y requiere algo de esfuerzo el descubrirla. Estos cuatro pasos pueden ayudarnos a llegar a la raíz del asunto:

1. *Admitir nuestro egocentrismo.* Gran parte de la ira surge a causa de no lograr algo que deseamos o pensamos que necesitamos. Pídele a Dios que te revele cualquier actitud egoísta que tengas. Por ejemplo, si te enojas porque estás frustrado con alguien, pregúntale a Dios si tu frustración obedece a demandas controladoras o expectativas irreales de tu parte. O, si estás enojado porque has sido herido, pídele a Dios que te muestre si se debe a un exceso de sensibilidad o si tal vez estás disfrutando de una «fiesta de conmiseración propia».

«¿De dónde surgen las guerras y los conflictos entre ustedes? ¿No es precisamente de las pasiones que luchan dentro de ustedes mismos? Desean algo y no lo consiguen. Matan y sienten envidia, y no pueden obtener lo que quieren. Riñen y se hacen la guerra. No tienen, porque no piden. Y cuando piden, no reciben porque piden con malas intenciones, para satisfacer sus propias pasiones» (Santiago 4:1–3).

A menudo, después de haberle pedido a Dios que te revele el egocentrismo que se relaciona con tu ira, ni siquiera necesitarás avanzar al siguiente paso. Una vez que le confieses la verdad a Dios (y a otros si te sientes movido a hacerlo), la ira probablemente se habrá apaciguado.

2. *Sé paciente.* Hay mucho que decir con respecto a contar hasta diez cuando estamos enojados. Si todavía te sientes airado luego del paso uno, entonces pídele a Dios que te dé la paciencia que necesitas mientras esperas que él te revele la raíz de tu ira. No te apresures. Esperar y orar no es de ninguna manera una conducta pasiva, sino en realidad una forma eficaz de permitir que la realidad y las razones de tu ira emerjan. Esperar en oración también le permite a Dios traer convicción de pecado a tu corazón.

En nuestro matrimonio, el esperar antes de responder con ira ha producido resultados positivos en casi cualquier desacuerdo que hemos tenido. El esperar también les da a otros que son parte de la solución la oportunidad de asumir la responsabilidad de sus acciones.

3. *Reaccionar a tu situación en el tiempo de Dios.* A veces tendrás que realizar alguna acción para resolver la situación que te causa ira. Algo que he notado es que, cualquiera sea nuestro primer impulso en cuanto a la resolución del problema, luego de orar y esperar, Dios generalmente nos pide que hagamos lo opuesto. Por ejemplo, si yo (Michelle) me inclino en primera instancia a llamar a alguien que me ha tratado mal y marcar un encuentro para hablar del asunto, luego de orar y esperar, Dios por lo general me pide que deje pasar la ofensa. Por el contrario, cuando mi primera inclinación es mantenerme en silencio y dejar pasar una injusticia, luego de orar y esperar, Dios suele llevarme a crecer haciéndome marcar un encuentro como el que señala Mateo 18 (véase Mateo 18:15–17).

Por razones de este tipo, es importante dar los pasos requeridos, de manera que no nos abalancemos a dar una respuesta prematura. Puede ser que necesites ampliar tu perspectiva a través del consejo de otros, o tomarte un tiempo para evaluar las opciones que tienes antes de resolver el conflicto. Esa es otra razón por la que resulta importante que el sistema de soporte espiritual esté funcionando.

4. No permitas que tu ira o la de tu cónyuge se convierta en una cortina de humo que oculte la verdadera cuestión. Los consejeros familiares a menudo dicen que el adolescente que se escapa de la casa de «una familia perfecta» constituye el barómetro que utilizan para medir y luego tratar a toda la familia. A veces resulta difícil descubrir la fuente de la ira porque la expresión de uno de los cónyuges se convierte en el foco principal de la discusión en lugar de serlo las cuestiones que tienen como pareja. Aquí incluimos dos ejemplos en los que la ira de un cónyuge se convirtió en la cortina de humo que escondía las cuestiones reales:

«Apenas habíamos estado casados cerca de un mes cuando mi esposa tuvo su primera "rabieta" y me arrojó por el aire su maquillaje. Cuando este se desparramó sobre nuestra nueva alfombra, yo quedé lívido. Allison decididamente tiene un problema con la ira», dijo Jim, seguro de que si su esposa cambiara, tendrían un buen matrimonio.

Con una expresión de tristeza en los ojos, Allison respondió: «Cuando le arrojé el maquillaje a Jim, me di cuenta de que había cruzado la línea. Después de pedirle perdón y de limpiar, prometí que nunca volvería a enojarme tanto. Pero cuando él hiere mis sentimientos con sus palabras críticas, yo acabo explotando y generalmente arrojo algo, diciendo cosas que luego lamento, o aun lo golpeo. Trato de evitar enojarme porque eso le está imponiendo un alto costo a nuestro matrimonio, pero simplemente parece que no puedo dejar de estallar».

En el caso de esta pareja, ambos se concentraban en la ira de Allison porque era lo más obvio. Pensaban que si ella conseguía dejar de explotar tendrían un matrimonio mejor. Sin embargo, simplemente porque Jim no le tirara objetos a Allison, eso no significaba que su comportamiento no fuera pecaminoso. Las «rabietas» de ella y las palabras de menosprecio de él eran secundarias con respecto a lo que realmente sucedía en el corazón de ambos.

A través de la consejería, esta pareja descubrió que Allison tenía profundas heridas a causa de abusos sufridos en su infancia, y cada vez que Jim le decía palabras hirientes, eso la llevaba de nuevo a la situación de abuso. También descubrieron que la raíz de la ira de Jim tenía que ver con que sentía falta de respeto de parte de Allison, porque ella cuestionaba sus decisiones, especialmente delante de sus hijos, y pasaba por encima de su autoridad en el hogar porque tenía miedo de confiar en él. Al llegar a la raíz de las causas de su ira, pudieron trabajar sobre las cuestiones reales que había dentro del matrimonio, en lugar de enfocarse en las rabietas de Allison.

En el matrimonio de Víctor y Cheryle, la ira de Víctor era la cortina de humo. «Yo no me enojo, pero Víctor sí», explicaba Cheryle con voz suave y una expresión dulce en el rostro. «Él grita y patea por toda la casa como un toro salvaje. Sus fosas nasales se abren y casi se puede ver el vapor salir por sus orejas. Cuando yo lloro y le pido que deje de ser tan ruin, él simplemente sopla y resopla más aún. No puedo entender que sea tan malo. Yo no soy mala con él».

La sonrisa dulce de Cheryle hace pensar que ella es una persona suave y amorosa que no mata una mosca. Pero Víctor dice otra cosa: «¡Por detrás ella anda diciéndole a nuestro pastor y a mi familia que yo soy un monstruo y un alcohólico, y que aun me he comportado inapropiadamente con algunas chicas jóvenes! Puede ser que yo me ponga furioso cuando estoy enojado, y es por eso que estoy buscando consejo, pero todas esas otras cosas son completamente falsas. ¿Cómo puedo no enfurecerme cuando ella no deja de mentirles a los demás sobre mí?

Debido a que colocaba el foco en la conducta agresiva de Víctor (notemos que él fue el único que buscó consejería) esta pareja estaba perdiendo la oportunidad de tratar los problemas subyacentes de su relación. Cheryle no cree estar airada porque no lo expresa de la misma manera que Víctor. Pero su comportamiento es tan pecaminoso como el de él ante los ojos de Dios, y el que ella se rehúse a admitir su pecado es lo que hace que esta pareja siga sin reconciliarse.

AYUDA A TU CÓNYUGE A LLEGAR A LA RAÍZ DEL ASUNTO

Tal vez, al igual que Jim y Allison, tú y tu cónyuge estén dispuestos a asumir su responsabilidad en cuanto a las cuestiones de ira en su matrimonio. Pero si tu cónyuge es como Cheryle y se rehúsa a quitar «la viga que tiene en su ojo» (Mateo 7), hay algunas cosas que puedes hacer para ayudar en ese sentido. Si te comportas como Víctor, sin embargo, y continúas permitiendo a tu poco cooperativa esposa que controle el modo en que expresas tu ira, nunca tendrás la posibilidad de efectuar cambios en tu matrimonio.

1. *Ora por tu cónyuge.* Si has tenido la oportunidad de considerar las herramientas de este capítulo con tu cónyuge, haz una lista de las áreas en las que él o ella admiten tener luchas. Ya conoces las áreas evidentes sobre las que puedes orar, pero puede ser que te sorprendas de las cosas que tu cónyuge puede decirte si tú simplemente le preguntas con un corazón tierno y motivos sinceros.

2. *Vuelve a llenar el «tanque de amor» que está vacío.* Si el lenguaje de amor principal de tu cónyuge son los actos de servicio, y no se siente amado o amada, es posible que se queje con enojo, diciendo: «Ya nunca encuentro medias limpias» o «Tú solías revisar el agua y el aceite de mi automóvil, ¡pero parece que ahora estás muy ocupado!» Del mismo modo, un cónyuge cuyo primer lenguaje de amor es pasar juntos tiempo de calidad puede mascullar: «¡Siempre estás hablando por teléfono!» o «¡Ya nunca estás en casa!»

Debemos recordar también que los hombres y las mujeres han sido programados de distinta manera. Muchos expertos concuerdan que cuando tienen que tratar con temas de estrés y conflictos, la mayoría de los hombres encuentra que los mecanismos que prefieren para hacerles frente son el sexo y el sueño, y la mayoría de las mujeres optan por la conversación. Bill y Pam Farrel escriben: «Resulta fácil descubrir que esto puede causarle problemas a la pareja que no tiene un plan ya determinado para aliviar las tensiones… ella prefiere una conversación, en tanto que él desea una retirada segura, o lo que le resulta aún mejor, ¡tener relaciones sexuales y luego dormir una siesta!»[4]

3. *Formula preguntas.* Si notas que tu cónyuge se enoja por cuestiones triviales y tú has estado intentando llenar de amor su tanque pero la situación no mejora, probablemente sea tiempo de hacerle algunas preguntas sinceras. Esto implica cierto riesgo de tu parte, pero recuerda que a menos que tu cónyuge deje de lado toda falsedad, el diablo tendrá un lugar en el que poner un pie cuando aparezca su ira. Ora pidiendo que se dé el tiempo correcto y evita este tipo de conversación si alguno de los dos está cansado, enfermo, o con hambre. Una palabra de advertencia: Evita hacer un montón de preguntas todas juntas o de forma que parezca un interrogatorio. Considera la posibilidad de hacerlas dentro de una conversación corriente cuando estén en el automóvil, hagan una caminata, o realicen una salida. Aunque te resulte difícil debido a tu particular temperamento, no trates de arreglar o solucionar los problemas de tu cónyuge a menos que se te pida consejo. Porque al hacerlo transmitirás el mensaje de que no crees que tu cónyuge sea lo bastante inteligente como para encontrar sus propias soluciones. Incluimos aquí algunas preguntas que podrías considerar hacerle:

- ¿Hay algo en casa o en tu trabajo que te resulte frustrante en este momento?
- ¿Hay algo en casa o en tu trabajo acerca de lo que te sientas decepcionado?
- ¿Se da algún tipo de injusticia en tu trabajo o en casa sobre el que quieras hablar?
- ¿Qué es lo que te produce más temor en este momento?

4. Escucha. Esta es la parte más difícil y la más importante del ejercicio. Si tu cónyuge ha estado reprimiendo su ira, va a tener que examinar a fondo algunas cuestiones inconexas para poder descubrir la verdad que se esconde tras los conflictos actuales. Algunas de esas cuestiones pueden tener que ver contigo. Tendrás que orar y cuidarte de no ponerte a la defensiva y de no pecar si te enojas cuando tu cónyuge diga algo que te lastime. Recuerda que esta es una oportunidad para ayudar a tu cónyuge a sacar su ira a la luz. Trata de mantener viva la conversación; pide que aclare ciertas cosas, permanece calmo y ayuda a tu cónyuge a descubrir la fuente de su ira de modo que pueda empezar a resolver sus problemas. Evita a toda costa discutir. Es un momento para escuchar acerca de los temores, frustraciones, heridas o injusticias por los que ha pasado tu cónyuge. Una vez que tu cónyuge se sienta seguro, asumirá el riesgo de hablar sobre sus emociones ocultas.

Puede requerir de varios intentos previos el que tu cónyuge se sienta seguro como para hablar de su ira, o llegar a la raíz de las razones por las que siente esa ira. Intenta por todos los medios mantener viva la conversación, pero si tu cónyuge desea que acabe, entonces calla y respetuosamente déjalo solo. El Señor va a honrar tu espíritu apacible. Este ejercicio no sólo nos ha ayudado a nosotros en el matrimonio sino con nuestros hijos y otras personas que luchaban con el manejo de su ira.

5. No juegues a ser Dios regañando a tu cónyuge. En cuanto yo (Michelle) dejé de explotar y comencé a tratar con mi ira de un modo constructivo, Dios me dio convicción acerca de otro pecado: el orgullo. Como ya lo dijo Joe, él no confiaba en los cambios producidos en nuestro hogar y todavía luchaba tratando de aprender a expresar su ira de un modo constructivo. Como resultado, yo desarrollé un sentido de orgullo por mis logros en lugar de una actitud humilde. En vez de ayudar a Joe a expresar verbalmente sus sentimientos acerca del temor, la frustración, sus heridas y las injusticias, lo critiqué por expresar su ira de un modo tan impío. En vez de ser la ayudante de Joe, intentaba ser su Espíritu Santo. Cuando el Señor me reveló lo que yo estaba haciendo, la convicción que me vino fue abrumadora. Salirme de en medio del camino para permitirle a Dios que él disciplinara a Joe resultó mucho más eficaz que intentar reconvenirlo para que cambiara.

6. *No trates de ser Dios y rescatar a tu cónyuge*. Lo mejor que puedes hacer al tratar con otros que pecan cuando sienten ira es permitir que las consecuencias naturales de su conducta les enseñen. «Ciertamente, ninguna disciplina, en el momento de recibirla, parece agradable, sino más bien penosa; sin embargo, después produce una cosecha de justicia y paz para quienes han sido entrenados por ella» (Hebreos 12:11).

En ocasiones, un cónyuge airado experimentará consecuencias a causa de su comportamiento que afectarán al otro también. En esos casos, este puede sentirse tentado a intentar rescatar a su cónyuge, aunque más no sea, para evitar la propia vergüenza y sufrimiento emocional. Pero el que intenta alejar las consecuencias naturales provocadas por el comportamiento pecaminoso de otro, solo logrará que las cosas empeoren a la larga. «El iracundo tendrá que afrontar el castigo, el que intente disuadirlo aumentará su enojo» (Proverbios 19:19). Ese fue el caso en la situación de Dena.

Dennis fue pastor de una iglesia en Oregon durante dieciocho años antes de que su problema con la ira se diera a conocer a la congregación. Su esposa, Dena, y las tres hijas habían aprendido a andar en puntas de pie alrededor de las furias de Dennis en el hogar, fingiendo que todo estaba bien cuando había otros cerca. Varias veces durante sus veinte años de matrimonio Dena se preguntó si estaba haciendo lo correcto al encubrir el problema que tenía Dennis con la ira, pero en cada ocasión consideró que exponer la verdad con respecto a su furia podría costarle su puesto de trabajo en la iglesia. «Yo no quería ser el motivo por el que Dennis no sirviera más a Dios», admitió luego de que el matrimonio acabó. Una noche, en un ataque de furia, Dennis golpeó a Dena y ella finalmente llamó a la policía. Ese llamado, que Dena debería haber hecho la primera vez que él la agredió físicamente, acabó haciéndolo renunciar como pastor y le puso fin a su matrimonio.

Por otro lado, en el caso de Tom y Kim, el sacar a la luz la verdad les salvó el matrimonio. Kim pertenecía al cuerpo administrativo de su iglesia. Ella y Tom habían estado casados durante casi diez años cuando finalmente admitió delante de uno de los pastores que su matrimonio estaba en una crisis severa. Asistían juntos a la iglesia, y Tom hasta ayudaba en los eventos referidos al ministerio de los varones, pero en su casa él castigaba a Kim con largos períodos de silencio cada vez que se enojaba con ella. En esa ocasión se había rehusado a hablarle cara a cara durante casi dos meses, y ese abuso emocional no fue sin costo para ella. Intentar mantener la conducta de Tom en las sombras solo volvió peor la situación. Después de que el pastor se encontró con Tom y lo confrontó con su conducta, él y Kim pudieron recibir ayuda y se reconciliaron.

7. *Consigue la ayuda que necesitas y vuélvete proactivo*. Algunos tipos de ira aparecen como resultado de enfermedades físicas o mentales (lo analizaremos más a fondo en el capítulo 8). Si tu ira o la de tu cónyuge se vuelve incontrolable y no te es posible realizar cambios positivos implementando las herramientas de este capítulo, puede ser que necesites ayuda de afuera, de algún profesional de la salud. Conocemos varios matrimonios en los que a uno de los cónyuges se le diagnosticó alguna enfermedad física o desorden mental que requería de medicación a fin de evitar los estallidos de ira destructivos. Lo importante que debes recordar, si este fuera el caso en tu matrimonio, es que nunca debes permitir que tu problema con la ira, o el de tu cónyuge, quede en la oscuridad. Consigue la ayuda que necesitas ahora, y aprende a ser proactivo.

Aunque Michelle y yo ya no tenemos esas irrupciones de ira tipo volcánicas, a veces podemos todavía encontrarnos cayendo de nuevo en expresiones pecaminosas si no tenemos cuidado. Una de las cosas que nos permite tratar con los nuevos problemas de forma constructiva es mantener el pizarrón limpio y evitar las tensiones excesivas. El asegurarnos de no tener otras cuestiones irresueltas ni tensiones extra en nuestra vida también nos facilita las cosas cuando tenemos que dejar a un lado una cuestión hasta el otro día o hasta que pueda ser completamente resuelta.

Aquí mencionamos las áreas de nuestras vidas que pueden crear tensiones entre nosotros si se salen de equilibrio. A medida que lees, piensa sobre las áreas de tu matrimonio que, cuando pierden el equilibrio, producen un estrés extra en la casa.

1. Finanzas. Si yo (Joe) estoy excesivamente preocupado con respecto a nuestras finanzas, mi fusible tiene poca tolerancia y aquellas cosas que normalmente no me molestan pueden volverse realmente un motivo de frustración. Hemos aprendido a ser proactivos en esta área, mantener nuestras finanzas en orden y vivir libres de deudas.

2. Tiempo a solas. Una de las cosas que hemos notado con respecto a las parejas cuyos matrimonios están en crisis (y también con respecto a nosotros) es que a menudo pierden el sentido de ellos mismos como individuos. Los problemas matrimoniales y las demandas diarias pueden reemplazar el disfrute simple de la vida. Nos cubrimos de eso asegurándonos de «nutrirnos a nosotros mismos» y reduciendo las demandas que nos imponemos el uno al otro en cuanto a satisfacer la gama completa de las necesidades del otro. Ambos hemos desarrollado una lista de «nutrición propia» que consiste de un cantidad de entre 15 y 20 actividades que podemos realizar solos, por nuestra cuenta. No son inmorales, ilegales ni caras, y hacemos lo posible para incorporar al menos cinco de estas actividades a nuestra semana, dentro del programa de cada uno. A la cabeza de la lista de los dos está nuestro tiempo de quietud con Dios cada día (en el capítulo 10 aparece más con respecto a esta herramienta).

3. Programa. Yo (Michelle) soy la responsable de llevar nuestra agenda. Nos gusta comer en casa por lo menos tres noches por semana, y también recibir a nuestros hijos y nietos una vez por semana. Eso es muy importante para ambos, y nos sentimos mucho más felices cuando logramos mantener equilibrada esta área. He descubierto que cuando tenemos más compromisos de los que debemos, nos cansamos y nos volvemos quisquillosos, y luego nos faltan las energías para enfrentar nuevos problemas cuando estos aparecen. Cuidar de nuestra salud, comer correctamente y descansar lo suficiente es algo en lo que me he vuelto proactiva con el correr de los años.

4. *Intimidad.* Cuando estamos demasiado ocupados como para dedicar tiempo al romance en nuestro matrimonio, comenzamos a reñir por pequeñas cosas. Los escritores Bill y Pam Farrel concuerdan al señalar que las parejas que se comprometen a satisfacer las necesidades de intimidad sexual y emocional del otro tienen mejores matrimonios en todo sentido cuando mantienen equilibrada esa área. «Cuando dentro de una pareja, ambos cónyuges están sincronizados el uno con el otro en el área sexual se sienten más seguros, piensan con mayor claridad y están más dispuestos a sacrificarse a favor de esa relación».[5]

5. *El hogar.* Para mí (Joe) cuando se comienzan a acumular tareas por hacer (como cortar el césped del jardín y arreglar cosas que se rompen en la casa) me frustro. Michelle se frustra cuando la mesa del comedor o la de su oficina están desordenadas. Si solo una de esas áreas está en desorden, no le resulta tan estresante, pero cuando varios de esos puntos son ignorados, la tensión empieza a aumentar.

6. *Diversión.* Nos encantan los juegos de mesa en la noche, después de cenar. Organizamos torneos de dominó, e implementamos estos juegos con miembros de la familia o amigos de una forma regular. También combinamos nuestras actividades de *nutrición propia* siempre que es posible y disfrutamos de hacer cosas juntos, como ir a un negocio de artículos de segunda mano, a ferias americanas, a pasear en bicicleta o salir a tomar café.

En este capítulo les hemos transmitido las herramientas que revolucionaron nuestra vida y nuestro matrimonio. Con el paso de los años, otros que también aprendieron a utilizar estas herramientas nos han dicho que lo mismo ocurrió con ellos. Oramos que ustedes también comiencen a implementar las herramientas que aparecen en este capítulo; ellas revolucionarán su vida y su matrimonio.

A continuación va una recapitulación de lo que tienes que hacer la próxima vez que te enojes:

1. Entender que la ira no es pecado.
2. Aceptar la ira como una emoción amiga y una advertencia de que estás herido, frustrado, temeroso o tratando con una injusticia.
3. Eliminar toda falsedad y admitir lo que sientes.
4. Confesarle a Dios cada vez que pecas cuando te airas, y pedirle que su gracia sobrenatural te ayude a hacerlo mejor la próxima vez.

Una de las claves más importantes para poder expresar tu ira a la manera de Dios es la sinceridad. Si no sabes cómo ser sincero en todas las circunstancias, entonces no podrás deshacerte de la falsedad.

PREGUNTAS PARA EL ANÁLISIS CON EL GRUPO O CON EL COMPAÑERO DE APOYO

1. *Basándote en las explicaciones acerca de por qué la gente siente la emoción de la ira, ¿qué razones tienden a hacerte enojar más?*
2. *¿De qué modo expresas generalmente tu ira?*
3. *Analiza los beneficios de controlar tu ira.*
4. *Analiza la manera en que «desechar toda mentira» puede ayudarte a controlar tu ira a la manera de Dios.*

5. *Busca y analiza Hebreos 12:14–15.*

6. *Expresa algo por lo que estás especialmente agradecido esta semana.*

7. *Presenta un pedido de oración. ¿Han tenido tú y tu cónyuge la oportunidad de considerar las herramientas de este capítulo y las del capítulo previo acerca de los temperamentos? ¿De qué manera oras por tu cónyuge durante este tiempo?*

7

Aun las pequeñas mentiras blancas constituyen un gran problema

La noche está muy avanzada y ya se acerca el día.
Por eso, dejemos a un lado las obras de la oscuridad
y pongámonos la armadura de la luz.

—Romanos 13:12

Pocos años después de que Joe y yo nos casáramos, cometí un gran error matemático en nuestra cuenta comercial. Dado que nuestro matrimonio ya estaba asentado en la arena movediza, confesarle que nuestra cuenta bancaria estaba en descubierto no parecía lo más sabio que podía hacer. En un intento por evitar conflictos, diseñé un plan para tomar prestado el dinero de mi abuelo. *Después de todo*, argumenté, *no tengo por qué decirle a Joe todo. Además, esta es una de esas áreas en las que se puede usar «una mentirita blanca». ¿Por qué contarle a Joe algo que iba a caerle mal? ¡Puedo devolver el dinero sin tener que molestarlo a él para nada en cuanto a este asunto!*

Mi danza del engaño se volvió en un vals de redes enmarañadas antes de acabar finalmente en una de nuestras mayores peleas. Varias semanas después de obtener el dinero prestado y de devolverlo, descubrí que había dinero de más en nuestra cuenta. Allí se hizo evidente que había cometido un error de suma. Cuando le conté a Joe toda la historia, en lugar de ponerse contento al enterarse de que teníamos ese dinero extra, se enojó y me acusó de comportamiento deshonesto. Cuando intenté explicarle que mis acciones habían sido pensadas para quitarle innecesarias presiones de encima (otra mentira), eso solo empeoró las cosas. No comprendía en ese entonces que el ocultar la verdad para mantener en paz nuestro matrimonio era en realidad mentir, y que Dios consideraba esa clase de conducta pecaminosa: «Dejen de mentirse unos a otros» (Colosenses 3:9). Pasarían varios años antes de que Dios finalmente consiguiera que yo prestara completa atención a esta área de deshonestidad.

Crecí en un hogar en el que el respeto por los sentimientos, las necesidades y los deseos de las otras personas eran muy importantes. Sin el conocimiento de la palabra de Dios, sin embargo, aprendí que estaba bien decir una mentirita de vez en cuando para «ayudar» a una situación, o evitar que aquellos a los que amaba se sintieran tristes o molestos. Cuando volví a dedicarle mi vida a Cristo y comencé a asistir a la iglesia, pensé que ese estilo de conducta seguía siendo aplicable. Lamentablemente, muchos cristianos a los que conocí también justifican las mentiras o la manipulación de detalles con el fin de ser «diplomáticos», o mantener la paz a toda costa.

Cierta vez una mujer que se sentaba junto a mí en una clase de estudio bíblico dijo al pasar: «Esta noche voy con mi hija a ver una película que ya he visto dos días atrás, pero tengo que fingir que es la primera vez que la veo». Cuando le pregunté por qué tendría que fingir que no había visto esa película, la mujer me explicó que le había prometido a su hija que verían la película juntas, y no quería que su hija se molestara porque ella ya la había visto con otra persona antes. En otra ocasión, una mujer de la iglesia admitió que les ocultaba a sus hijos adultos el hecho de que seguía fumando. Les había prometido que dejaría ese hábito, pero no había logrado cumplir con su promesa. Explicaba sus acciones diciendo que consideraba mejor ocultarles la verdad que causarles preocupación.

Cada vez que escuchaba a algunos cristianos dejar afuera ciertos detalles o decir mentiras, me sentía justificada en mi propia falta de honestidad. Ciertamente podía tomar conciencia en cuanto a una mentira descarada, en especial las destinadas a lastimar a otros o causar división, pero en un mundo políticamente correcto en el que las reglas parecían cambiar a diario, mi búsqueda de la verdad no resultaba fácil. A través del estudio de la Biblia y otros libros con respecto al tema de la deshonestidad, finalmente llegué a la conclusión que mentir por *cualquier* razón que fuera constituía pecado ante los ojos de Dios. Esa revelación se convirtió en un punto de inflexión en mi camino cristiano, pero también en un desafío porque tenía que aprender a comunicarme con la verdad en todas las circunstancias, lo que, por supuesto, incluía mi matrimonio con Joe.

Justo antes de reconciliarnos, Michelle admitió que fue equivocado conseguir dinero prestado para compensar nuestro descubierto en la cuenta bancaria sin que yo lo supiera. Aunque ese reconocimiento se produjo varios años después de ocurrido el incidente, me sentí aliviado al escucharla decir que consideraba que su conducta había sido pecaminosa, basándose en la palabra de Dios. Yo sabía que ella y su familia creían que mantener oculta la verdad para evitar conflictos constituía una práctica normal y aceptable. Así que cada vez que Michelle defendía esa mentira, me preguntaba cuántas otras veces me habría engañado.

Un par de años después de reconciliarnos y comenzar a servir juntos en el ministerio, descubrimos que muchas parejas cuyos matrimonios estaban en crisis tenían luchas en la esfera de la falta de honestidad del mismo modo en que nosotros las habíamos tenido. Una señora que se puso en contacto con nosotros estaba preocupada sobre cómo decirle a su marido que había gastado todo el dinero de su cuenta de ahorro. Sus ingresos habían decrecido y en lugar de ajustar los gastos, ella sacaba de sus ahorros todos los meses. Cuando la verdad quedó al descubierto, su matrimonio ya estaba atravesando una crisis severa y apenas sobrevivió.

La falta de sinceridad y de honestidad en un matrimonio levanta una pared emocional entre marido y mujer. Cuando hay engaño dentro de un matrimonio, resulta imposible ser la clase de cónyuges que Dios nos ha llamado a ser: «Cada uno de ustedes ame también a su esposa como a sí mismo, y que la esposa respete a su esposo» (Efesios 5:33).

Un marido que le miente a su esposa le está diciendo a través de sus acciones: «No mereces que te diga la verdad: no te amo». Y una esposa que le miente a su marido le está diciendo a través de sus acciones: «No confío en tu capacidad de manejar la verdad: no te respeto».

Mi propia lucha con la falta de honestidad fue diferente de la de Michelle. Escondía la verdad de ella cuando se trataba de expresar la manera en que realmente me sentía con respecto a ciertas cosas. Por ejemplo, durante varios de los primeros años de nuestro matrimonio (aun después de habernos reconciliado) Michelle planificaba la manera en que pasaríamos las vacaciones. No me molestaba que hiciera los planes, pero me resentía porque no pedía mi opinión. En lugar de hacerle saber a Michelle cómo me sentía, simplemente actuaba como si eso no me molestara. En una Navidad ella se dio cuenta de que yo me sentía frustrado, y prácticamente tuvo que arrancarme la razón. Una vez que admití la razón por la que estaba frustrado, pudimos establecer algunos cambios. Si en lugar de eso la razón hubiera permanecido oculta, yo me hubiera mantenido interiormente irritado y las cosas no hubieran cambiado. Con el paso de los años, aprendí que asumir el riesgo de ser sincero con Michelle ha creado un nivel más profundo de intimidad entre nosotros. El lema por el que nos gusta vivir, y que deseamos transmitir a otros para su vida, es algo que le escuchamos decir a un orador cristiano: «Asumir grandes riesgos equivale a lograr un elevado nivel de intimidad, y correr pocos riesgos equivale a alcanzar un bajo nivel de intimidad».

MOTIVOS PARA LA FALTA DE HONESTIDAD EN EL MATRIMONIO

Willard Harley, en su libro His Needs, Her Needs [Las necesidades de él, las necesidades de ella], sugiere que existen tres clases de maridos mentirosos: el mentiroso «protector», el mentiroso «para evitar problemas» y el mentiroso «nato».[1] Nos hemos tomado la libertad de agregar una cuarta categoría: el mentiroso «controlador». Fundamentándonos en lo que otras parejas que atravesaron crisis matrimoniales nos han dicho y en nuestra propia experiencia, entendemos que siempre hay uno o más de estos motivos subyacentes como raíz de toda conducta deshonesta o insincera. Y no solo se aplican a los hombres.

1. *Mentir para proteger a otros.* Poco después de que yo (Michelle) prometí ser honesta en *toda* circunstancia, una amiga vino a pedirme perdón por algo que había dicho. Le respondí que ni siquiera había notado la ofensa y que no se preocupara por eso. Sin embargo, después del encuentro, el Espíritu Santo me redarguyó. La verdad era que yo *sí* la había percibido y estaba herida por lo que ella había dicho. Con el deseo de proteger a mi amiga (y no hacerla sentir mal por lo que había hecho), había obstruido su crecimiento *y* el mío al invalidar su convicción y rechazar su disculpa. No fue fácil, pero al otro día fui a verla y le pedí perdón por no ser sincera.

Proteger a otros de consecuencias dolorosas nos puede parecer noble hasta el momento en el que descubrimos que Dios quiere usar esas oportunidades para disciplinarnos y hacernos madurar, y quizá para hacer lo mismo con las otras personas relacionadas con el asunto. Algunos ejemplos comunes de oportunidades de ser sinceros que se pierden incluyen el mentir en favor de un cónyuge que está con una resaca por el alcohol y no puede ir a trabajar o cubrir a alguien que es demasiado irresponsable o indisciplinado como para asumir sus compromisos.

2. *Mentir para evitar problemas.* Uno de los matrimonios que se ha reconciliado y que ahora sirve junto con nosotros en el ministerio admite que la deshonestidad fue el mayor problema en su matrimonio. Joyce escondía cosas de John constantemente para evitar dificultades. Ella recuerda el modo en que eso llegó a afectar prácticamente todo aspecto de su vida hasta que finalmente se arrepintió: «No permitía que John respondiera el teléfono porque podría tratarse del llamado de un cobrador. Dado que él ni siquiera sabía que teníamos problemas de dinero, yo debía estar en casa para responder las llamadas telefónicas. Eso también significaba que cada vez que el teléfono sonaba tenía que salir corriendo a responder. Los únicos días en los que podía relajarme eran los sábados y domingos porque los cobradores no llamaban los fines de semana.

«Una vez que, finalmente, le confesé a John que estábamos endeudados, el alivio fue mucho mayor que todo el estrés por el que pasaba intentando alejar problemas y evitar que él descubriera las cosas. Y ni siquiera se enojó tanto como pensé que lo haría. La culpa que yo sentía como resultado de mentirle a John había metido una cuña entre nosotros, y decirle la verdad creó una cercanía que había estado faltando entre nosotros durante mucho tiempo».

3. *Mentir sin una razón aparente.* Un mentiroso «nato» miente simplemente porque sí. Willard Harley cree que esta conducta comienza en la infancia y está tan arraigada que las posibilidades de cambio resultan casi imposibles. Las mentiras ni siquiera se elaboran bien, lo que hace que se las pueda descubrir fácilmente. Hemos notado que la gente que se vuelve mentirosa crónica tiende a exagerar los detalles de los sucesos hasta el punto del absurdo. Muchas veces incluyen a sus cón-

yuges o a otros miembros de la familia en una conversación simplemente para validar sus historias.

Una señora mencionó que le costaba creer todo lo que decía su marido y que veía el comportamiento de él como un defecto de carácter que debía ser modificado para poder salvar el matrimonio: «A mi marido le gusta ser el centro de atención en fiestas y grandes concentraciones. Constantemente exagera sus experiencias para entretener a la gente o hacerla reír. Simplemente porque yo estoy allí con él, todo el mundo supone que dice la verdad. Cuando intento confrontarlo luego, simplemente se ríe y me responde que estoy haciendo toda una cuestión por nada, o sencillamente señala que se ha olvidado de los detalles exactos». En tanto que ese marido se ríe, su esposa le ha perdido el respeto y su matrimonio está en crisis. ¡Y él ni siquiera se da cuenta!

Dado que la mentira crónica comienza muy temprano en la vida, siempre les decimos a los padres que confronten la falta de honestidad en sus hijos y que traten con ella tan pronto como la vean surgir. Permitir que un niño siga adelante con la mentira, aunque sea sobre cosas triviales como quién se comió la última galleta, puede estar encaminando a ese niño hacia una adultez en la que hará uso de la mentira en forma crónica.

4. *Mentir para controlar a la gente o las circunstancias.* En nuestro propio matrimonio, y otros con los que nos hemos encontrado durante nuestro ministerio, el intento de controlar el resultado en distintas situaciones tiende a ser una causa importante para la deshonestidad. Mucha gente cuyo matrimonio está en crisis admite que ellos o sus cónyuges han manipulado ciertos detalles, han dejado fuera algunos datos, o simplemente han dicho mentiras para lograr que determinadas cosas salieran de la manera en que ellos querían.

Cuando el marido de Bea le dijo que iba a llamar a un pariente en otro estado para que analizara las perspectivas que había allí en cuanto a pedir una transferencia de su puesto de trabajo, ella decidió asegurarse de que no hubiera esos puestos disponibles de modo que él no pudiera trasladarse. «Sé que estuvo mal, pero en ese tiempo yo estaba tan encaprichada en cuanto a no dejar la vida a la que me había acostumbrado ni tener que mudarme lejos de mis hijos adultos, que quise detener el traslado a toda costa. Así que llamé a una pariente en el estado al que mi marido deseaba mudarse y le rogué que le dijera que no había apertura para puestos de trabajo cuando él se pusiera en contacto con ella». La motivación de Bea para mentirle a su marido, y pedir a otro que lo hiciera también, era controlar el resultado de sus circunstancias, en lugar de confiar en que su marido tomara la decisión correcta.

Ser ejemplos de deshonestidad en la casa

Tal vez hayas visto este comercial: Una madre entra corriendo a un negocio y compra un nuevo osito de peluche para su hija. Vuelve apresuradamente a la casa y procede a cubrir el osito con barro, lo lava varias veces, y finalmente le pasa por encima con el automóvil. Luego coloca el osito en el asiento de atrás del automóvil y va a recoger a su hijita de la escuela. Cuando la niñita sube al automóvil y ve el osito, exclama: «¡Oh! ¡Has encontrado mi osito!» La madre asiente con la cabeza y nos muestra una sonrisa cómplice (a los que formamos la audiencia) como diciendo: «Cualquier buena madre hubiera hecho lo mismo». Sea lo que fuere que el publicista que realizó ese comercial intentara vender, el mensaje que nos llegó de manera fuerte y clara fue que la conducta deshonesta en ciertas circunstancias no solo resulta aceptable sino inteligente y admirable.

¿Tus acciones y motivos están en línea con la verdad? El rogarle a tu cónyuge que pare de mentir, o disciplinar a tus hijos por su falta de honestidad, no ayudará a ninguno de ellos a cambiar de conducta si tú no eres un ejemplo de sinceridad y honestidad. Pídele al Señor que te revele todas las formas en las que estás siendo un ejemplo de conducta deshonesta. Entonces, estate listo y dispuesto a escuchar sus respuestas.

Incluimos a continuación algunos ejemplos comunes de modelos de conducta deshonesta.

- Mentirle a tu cónyuge o a tus hijos por cualquier razón (la mayoría de los niños saben cuando un padre les miente).
- Dar una dirección falsa de tu vivienda para que tu hijo pueda asistir a la escuela «adecuada».
- Escribir una nota excusando a tu hijo de modo que no reciba una baja calificación debido a una ausencia no justificada o a una tarea para el hogar no realizada.
- Instruir a tu cónyuge o a alguno de tus hijos para que le digan a alguien que te llama por teléfono y al que no quieres atender que no estás en casa cuando sí lo estás.
- Proteger a tu hijo de un castigo que merece o de alguna otra consecuencia mintiéndole a tu cónyuge o encubriéndolo.
- Mentir sobre la edad de un niño para obtener mejores precios en restaurantes, cines, parques de entretenimiento y otros.
- Decirle a tu familia lo molesto que estás con alguien y, sin embargo, no ser sincero con la persona con la que tienes esa situación.
- Avisar en tu trabajo que estás enfermo cuando no lo estás.
- Cambiarle la etiqueta del precio a un artículo que te resulta demasiado caro como para comprarlo.
- Darle a alguien una razón falsa por tu ausencia a una reunión, fiesta, reunión de la iglesia, o cualquier otro encuentro.
- Mentirle a los cobradores o a las autoridades para protegerte a ti mismo o a otros de las consecuencias.

Vivir en la luz

Si hay algo que sabotea un matrimonio (o cualquier otra relación), es la deshonestidad, la falta de sinceridad. El engaño es el arma de Satanás para dividir y vencer a los matrimonios, a las familias y a la iglesia. «Desde el principio este (el diablo) ha sido un asesino, y no se mantiene en la verdad, porque no hay verdad en él. Cuando miente, expresa su propia naturaleza, porque es un mentiroso. ¡Es el padre de la mentira!» (Juan 8:44).

Una de las formas en las que Satanás engaña a la gente es convenciéndola de esconder sus luchas, sus pensamientos auto destructivos, sus adicciones y sus emociones negativas. Dios quiere que saquemos todo a la luz y andemos en libertad: «Si se mantienen fieles a mis enseñanzas, serán realmente mis discípulos; y conocerán la verdad, y la verdad los hará libres» (Juan 8:31–32).

¿Estás evitando decir la verdad y andas en oscuridad en alguna esfera de tu vida? Si es así, la intimidad de tu matrimonio se verá bloqueada, y resultará imposible que tu matrimonio glorifique a Dios. El engaño fue la causa troncal por la que mi matrimonio (el de Michelle) con mi primer marido acabó en divorcio.

Siendo una niña, me encantaba leer románticos cuentos de hadas y creía que encontrar al «príncipe» ideal y tener una boda de ensueño garantizaría mi felicidad. Desafortunadamente, cuando me casé en 1965 no tuve una boda de ensueño.

Me casé con mi novio de la escuela secundaria a la edad de 17 y mentí cuando le dije que era el padre del niño que llevaba en mi vientre. Al nacer Elicia, John estaba en Vietnam. Pensé decirle la verdad cuando regresara de la guerra, pero luego decidí no hacerlo. Como resultado, se creó una pared emocional entre nosotros que continuó creciendo, aun después de dar a luz a nuestra propia hija, M'Lissa, dos años más tarde. En vez de ser sincera con John y trabajar las cuestiones de nuestro matrimonio, falsamente creí que era mejor mantener la verdad enterrada. Cuando me dijo que quería una separación de prueba para poder «disfrutar algunos placeres de la juventud», le respondí entablándole el divorcio.

Comencé a tener citas inmediatamente y me volví a casar tan pronto como salió el divorcio de John, en 1970. Cuando nació Heather (durante el primer año de casados), mi nuevo matrimonio ya estaba en crisis. Ken decía amarme, pero no estaba seguro de desear continuar casado. Su falta de compromiso, combinada con mis inseguridades, nos condujeron a la separación muy pronto después del nacimiento de Heather. En ese tiempo John, mi primer marido, se arrepintió de andar en sus «placeres juveniles» y quiso reconciliarse. No deseando estar sola, volví a casarme con él cuando salió mi divorcio de Ken.

Fue poco después del reencuentro con John y el nuevo casamiento, en 1973, que asistí a una cruzada cristiana de una semana y me bauticé. Luego de que John y yo nos trasladamos nuevamente a Alaska, un par de semanas después, nunca volví a relacionarme con una iglesia. Lamentablemente, continué ocultando la verdad con respecto a mi primer embarazo, y a poco de habernos vuelto a casar muchos de los mismos problemas que John y yo habíamos tenido la primera vez comenzaron a perseguirnos. Nos divorciamos por segunda vez solo dos años después, en 1975.

No me daba cuenta de que la soledad que había en mi corazón podría haberse llenado con el amor de Jesús. En lugar de eso, me alejé del amor de Dios y busqué el amor de los hombres, casándome de nuevo a los dos años. Esta vez los resultados fueron aún más devastadores. El hombre con el que me casé era controlador y abusivo de muchas maneras. Aunque no asistía a una iglesia, comencé a orar y a leer la Biblia sola por las noches, en busca de respuestas que pudieran ayudarme a efectuar cambios duraderos en mi vida.

Uno de los cambios iniciales que realicé fue finalmente sacar a la luz la verdad con respecto a mi primer embarazo. Elicia era casi una adolescente entonces, y pude localizar a Steve, su padre biológico, que vivía en el estado de Washington. Cuando llamé y le dije a Steve la verdad, su respuesta me produjo un muy bienvenido alivio: «Michelle, siempre supe que Elicia era mi hija. Tú acabas de restaurar mi fe en las mujeres». Dijo que finalmente se sentía feliz de tenerla a ella otra vez en su vida. Steve y Elicia se conectaron por carta hasta que pudieron encontrarse cara a cara un año después.

Creo que Dios bendijo mi deseo de ser sincera con respecto al padre biológico de Elicia, porque todos en nuestras familias, incluyendo los miembros de la familia extendida de Steve y mis otras dos hijas y sus padres, aceptaron la verdad sorprendentemente bien. No hubo un momento en el que haya lamentado haberles dicho a todos la verdad. De hecho, Elicia recientemente cumplió 40 años, y toda la familia le preparó una fiesta de cumpleaños sorpresa. En el momento en que los invitados empezaron a dirigirse hacia el micrófono para expresarle a Elicia un deseo de cumpleaños, Steve (su padre biológico) fue uno de los primeros en acercarse. Con lágrimas en los ojos el dijo: «Elicia, eres muy especial para mí y estoy muy agradecido de que me hayas dado cuatro preciosos nietos. ¡Ellos son la luz de mi vida!»

Mientras Steve hablaba, no podía evitar pensar acerca de lo diferente que hubieran resultado las vidas de Elicia y Steve si no hubiera sacado a luz la verdad. No solo le hubiera robado a Elicia la posibilidad de conocer a su padre biológico (lo mismo que a su abuelo y otros miembros de la familia) sino que Steve se hubiera perdido de ser el abuelo de los cuatro hijos de Elicia y Joey. Antes de dar a conocer la verdad, Satanás me había convencido de que ser veraz con respecto a aquel embarazo solo les causaría dolor y sufrimiento emocional a todos los involucrados. En lugar de eso, sucedió todo lo contrario. Ocultar la verdad destruyó dos matrimonios y creó un sentimiento de culpa que se cernía sobre mí como una nube negra que amenazaba con ahogar cualquier intento de llevar una vida que pudiera alcanzar felicidad. Al exponer mi mentira se despejó la nube, y Dios pudo tomar aquello que Satanás procuraba usar para dañarme y transformarlo en mucha bendición, incluyendo la que se extendería hacia mi relación con Joe.

El cumpleaños número cuarenta de Elicia se celebró con la presencia de todos aquellos que la amaban. Y yo me sentí bendecida al ver hasta dónde habíamos avanzado con Joe a través de estos años, ya que él recibió con calidez tanto la presencia de Steve, el padre biológico de Elicia, como de John, mi primer marido.

Yo (Joe) siempre admiré a Michelle por haber dicho la verdad con respecto a su primer embarazo. Era lo correcto, y Dios bendijo los resultados. Cuando Michelle y yo miramos hacia atrás en el tiempo y vemos lo lejos que ha llegado nuestra familia, sabemos que la mano de Dios estuvo en esto. Satanás deseaba destruir nuestra familia (y casi lo logró), pero Dios tomó todo eso y lo transformó en bien, como lo promete Romanos 8:28: «Ahora bien, sabemos que Dios dispone todas las cosas para el bien de quienes lo aman, los que han sido llamados de acuerdo con su propósito».

Habiendo dicho esto, debemos también recordar que aun cuando Dios dispone las cosas para el bien de aquellos que lo aman, existen consecuencias con las que debemos convivir. Los hombres me preguntan todo el tiempo como manejo la cuestión de encontrarme con los ex maridos de Michelle. Admito frente a ellos que al comienzo de nuestro matrimonio, manejar eso constituía un verdadero conflicto. Ahora veo las cosas de otro modo. Dios creó a los padres de estas niñas del mismo modo que me creó a mí, así que ¿cómo puedo mostrarle una falta de respeto a Dios al no respetar a la gente que él ha creado? Steve (el padre de Elicia), John (el padre de M'Lissa) y Ken (el padre de Heather) siempre serán sus padres biológicos: no puedo cambiar ese hecho. Ellos llevaron del brazo a sus hijas el día de su boda y están incluidos en toda celebración especial junto a ellas. Esa es la realidad. Cuando me convertí en cristiano, tomé una decisión: la mejor manera de amar a mis hijastras era mostrarles respeto a sus padres biológicos. En el pasado me resultaba difícil, pero con la ayuda de Dios y teniendo al Espíritu Santo dentro de mí, ahora puedo amar a los demás como Cristo me ama.

LA VERDAD CON CONSECUENCIAS

Como lo dijo Joe, nuestro comportamiento produce consecuencias con las que siempre tendremos que vivir. Aún así, cuando obedecemos a Dios y hacemos lo correcto, él puede usar esas consecuencias para su gloria. Nunca olvidaré la forma en que aprendí esa lección a través de los ojos de nuestro hijo Mick.

Cuando Mick tenía seis años, mientras Joe y yo estábamos todavía separados, él comenzó a hacer comentarios acerca de visitar a su padre como lo hacían sus hermanas. Mick tenía preguntas con respecto a los papás de las chicas, y yo sabía que en algún momento descubriría la verdad acerca de mis matrimonios y divorcios anteriores. Decidí decirle la verdad yo misma, dándole a Mick un simple testimonio de mi vida. (A estas alturas puedo decir sinceramente que mi vida ya había cambiado, aun cuando Joe y yo todavía no nos habíamos reconciliado.)

«¿Mick, te gustaría escuchar la historia de mi vida?», le pregunté un día. Con los ojos muy abiertos y entusiasmo en su voz, me dijo: «¡Sí!» Usando algunos álbumes de fotos, le expliqué de la manera más simple posible los acontecimientos que habían llevado a que su papá y yo nos encontráramos, nos casáramos y él naciera. También le expliqué acerca de las elecciones y de las consecuencias que tiene el no seguir a Dios y vivir por su Palabra. La conversación acabó diciéndole a Mick que aunque su papá y yo éramos ambos cristianos, había algunas consecuencias con las que teníamos que aprender a manejarnos debido a nuestro pasado.

Al día siguiente, cuando recogí a Mick de la escuela, él me pidió: «Mamá, cuando lleguemos a casa, ¿me contarías de nuevo la historia de tu vida?»

«No, hijo, no necesitamos seguir hablando de eso», le respondí, preguntándome cuáles serían los efectos de haber sido tan sincera con un niño de seis años.

Pasaron los años, y Mick no volvió a pedir que le contara la historia de mi vida otra vez hasta cuando casi cumplía trece años. En ese tiempo él asistía a un grupo de jovencitos de la iglesia, y Jenny, una de las chicas del grupo, necesitaba que la lleváramos a su casa durante varias semanas. Una noche, después de la reunión, cuando llegué a la iglesia para buscarlos a los dos, Mick se acercó al auto mientras Jenny se quedaba más atrás con los brazos cruzados, mirando el piso.

«Mamá», me dijo Mick, «Jenny piensa que ha hecho tantas cosas malas en su vida que Jesús nunca podrá perdonarla. ¿Podrías contarle la historia de tu vida?» Mientras llevábamos a Jenny a su casa, le di una versión condensada de la historia de mi vida, y la ayudé a encontrar el perdón, la gracia y el amor de Jesucristo como su Salvador.

Hubiera sido muy hermoso que mi testimonio me hubiera permitido decirle a Mick que su papá había sido mi primer amor, o que yo nunca había dicho mentiras que provocaron divorcios, y que la mayor parte de mis años adultos habían estado dedicados a servir al Señor. Pero eso nunca será así. Sin embargo, Dios usó la vergüenza de mi pasado para ayudar a una jovencita adolescente, a encontrar perdón y vida eterna. Vivir en la luz no siempre es fácil ni cómodo, pero si queremos que Dios transforme las consecuencias de nuestros pecados pasados en algo que le traiga gloria, no podemos permitir que nuestros pecados queden escondidos en la oscuridad.

Cinco preguntas que te ayudarán a optar por la verdad

Con los años hemos aprendido que la mejor manera de evitar volver a caer en nuestras anteriores conductas deshonestas es estar atentos a las «banderillas rojas», a las advertencias. Utilizamos cinco preguntas que nos ayudan a decidirnos por la verdad en lugar de tratar de esconder ciertas cuestiones en la oscuridad. Procura hacerte estas preguntas la próxima vez que te sientas tentado a decirle a tu cónyuge o a otras personas *mentiritas blancas.*

1. *¿Estoy jugando a tratar de «ser Dios» en esta situación?* En Génesis 27 leemos acerca de Rebeca, que ayudó a su hijo menor a tomar engañosamente la bendición y el derecho de primogenitura de su hermano mayor. Las acciones de Rebeca no evitaron que Dios obrara su voluntad, pero su engaño resultó en que nunca volvió a ver a su hijo favorito. Si utilizamos medios deshonestos para ayudar a otros a obtener lo que desean, o lo que piensan que necesitan, nunca llegaremos a conocer la bendición completa de Dios es esa situación en particular, porque él no puede bendecir el pecado y la desobediencia. La voluntad de Dios siempre prevalece, pero si deseamos sus bendiciones, debemos andar en la verdad.

2. *¿Mi comportamiento deshonesto o insincero le está estorbando el camino a Dios en cuanto a enseñarnos valiosas lecciones?* La mayoría de nosotros estaría de acuerdo en decir que las mejores lecciones de nuestra vida las hemos recibido de nuestros errores y fracasos. El escritor de Hebreos escribe: «Lo que soportan es para su disciplina, pues Dios los está tratando como a hijos» (Hebreos 12:7). Sin embargo, resulta muy tentador manipular o mentir para «ayudar» a otros, y aun a nosotros mismos, a evitar las consecuencias dolorosas del pecado.

3. *¿Temo la reacción de la gente en lugar de temer (o reverenciar) a Dios?* Debido a que hubo muchas ocasiones en nuestro matrimonio en las que ocultamos cosas para evitar conflictos, esta pregunta nos ayuda a mantenernos enfocados en Dios y no el uno en el otro. La Biblia presenta diversos ejemplos de gente que les mentía a los líderes religiosos del momento por temor a la reacción de ellos, en lugar de temer la reacción de Dios. «Sin embargo, muchos de ellos, incluso de entre los jefes, creyeron en él [en Jesús], pero no lo confesaban porque temían que los fariseos los expulsaran de la sinagoga. Preferían recibir honores de los hombres más que de parte de Dios» (Juan 12:42–43).

4. *¿Cómo soy cuando nadie me mira?* Cuando no hay nadie cerca de ti y puedes ocultar tus acciones de los demás, sin embargo, Dios todavía te ve, y aún tienes que mirarte al espejo al final del día. Mark y Debbie, líderes en el ministerio junto con nosotros, con frecuencia mencionan un ejemplo tomado de su matrimonio. Mark sospechaba que Debbie había vuelto a caer en algunos antiguos patrones de comportamiento. Cuando finalmente asumió el riesgo de confrontarla, ella le mintió. «Yo sabía que no había forma en que Mark pudiera probar sus acusaciones, y no estaba dispuesta a admitir que había cometido ese estúpido error después de tantos años. Me mantuve firme en mis dichos y pensé que lo había convencido de que sus sospechas eran imaginarias. Cuando acabó la discusión del tema, respiré hondo, aliviada, y me dirigí al baño para prepararme para ir al trabajo. Entonces me vi a mí misma en el espejo. Podía haber engañado a Mark, pero un solo vistazo al espejo me recordó que no lo había engañado a Dios, y que no era más que una mentirosa. Luego de arrepentirme delante del Señor por haberle mentido a mi marido, fui a pedirle perdón a Mark para limpiar mi conciencia. Su respuesta fue tan a la manera de Cristo que nunca la he olvidado. Amorosamente me dijo: "Debbie, yo sabía que me estabas mintiendo, pero confié en que oportunamente harías lo correcto y dirías la verdad"».

5. *¿La situación que enfrento ahora es resultado de un engaño previo?* En el caso de Debbie, el engaño inicial la llevó a enfrentar el dilema de si debiera decirle a Mark la verdad o no cuando él finalmente la confrontó. Si no hubiera sido receptiva cuando el Espíritu Santo le redarguyó al mirarse en el espejo, hubiera agregado una capa más de engaño a sus circunstancias. Si hemos actuado usando el patrón de echar nuevas capas de mentira encima para cubrir otras mentiras, las consecuencias resultarán más complejas.

Decir la verdad a la manera de Dios

En algún momento, para que se dé verdadera sanidad y auténtica sinceridad, será necesario ir quitando esas capas de mentira de a una por vez. Eso es lo que sucedió en el caso de Lynne. Cuando ella tomó la decisión de aceptar a Cristo como su Salvador, el primer cambio que hizo en su vida fue romper con un amorío que había durado tres años y comprometerse a trabajar a favor de su complicada situación matrimonial. Varios meses después, su marido Steve se entregó a Cristo y los dos decidieron recibir consejería matrimonial de parte del pastor. Como generalmente lo hace, el pastor les pidió encontrarse con cada uno por separado una o dos veces antes de reunirse con la pareja. Durante la sesión privada de consejería con Lynne, ella admitió delante del pastor que había acabado con aquel romance, pero que todavía no se lo había confesado a Steve.

«Un día tendrás que decírselo a Steve, y Dios te hará saber cuándo», le dijo el pastor. La idea de decírselo a Steve la aterrorizaba tanto que tomó la decisión de mantener el secreto enterrado, a pesar de la predicción del pastor. A medida que pasaba el tiempo, las palabras del pastor seguían resonando en los oídos de Lynne. Ella tendría que decírselo a Steve algún día, y Dios le mostraría cuándo. Un par de años después, Dios abrió la puerta que Lynne había estado temiendo. Cuando ella pasó por esa puerta en obediencia y le dijo a Steve la verdad, recibió una bendición de Dios. Aunque Steve quedó herido, la perdonó y ellos pudieron atravesar esa crisis con la ayuda del pastor. Permanecieron casados y ahora sirven los dos en un ministerio a tiempo completo.

Si has estado escondiendo un secreto a tu cónyuge que Dios quiere que salga a la luz, te proveerá la oportunidad, aun si tú tienes planes de mantener ese secreto enterrado. La parte que te toca es obedecer a Dios y confiarle a él los resultados.

Durante nuestra segunda separación, y antes de que yo (Michelle) volviera a dedicarle mi vida a Cristo, pasé un fin de semana con alguien de mi pasado. Decidí no contarle a Joe acerca de ese incidente. Sin embargo, seis años después, mientras leía un libro sobre matrimonio, Dios me hizo saber que él tenía otros planes. El autor del libro decía que no creía que fuera necesario que un cónyuge infiel tuviera que admitir delante del otro una aventura romántica. Al leer esas palabras, en lugar de sentirme aliviada porque el ocultar mi aventura de aquel fin de semana era considerado correcto por este escritor cristiano, me sucedió lo contrario: sentí convicción de pecado. Traté de alejar esa convicción de mi mente. Durante días me debatí en mis pensamientos, discutí con el Señor y busqué frenéticamente en su Palabra alguna manera de no tener que confesar esa aventura de fin de semana. *Después de todo*, razonaba yo, *esa aventura sucedió hace seis años, mucho antes de que cualquiera de los dos estuviera siguiendo al Señor.*

Finalmente, reconociendo allí todas las señales de una trama engañosa, le dije a Joe que había algo que tenía que confesarle. El temor me resultaba abrumador, porque ahora estábamos sirviendo en el ministerio y ayudando a que otras parejas se reconciliaran. Sabía que si nuestro matrimonio estallaba en pedazos, otras relaciones sufrirían también. Temblando, le dije a Joe lo que había hecho. La primera expresión de su rostro fue la de un impacto fuerte, y luego siguió la ira. Entonces sucedió lo que temía: Joe se fue.

¿Volvería? ¿Caería de nuevo en sus viejos patrones de comportamiento y se dirigiría a un bar? ¿Podría perdonarme por todos los años durante los que le había escondido esa aventura? ¿Qué les diría a los niños y a todos en la iglesia si nos separábamos otra vez?...

Las preguntas que me venían eran infinitas y todo lo que podía hacer era llorar, esperar, y continuar diciéndole a Dios que confiaba en que él honrara mi obediencia.

Una hora más tarde, Joe entró de nuevo por la puerta. No había estado bebiendo. Todavía se notaba visiblemente enojado, pero parecía mucho más calmo. Se sentó en una silla en la sala y evitó mirarme a los ojos. Decidí que en lugar de forzar una conversación, sería mejor que calladamente saliera de allí y me fuera a la cama, dejando que Dios continuara su obra. Joe finalmente me habló a la mañana siguiente: «Michelle, ¿hay algo más que hayas mantenido oculto de mí a través de estos años? Porque si lo hay, es mejor que me lo digas ahora. No quiero volver a recibir jamás otra bomba como la que me arrojaste anoche».

Le dije a Joe la verdad, asegurándole que no había más secretos. Lo que hizo a continuación me sorprendió, y constituyó un regalo de Dios para mí por temerlo a él y no a Joe. Mi marido me tomó en sus brazos, y me agradeció por decirle la verdad.

Debido a que no tenía nadie más de quien depender excepto Dios, y ninguna garantía en cuanto a cómo respondería Joe, ese paso de fe dio como resultado una profundización de mi caminar con el Señor. Luego de esa experiencia, confié más que nunca en la guía de Dios.

Esa situación constituyó un punto de inflexión para mí (Joe) también. Me di cuenta de que la única motivación de Michelle para decirme la verdad era agradar a Dios. Ella había logrado mantener el engaño durante seis años, y la posibilidad de que yo llegara a descubrir la verdad era mínima o ninguna. Una vez que me di cuenta de que su temor de Dios era así de firme, me dio un nuevo sentido de paz en cuanto a nuestra relación.

¿Son aceptables las mentiritas blancas en algún caso?

Despojarnos de toda falsedad en favor de lograr un mejor matrimonio y no permitir que se ponga el sol sobre nuestro enojo deberían constituir un incentivo importante para evitar la deshonestidad. Pero la razón número uno para ser sinceros y honestos en toda circunstancia debería ser honrar a Dios. Nosotros somos sus vasos, y el Espíritu Santo vive en nosotros.

¿Cómo puedes ser representante y testigo del Señor si hay engaño en tu vida? En todos nuestros años de ministerio y de ayudar a las parejas en crisis, nunca hemos conocido una sola situación en la que una persona se hubiera alegrado al descubrir que su cónyuge le había dicho mentiritas blancas para evitar conflictos, protegerlo o controlar las circunstancias. Si piensas que debes mentirle a tu cónyuge para poder llevar adelante un buen matrimonio, estás creyendo una mentira. Dios nunca mira favorablemente a un marido y una mujer que se mienten el uno al otro. «Porque él (Dios) aborrece a quien comete tales actos de injusticia» (Deuteronomio 25:16).

La delicada danza de una transparencia de buen gusto

A esta altura puedes estar preguntándote: *¿Esperas que le cuente todo a mi cónyuge? ¿Y hasta qué punto tengo que ser sincero con todo el mundo?* No estamos sugiriendo que salgas corriendo a descargar todo lo que has estado escondiendo de tu cónyuge durante años, o que comiences a decirles a tus amigos y familiares todo lo que en algún momento has sentido con respecto a ellos. Sugerimos, sin embargo, que te tomes un tiempo para permitirle al Espíritu Santo que saque a la luz lo que él quiere que tú reveles en tu vida; por lo tanto debes estar listo a escuchar y seguir el proceso al que Dios te conduzca. Dios quiere que seas una persona que demuestre veracidad, integridad, claridad y sinceridad en cada esfera de tu vida. Pero también desea un equilibrio en todo lo que haces: «El Señor... aprueba las pesas exactas» (Proverbios 11:1).

Incluimos a continuación cuatro maneras que te ayudarán a mantener la verdad en equilibrio:

1. Procede con precaución y en oración antes de decirle a alguien una verdad o secreto que no quisieras que otros conocieran o que hasta aquí no había sido revelado. Si hay algo en tu pasado o un pecado secreto con el que estás luchando, que es preciso sacar a la luz, solo se lo podrás confiar a un puñado de personas. Dentro de esas personas puede estar incluido tu cónyuge, tu pastor, un consejero profesional, el líder de un grupo de apoyo y recuperación u otra persona capaz de mantener en secreto lo que se le dice confidencialmente. Sería muy lindo que a todos se les pudieran confiar secretos, pero la verdad es que las personas son humanas y lo que se dice confidencialmente muchas veces no se guarda así.

En un retiro al que asistí una vez, cuando se concedió un tiempo para que las mujeres participaran diciendo de qué manera habían sido bendecidas durante ese fin de semana, una señora, entre lágrimas, señaló que su marido acababa de revelarle que había tenido una aventura amorosa. El hacer partícipes de su carga a las otras mujeres no era precisamente un problema, pero sí lo que dijo después, que produjo un desequilibrio en el ambiente. Mencionó que los hijos adolescentes de la pareja aún no habían sido informados sobre esa aventura de su padre y pidió a las 120 mujeres que estaban en la sala que por favor mantuvieran en confidencia lo que acababa de decirles. Su pedido colocaba una carga injusta sobre las mujeres allí reunidas, sin mencionar el hecho de que había puesto en riesgo su matrimonio y el bienestar de sus hijos. Di siempre la verdad, pero procede con precaución durante todo el proceso y elige sabia y cuidadosamente las personas a las que se la comunicarás.

2. *Pide permiso antes de comunicar verdades que tienen que ver con otros, en especial con tu cónyuge.* Si tu cónyuge ha asumido el riesgo de mostrarse vulnerable contigo al confesarte un pecado secreto o algo con lo que está luchando y tú se lo haces saber a otros sin su permiso, causarás daños a tu matrimonio y estropearás la posibilidad de que vuelva a confiar en ti. Aun si tu cónyuge no deseara mantener en secreto lo que te ha confiado, ora para que puedas tratar con honra aquello de lo que te has enterado. Si eres ejemplo de compromiso con tu cónyuge en esta esfera, ganarás su respeto y confianza y crearás un espacio seguro en el que él o ella podrán seguir siendo sinceros contigo. Esto también aumentará tus posibilidades de ser tratado de la misma manera.

Siempre pide permiso *antes* de mencionar cualquier cosa que la gente te haya dicho con respecto a su pasado o a las luchas que enfrentan en el presente, aun si lo presentas como un pedido de oración. A Satanás nada le gusta más que utilizar la oración para desparramar el chisme o quebrantar confidencias y dividir a los cristianos.

3. *Pídele a Dios que examine tus motivaciones.* El deseo de poder y control se disfraza y a veces se esconde de manera inexplicable, como detrás de una cortina de humo, en las expresiones de amor y preocupación por otros. Una motivación sincera siempre debe preceder a la transmisión de una verdad. Sacar a la luz algo referido a otros (incluyendo nuestro cónyuge) siempre debe ser considerado primero en oración. Si tienes información con respecto a alguien, y piensas que debe ser revelada, pídele a Dios que te examine y te lleve a entender tus motivos primero. Puede ser que estés diciendo la verdad, pero si tu motivación obedece a cualquier otro propósito que no sea honrar al Señor, es igual a las otras conductas deshonestas.

4. *Asegúrate de que sea necesario revelar la verdad que estás a punto de transmitir.* Decirle a tu cónyuge que tuviste que arrepentirte delante del Señor por mirar dos veces a una persona atractiva mientras estabas haciendo compras, aunque corresponde a una verdad, puede no ser necesario. Aun si tú sinceramente deseas que tu cónyuge realice un tratamiento láser para cubrir el envejecimiento de la piel, que cambie su color de cabello, que blanquee sus dientes, o que cambie el estilo de su ropa, el decírselo a veces ocasiona más mal que bien. También el describir en todos sus detalles una aventura amorosa (en especial si tu cónyuge no te lo pregunta), solo por ser completamente sincero, puede transmitir más información de la que resulta necesaria y en realidad obstaculizar el proceso de sanidad. Antes de revelar algo, asegúrate de preguntarle a Dios acerca de la forma en que debes sacar a la luz esa información. Resulta muy importante hacer uso de una buena

manera de comunicar, elegir bien las palabras, saber escuchar, y aun utilizar el lenguaje gestual y corporal apropiado.

Otro factor a considerar es que algunos cónyuges son capaces de manejar un mayor grado de verdad y de detalles que otros. La única manera en que sabrás cuánto puede soportar tu cónyuge es buscar al Señor en oración antes de hablar con él o ella. Si eres tan sincero que continuamente hieres sus sentimientos o le muestras falta de respeto, entonces quizá tus motivos al decir la verdad tengan que ver con buscar lo tuyo propio y no estén en equilibrio. Si de veras quieres honrar a Dios con tu sinceridad, él te ayudará a determinar si es necesario sacar a la luz la verdad y los detalles que estás a punto de revelar.

Decirlo o no decirlo

Nunca existe una razón para mentirle a tu cónyuge. Pero revelar cosas del pasado, en especial si se trata de algo que hiciste antes de conocerlo, es otro tema. Si guardas algún pecado secreto del pasado y te preguntas si debes contárselo a tu cónyuge y cuándo, existe solo una forma segura de saberlo: pídele a Dios que él te lo revele. No contamos con fórmulas simples a seguir, pero basados en nuestra experiencia y la de parejas a las que hemos aconsejado durante años, incluimos algunas pocas preguntas a considerar:

- ¿Alguna vez tu cónyuge te ha preguntado directamente con respecto a un pecado puntual del pasado y todavía no le has contado la verdad? Por ejemplo: un aborto, encarcelamiento, abuso de drogas, matrimonio anterior, aventura amorosa, etc.
- ¿Alguna vez te ha dicho un pastor, un profesional de la salud o un consejero que deberías revelarle ese pecado del pasado a tu cónyuge?
- ¿Te ha conmovido interiormente el Espíritu Santo alguna vez de tal modo que sabes que debes poner al descubierto la verdad, pero en lugar de eso estás dilatando tu obediencia?

- ¿Estás luchando con pensamientos obsesivos o con culpas referidas a pecados cometidos en el pasado?
- ¿Tus pensamientos acerca del pasado están afectando tus hábitos alimentarios y tu sueño?
- ¿Ese pecado del pasado está afectando tu capacidad de tener relaciones sexuales satisfactorias o de alcanzar un nivel de intimidad profundo con tu cónyuge?
- ¿Puedes hablar acerca de tu pasado con tus amigos o parientes pero sientes que tienes que esconderlo de tu cónyuge?

Si has respondido que sí a alguna de estas preguntas, probablemente sea una buena idea que consideres la posibilidad de hablar con tu cónyuge con respecto al secreto (o secretos) que estás ocultando. Tu cónyuge tiene el derecho a conocerte mejor que ninguna otra persona. Si has respondido que no a las preguntas, continúa orando y pidiéndole a Dios que te revele la respuesta en su tiempo. Y deja descansar tu pasado en los brazos perdonadores del Señor.

Si consideras en este momento que tienes que mantener tus secretos en la oscuridad debido a que tu matrimonio no es lo suficientemente fuerte como para sobrevivir a una confesión o revelación dolorosa con respecto a tu pasado, estás equivocado. Si tu matrimonio está en crisis, la única manera de que tenga esperanzas de supervivencia es ser absolutamente sincero con tu cónyuge. Aun si tu cónyuge se rehúsa a asumir el riesgo de abrirse y ser sincero, tú puedes hacer tu parte.

PREGUNTAS PARA EL ANÁLISIS CON EL GRUPO O CON EL COMPAÑERO DE APOYO

1. *Basado en los motivos para la falta de honestidad o sinceridad que aparecen en las páginas 139 a 142,*

analiza las razones por las que las personas son deshonestas.

2. Considera las cinco preguntas de las páginas 149 a 151 que pueden ayudarte a optar por la verdad.

3. ¿Piensas que es posible ser «demasiado sincero»? Analiza cómo mantener un equilibrio.

4. ¿Has tenido ocasión de practicar algunas de las herramientas o ejercicios del capítulo anterior durante esta semana? Si es así, ¿cuáles?

5. Busca y analiza Proverbios 4:23–27.

6. Menciona al menos una cosa por la que estás agradecido.

7. Menciona un pedido de oración.

Pueden desarrollar límites saludables

Pues Dios no nos ha dado un espíritu de timidez,
sino de poder, de amor y de dominio propio.
—2 Timoteo 1:7

*L*a perfecta voluntad de Dios para ti y tu cónyuge es que se amen uno al otro y tengan un matrimonio lleno de alegría que glorifique a Dios. El Señor odia el divorcio (Malaquías 2:16). Sin embargo, es un error pensar que la separación no sea nunca una opción. A lo largo de los años, hemos visto muchos casos en los que la separación fue el llamado a despertar que un cónyuge no arrepentido necesitaba para dar por finalizada una aventura o decidirse a recibir ayuda por una conducta de adicciones o violencia. Además, como sucedió con nosotros, muchas parejas, juntas o cada uno individualmente, se han vuelto cristianas o le han dedicado nuevamente su vida a Cristo durante una separación dolorosa.

Con cierta frecuencia solemos recibir llamados de gente que está en medio de matrimonios con problemas de adulterio o de violencia. Muchos de ellos admiten que temen establecer límites saludables donde corresponde porque haciéndolo puede acabar en una separación. Nos damos cuenta de que la cuestión de la separación puede resultar controversial entre los cristianos, y no tomamos el tema a la ligera. Nunca abogaremos por el divorcio, pero estamos en desacuerdo con la creencia de que la separación bajo toda circunstancia esté mal. En tanto que la reconciliación sea la meta, creemos que la separación (especialmente en los casos de violencia o de adulterio descarado) resulta aceptable para los cristianos. «La mujer no se separe de su esposo. Sin embargo, si se separa, que no se vuelva a casar; de lo contrario, que se reconcilie con su esposo» (1 Corintios 7:10–11).

A un hombre o mujer cuyo cónyuge ejerce violencia física, continúa cometiendo adulterio, o abusa sexualmente de los niños, debería pedírsele que tomara cartas en el asunto. Permitir que un cónyuge continúe con esta clase de conducta destructiva y pecaminosa es no respetar la alta estima en que Dios ha colocado al matrimonio y a la familia. Cuando un marido o una esposa tiene miedo de establecer límites saludables en situaciones como esas, llamamos a ese un «matrimonio basado en el temor». Un compromiso matrimonial que se fundamenta en el temor al hombre no honra al Señor. Temer a Dios es diferente de temer al hombre. Temer a Dios significa que tenemos una reverencia santa por él y por su Palabra. Dios nos dice a través de su Palabra que debemos temerlo a él y no los unos a los otros. «Temer a los hombres resulta una trampa, pero el que confía en el Señor sale bien librado» (Proverbios 29:25).

TEMOR: EL FUEGO INVISIBLE

Si alguna vez has tenido problemas con la herrumbre en los muebles que quedan al aire libre, o en el automóvil, sabrás que la herrumbre que no se quita es la que finalmente destruye el metal. La razón por la que la herrumbre resulta tan dañina es porque su poder corrosivo es un fuego invisible y lento que va quemando hasta atravesar el metal. Eso exactamente sucede en tu matrimonio cuando este se basa en el temor. La emoción del temor resulta invisible, pero es lo suficientemente fuerte como para destruir el amor. Si tú solo «pintas» por encima los problemas que existen en tu matrimonio con palabras amables o fingidas, nunca eliminarás el temor, y la «herrumbre» continuará destruyéndolo.

Mucha gente a la que le ministramos se enfoca solo en los síntomas de sus problemas matrimoniales en lugar de llegar a las raíces de la disensión. Las personas se quejan acerca de que sus cónyuges engañan, beben, son iracundos o tienen adicciones, en lugar de asumir su responsabilidad en cuanto a establecer límites capaces de producir arrepentimiento y cambio. En una situación como esa, la separación física puede crear el tiempo y el espacio que necesita el cónyuge que está siendo destruido emocionalmente para establecer límites saludables. Con la ayuda de su sistema de soporte (basado en las herramientas que se encuentran en el capítulo 2), un marido o una esposa puede dar un paso atrás y lograr una perspectiva más clara con respecto a su crisis matrimonial porque deja de vivir en medio del caos que impone una relación abusiva.

El problema es que, debido a la controversia que rodea a la separación, la mayor parte de las personas (en especial los cristianos) esperan demasiado antes de tomar una postura ante la conducta inaceptable de sus cónyuges. Como resultado, muchas de las separaciones que ocurren para cuando se colocan los límites saludables acaban siendo solo transiciones hacia un divorcio. Hemos visto muchos cónyuges arrepentidos a los que sus compañeros, por estar emocionalmente exhaustos, les presentan los papeles del divorcio, considerando que no queda nada que rescatar de ese matrimonio. Eso fue lo que sucedió en el caso de Natalie.

Después de un par de años de haberse casado con Larry, Natalie se sintió inquieta y aburrida. Una de las maneras que encontró para paliar su aburrimiento fue salir de fiesta con sus amigas. Cuando Larry le rogó que parara y le dijo que deseaba comenzar una familia, Natalie se rehusó a su pedido. Larry consideró que lo mejor que podía hacer para evitar que el matrimonio se deteriorara era dejarle algo de espacio. Evitó darle a Natalie un ultimátum o establecer límites porque temía que se fuera. Finalmente, Natalie conoció a alguien y admitió frente a Larry que había sido infiel. Su aventura fue la gota que hizo rebalsar el vaso. Cuando Larry finalmente tuvo el coraje de darle un ultimátum a Natalie para que escogiera entre el matrimonio y su estilo de vida pecaminoso, su peor temor se confirmó. Natalie se fue.

Varios meses después, Natalie llamó a nuestro ministerio llorando. «¡He sido una tonta! Me aproveché de un maravilloso hombre que realmente me amaba. Quiero recuperar a Larry, y estoy dispuesta a hacer cualquier cosa por salvar nuestro matrimonio. ¡Pero el problema es que mi marido ha encontrado a otra persona y dice que Dios trajo a esta mujer a su vida!»

Yo (Michelle) hablé con Natalie en varias ocasiones y la alenté a concentrarse en Dios y esperar pacientemente que su marido recapacitara. Durante los siguientes meses ella asistió a nuestras clases, se unió a un grupo de soporte y estaba realmente arrepentida de sus conducta pasada. Ella y su pastor lo intentaron todo para convencer a Larry de que rompiera su relación con la otra mujer y estuviera dispuesto a trabajar en la reconciliación de su matrimonio. No quiso saber nada. Larry entabló un juicio de divorcio, y la misma semana en que este finalizó se casó con la mujer «que Dios le había dado».

La separación de Larry y Natalie fue el toque de alerta que Dios usó para llamar la atención de Natalie y traerla de regreso a él. Pero cuando Natalie se arrepintió, hacía rato que Larry se había alejado de ella. En su condición de desgaste emocional y espiritual, compró la mentira de que Dios tenía alguna otra cosa para él.

Establecer límites saludables en su lugar puede resultar en una separación o en un divorcio. Pero no hacerlo también puede acabar en divorcio. Muchos consejeros cristianos están de acuerdo con esto. En su libro Boundaries in Marriage [Los límites en el matrimonio] los psicólogos Henry Cloud y John Townsend escriben: «En un sentido, la gente que tiene verdaderos límites puede evitar muchos de los divorcios. Pero pueden tener que ponerse firmes; tal vez separarse, no participar de los patrones de comportamiento contra los que establecen límites; y luego demandar rectitud antes de volver a participar de esa relación. Si ellos se convierten en la luz, entonces la otra persona cambia o se va. Es por eso que, en la mayoría de los casos, decimos que realmente no tienes que ser tú el que se divorcie».[1]

El Dr. James Dobson está de acuerdo. En su libro Love Must Be Tough [El amor debe ser firme], él advierte que los cónyuges que no establecen los límites en su lugar pierden el respeto de su cónyuge adúltero y el matrimonio tiene menos posibilidades de sobrevivir.[2]

Creemos que muchas parejas cristianas parecen muy felices exteriormente, pero en su interior uno de los cónyuges sufre en silencio porque su matrimonio se basa en el temor y necesita establecer límites saludables, pero por una razón u otra es reticente a hacerlo. Obviamente, no estamos diciendo que necesariamente debas separarte para poder solucionar tu crisis matrimonial. De hecho, en algunas ocasiones Dios obra de una manera milagrosa que deja confuso a nuestro sentido común. Conocemos a un hombre que pacientemente esperó durante dos años que su esposa terminará con una aventura romántica, y finalmente ella lo hizo. Sabemos que hay cristianos que dicen que aun si su cónyuge ejerce violencia física, Dios protegerá a la víctima inocente y que ni el abusador ni la víctima debería irse de la casa. Un pastor declara que él dejó de ejercer violencia física sobre su esposa porque ella lo amó al pasar por todo eso y no lo abandonó.

Aunque sabemos que todas las cosas son posibles para Dios, estos dos ejemplos no constituyen la norma. En la mayoría de los casos, una persona que no sufre las consecuencias naturales de sus acciones no reconoce su necesidad de cambio. En tanto que la separación debería ser la última opción, a menudo resulta necesaria cuando se lleva a cabo en la casa un comportamiento ilegal o inmoral, y sin arrepentimiento.

ESTABLECER LOS LÍMITES
CON UN CORAZÓN BLANDO

Si estableces los límites cuando tu corazón está endurecido y te muestras vengativo, en realidad puedes hacer que las cosas empeoren. Un corazón blando no es sinónimo de pasivo. Jesús dio vuelta las mesas de los cambistas y confrontó a los líderes religiosos de su día con un corazón blando. Aun cuando tu ira sea justificada, no te da el derecho a la venganza ante los ojos de Dios. Excepto en casos de violencia física o que impliquen una situación de riesgo para algún niño, espera para establecer los límites en su lugar hasta que puedas hacerlo con un corazón blando. Una persona de corazón blando está dispuesta a mirar su propio pecado antes de intentar ayudar a otros con los suyos. El primer paso al establecer límites con un corazón blando es identificar los aspectos de tu matrimonio que se fundamentan en el temor, y luego asumir tu parte de responsabilidad.

Incluimos a continuación las razones más comunes que hemos encontrado, y también experimentado, por las que la gente trata de mantener la paz hasta que caen hechos pedazos. Al leer estas razones, pídele a Dios que revele su verdad y sabiduría a tu corazón. A veces te consideras como la persona ofendida en el matrimonio, o tal vez la víctima, hasta que Dios te da sabiduría para mirar desde su perspectiva.

1. *Temor al rechazo.* Algunas personas han admitido que toleran la violencia o el adulterio de parte de sus cónyuges porque no desean acabar solos. En su libro Safe People [Gente segura], Cloud y Townsend llaman a esto «el temor al abandono» y lo mencionan como una de las razones principales por las que la gente no implementa la colocación de límites saludables:

> Muchas veces alguien que está inmerso en una relación dolorosa debería establecer fuertes límites disciplinarios o cortar la relación por un tiempo. Pero él (o ella) teme tanto quedarse solo que no lo

puede hacer. Cada vez que esa persona piensa en hacerle frente a la otra, o en abandonar esa relación, se siente abrumada por sentimientos de pérdida y soledad, y hace una de dos cosas: o evita dar ese difícil paso, para comenzar, o se derrumba.[3]

Dios nos ha creado con dos necesidades: de él y de otras personas. Antes de que intentes implementar límites saludables dentro de tu matrimonio, asegúrate de que tu sistema de soporte esté en su lugar. Luego, confía en que Dios suplirá tus necesidades a través de su presencia en tu corazón y a través de las personas que él coloque en tu camino.

2. *Respuestas emocionalmente inmaduras.* Mucha gente admite que trata de mantener la paz a toda costa porque ellos o sus cónyuges no son capaces de manejar las confrontaciones o los conflictos. Si se te produce una fusión nuclear cada vez que las cosas no salen según tu criterio, harás que tu cónyuge camine con extremo cuidado para evitar que te dispares. Y si tú eres el que estás andando con sumo cuidado, tu poco saludable habilidad comunicativa no ayudará a tu cónyuge a madurar. Esta conducta negativa habitual puede revertirse más rápidamente de lo que supones. A veces el solo tomar conciencia del costo emocional que la conducta inmadura impone sobre los otros miembros de la familia puede resultar suficiente para producir un cambio en los malos hábitos. Una señora que ha estado felizmente casada durante treinta y cinco años nos contaba: «Mientras crecía, tenía la costumbre de reaccionar exageradamente ante cualquier cosa. Mis padres y hermanos simplemente lo aceptaban. Pero la primera vez que mi marido vio una de esas explosiones infantiles, su reacción a mi conducta me llevó a ver lo inmadura que era. Abrió desmesuradamente sus ojos y dijo: «¡Caramba! ¡No creo que jamás haya visto a una mujer adulta actuar de esa manera!» Mi marido no intentaba ser grosero; simplemente estaba haciendo una observación real. Me sentí tan avergonzada con respecto a mi comportamiento que decidí en ese momento y

lugar que él nunca me vería actuar de la misma manera otra vez. Y así fue».

Una mujer que llora descontroladamente o un marido que patea para demostrar malhumor puede ser que logre lo que desea en las primeras ocasiones, pero con el tiempo va a producir en los demás falta de respeto y se cortará toda comunicación significativa con él. Hemos hablado con muchas personas que viven con un cónyuge inmaduro, y la mayoría de ellas admite que se siente más como una figura paternal con respecto a él que como un par.

Si tu cónyuge es emocionalmente inmaduro, lo peor que puedes hacer es ceder a sus demandas. Esa clase de respuesta solo perpetuará el problema. Comunícate sinceramente y dile a tu cónyuge que desapruebas su conducta infantil en la casa; y, por supuesto, no olvides ser ejemplo de una conducta apropiada. Si tu familia o amigos te han dicho que te comportas infantilmente, probablemente es porque sea así. Comienza a hacer cambios ahora mismo.

3. *Temor a una venganza*. Algunas personas temen establecer límites porque sus cónyuges practican el juego de «empatar». Si tú o tu cónyuge lleva cuenta de las ofensas que se han hecho el uno al otro, el nivel de comunicación dentro del matrimonio está severamente dañado. Recientemente, una mujer me dijo a mí (Michelle) que temía confrontar a su marido con respecto a su estilo de vida pecaminoso, así que evitaba cruzarse en su camino siempre que le fuera posible. «Cuando le digo cosas que no le gusta escuchar, me lo hace pagar de otras maneras. Saca a relucir discusiones pasadas y todos los errores que yo he cometido. Nunca me permite olvidar ninguna cosa. No vale la pena intentar comunicarse con él, y ciertamente tampoco voy a arriesgarme a decirle que tiene que cambiar su conducta».

Otra mujer mencionó que ella y su marido se insultan cuando discuten. Su excusa en cuanto a participar de los insultos indicaba un deseo de empatar el resultado y vengarse: «¿Por qué tendría yo que parar si él no está dispuesto a hacer lo mismo? Sé que no está bien, ¡pero si el no va a jugar limpio, tampoco yo!»

Muchos de los hombres con los que yo (Joe) hablo se quejan de que sus esposas se cierran emocional o sexualmente con ellos si las hacen enojar. Un hombre me dijo: «A veces mi mujer y yo tenemos una conversación, y si digo algo que no le cae bien, estalla. En lugar de hablarlo, se va a dormir al cuarto de huéspedes durante unos días. No tenemos hijos, así que podemos pasar varios días sin comunicarnos o dormir juntos en casa. Luego de un tiempo, finalmente decido que eso no vale la pena y me disculpo (aunque nunca estoy muy seguro acerca de por qué me estoy disculpando). Luego nos arreglamos». Este hombre continuó diciendo que no se sentía feliz en su matrimonio porque temía el rechazo o la venganza de su esposa cada vez que la ofendía sin querer.

Aceptar erróneamente el concepto de «lo que es justo» en un matrimonio indica que están en alguna suerte de competencia, y esa idea solo perpetúa un enfermizo recuento de puntos. Si tiendes a llevar la cuenta de las ofensas de tu cónyuge y luego vengarte, admite delante de Dios tu forma de pensar egocéntrica y pídele que te ayude a ver las cualidades positivas de tu cónyuge. Deja de lado tus expectativas poco realistas y desarrolla el hábito de entregarle tus decepciones a Dios cada vez que tu cónyuge te defrauda.

4. *Temor a ser despojado económicamente.* Mucha gente que hemos conocido durante nuestros años de ministerio a los matrimonios han expresado que son reticentes a establecer límites saludables porque temen quedar en la indigencia. En el caso de Bernice, las constantes amenazas de su marido controlaban su comunicación e interacciones durante los dos años en que estuvieron casados. Uno de los factores motivadores en cuanto al deseo de mantener la paz a toda costa era que su marido constantemente le recordaba que él era el que

tenía la billetera. «Finalmente, un día fue como si se hubiera apagado una lamparita eléctrica», me dijo (a Michelle). «Me di cuenta de que aun si mis hijos y yo tuviéramos que vivir en mi automóvil, eso sería mejor que sufrir violencia emocional y ser acechada cada vez que salía a alguna parte».

Luego de dos años de tratar de mantener la paz, Bernice finalmente desenmascaró a su marido. Enfrentó su propio temor de quedar en la indigencia y se mudó a la casa de un miembro de la familia por un par de meses. Ahora tiene trabajo y un lugar propio. En el caso de Bernice, el que se mudara sacudió a su marido para que se diera cuenta de que se había vuelto excesivamente controlador y abusivo emocionalmente por temor a perderla. Ahora él quiere reconciliarse con ella y ambos están siendo aconsejados.

Casi toda comunidad cuenta con recursos para ayudar a las mujeres (en especial a las madres) a ponerse de pie económicamente de modo que puedan dejar a un marido que es violento o muestra algún tipo de adicción. En muchos casos hemos visto mujeres volver a sus estudios o conseguir una consejería que fuera a fondo en lo referido a sus problemas porque finalmente se decidieron a enfrentar sus temores. Un compromiso matrimonial basado en el temor a pasar problemas económicos no constituye una razón para poner en riesgo a tus hijos ni tu propia integridad. Tu familia de la iglesia y otras organizaciones de tu comunidad de fe están allí para ayudarte, así que no temas pedir ayuda.

5. *Temor a la conducta controladora del cónyuge*. En su libro When Love Dies: The Process of Marital Dissatisfaction [Cuando el amor muere: El proceso de la insatisfacción matrimonial], Karen Kayser se refiere a la violencia emocional y a los maridos dominantes como el punto de inflexión para que las mujeres dejen de amar.[4] H. Norman Wright concuerda con ella: «Cuando los hombres se vuelven poderosos, también tienden a ser controladores. Ejercer control resulta desastroso tanto en el mundo laboral como en el matrimonio. La imagen del macho resulta contrapuesta al llamado del

hombre cristiano porque lo pone a él y no a Dios en el centro de su universo».[5]

Yo (Michelle) hablo con mujeres que ya no están enamoradas de sus maridos a causa de su conducta controladora. Una mujer me dijo hace poco: «Cuando voy a alguna parte, si mi marido piensa que ya ha pasado demasiado tiempo, se sube al automóvil y viene a buscarme. Controla todo el dinero, y me recuerda que si no fuera por él yo no sería nadie ni tendría nada. Cuando trato de plantarme ante él, me amenaza con divorciarse. Económicamente no tengo una situación como para quedarme sola, y él lo sabe, así que sus amenazas me han llevado a no comunicarme con él con sinceridad». En el caso de esta mujer, el establecer límites saludables le ayudaría a su esposo a tomar conciencia con respecto a lo abusiva y controladora que es su conducta. En lugar de eso, él continúa maltratándola y ella continúa perdiéndole respeto porque se siente una prisionera en su propia casa.

Los hombres no son los únicos que muestran conductas controladoras. Los maridos me dicen a mí (Joe) que no les gusta que sus esposas actúen más como sus madres que como sus compañeras. A la mayoría de los hombres este tipo de conducta les parece controladora. Cuando un cónyuge actúa como un padre o una madre, la intimidad se esfuma de la casa. Esta fue un área de luchas para Michelle y para mí, porque ambos tenemos temperamentos fuertes. Ahora usamos una pequeña señal que funciona bien cuando uno de los dos comienza a sentirse controlado y tratado como hijo en lugar de recibir aliento y apoyo. Nos decimos: «Muy bien, mamá», o «Muy bien, papá». Es una manera rápida y no amenazante de establecer un límite saludable.

Las conversaciones sobre la base del miedo, debido a un cónyuge controlador, roba a las parejas la posibilidad de una profunda unión emocional y su intimidad. La mejor manera de descubrir si tu cónyuge se siente controlado por ti es preguntárselo. (Por supuesto, debes hacerlo con un corazón dispuesto a realizar cambios más que a defender tu postura, y tienes que estar preparado para escuchar las respuestas sinceras de tu cónyuge.)

6. *Temor a perder los hijos*. El temor a perder la batalla por la custodia de los hijos o de que un cónyuge enojado se los lleve, puede ser motivo suficiente para evitar que el cónyuge temeroso establezca límites saludables en el hogar. Jenny admitió que seguía casada porque no quería que su marido tuviera ocasión de que su hijita lo visitara para pasar la noche con él sin supervisión. «No quiero correr el riesgo de que él invite a su casa una mujer a pasar la noche, que mire pornografía, o que se emborrache el día que le toca tener a la niña». El compromiso de Jenny con su marido, basado en el temor, le hizo evitar establecer límites saludables con respecto a la conducta pecaminosa de su marido.

Desafortunadamente, escuchamos acerca de esta clase de excusas a menudo. Jenny finalmente dejó su hogar, cuando su marido se rehusó a abandonar la pornografía y a dejar las otras mujeres. En este momento, Jenny no sabe si su marido alguna vez se va a arrepentir y desear reconciliarse, pero ella y su hija se encuentran fuera de ese medioambiente enfermizo y viven con los padres de ella mientras espera una respuesta de Dios.

Otra mujer nos confió: «Sé que nuestro matrimonio no es sano. Mi marido es abusivo y controlador, pero por lo menos mientras vivamos juntos puedo estar cerca para proteger a los niños. Si lo dejo, ¿cómo estaré segura de que estarán bien cuando lo visitan?» El temor de esta mujer ciertamente es comprensible, pero las esposas que tratan de controlar el nivel de violencia de su marido simplemente a través de su presencia (además de permitir que sus hijos presencien su conducta violenta) en realidad no protegen para nada a los niños.

Tanto los hombres como las mujeres temen a las batallas por la custodia. Yo (Joe) oigo a los hombres decir que nunca enfrentarán el riesgo de establecer límites sanos en su matrimonio porque temen que la corte tome partido por sus esposas. Varios de los hombres a los que les he ministrado a lo largo de los años al final perdieron la custodia de sus hijos, la que les fue otorgada a sus mujeres, que estaban en drogas o dormían con otros hombres. Una de las cosas que siempre les digo es que no hablen mal de sus esposas, y que sean los hombres que Dios los ha llamado a ser. Sus hijos notarán la diferencia en las ocasiones en que los visiten, y algún día la verdad se volverá evidente. En la mayoría de los casos, ese ha sido el resultado.

Algunos de los hombres y mujeres que hemos conocido pudieron obtener la custodia aun sin ir a la corte. En lugar de pelear contra sus cónyuges, les dijeron algo así: «No quiero pelear contigo en la corte. Confío en que tomes las decisiones correctas con respecto a lo que es mejor para nuestros niños, y yo creo que los protegerás cuando estén a tu cuidado». Hemos conocido muchos cónyuges (aun los de naturaleza violenta) que bajaron la defensa cuando se dieron cuenta de que no iba a haber una batalla en la corte. Resulta sorprendente escuchar a la gente decirnos que su decisión de no pelear en la corte fue lo que convenció al cónyuge no arrepentido a hacer lo que era mejor para los niños.

Después de decir esto, sin embargo, debemos también considerar que en algunas ocasiones el ir a la corte es la única manera de tratar con un cónyuge abusador o vengativo. Recomendamos que ores y consigas quienes te aconsejen bien antes de tomar el teléfono para llamar a un abogado. Sabemos de varias familias que lo perdieron todo a causa de la intervención de los abogados, y además las luchas en la corte destruyeron toda esperanza de reconciliación. Una vez que se realiza el llamado y comienza a rodar la bola de las cuestiones legales, resulta prácticamente imposible detenerla. El año pasado, llamó una mujer a nuestro ministerio pidiendo consejo debido a que ella y su marido habían decidido reconciliarse después de haber comenzado un divorcio. Acabó costándole a ella alrededor de mil dólares simplemente el presentar los papeles adecuados para detener el juicio.

Ora para que tu cónyuge haga lo que es más adecuado para tus hijos. Evita ir a la corte a menos que la conducta de tu cónyuge sea ilegal, peligrosa o inmoral con respecto a ti o a tus hijos. Si tú eres el que lucha contra un cónyuge que desea una custodia compartida, sé cuidadoso en cuanto a la forma en que la peleas. Puede ser que ganes la batalla pero luego pierdas la guerra. En la mayoría de los casos el cónyuge amargado que gana la custodia de los niños pequeños acaba pasando largos años de soledad cuando esos chicos crecen y escuchan el otro lado de la historia.

7. *Temor a la ira del cónyuge.* Las explosiones de ira pecaminosas pueden detener a un cónyuge para que no haga lo necesario para que el matrimonio se sane. Aunque se considera que por naturaleza los hombres son más agresivos que las mujeres, las explosiones de ira no corresponden solo a uno de los géneros. Si tu cónyuge expresa la ira con furia, puedes estar seguro de que tu matrimonio se basa en el temor. Nadie disfruta de soportar una explosión de ira de parte de un cónyuge enfadado, y muchas personas harían cualquier cosa por evitar una conversación que pudiera desatar una explosión de ira.

En su libro Nine Critical Mistakes Most Couples Make [Nueve errores fundamentales que muchas parejas cometen], el Dr. David Hawkins escribe: «Otro error importante es apelar a la agudeza verbal de una manera airada e indómita. Al igual que el fuego, la lengua asesina destruye a la gente, las relaciones y los matrimonios».[6]

Lisa tuvo un tiempo muy difícil cuando decidió establecer límites porque la ira de su marido controlaba todas sus conversaciones. Muy pronto después de casarse aprendió a evitar cualquier tipo de conversación que lo sacara de sí, en especial en público. «Cuando recién nos casamos, yo simplemente dejaba de hablar cuando él tenía un ataque de ira. Me rehusaba a alimentar su furia, sabiendo que finalmente moriría por falta de combustible que la mantuviera viva». Lisa estaba comprometida con su matrimonio, pero evitaba establecer límites que pudieran resultar en una separación. Lograba mantener la paz, pero se quebraba en mil pedazos emocional y físicamente. Luego de asistir a algunas clases para ayudarla a establecer límites saludables, Lisa cambió. «Me di cuenta de que no establecer límites resultaba insano para mí. Me sentía frustrada y poco sincera cuando guardaba silencio. Aprendí que hablar la verdad (aun cuando él muestra su furia) es responsabilidad mía. La manera en que él procesa esa verdad le corresponde a él. En los últimos años, sus estallidos de furia disminuyeron, y debido a que yo ahora lo hablo, no han quedado raíces de amargura en mí y puedo orar por mi marido con un corazón limpio».

Algunas veces un cónyuge cierra toda comunicación o no habla sinceramente solo por evitar que su compañero se sienta frustrado o intente controlar los resultados de alguna circunstancia en particular. Joe y yo ahora nos reímos, pero en una ocasión, más o menos un año después de reconciliarnos, estuvimos de vacaciones en Lago Tahoe, California, y Joe me dijo: «Vayamos al restaurante al que fuimos la última vez que estuvimos aquí».

«¿Cuál es ese restaurante?», le pregunté. No sabía a qué restaurante se refería, dado que habíamos estado en Lago Tahoe en varias ocasiones.

«Tú sabes», me dijo. Intentó explicarme cuál era la locación y la atmósfera del restaurante, procurando estimular mi memoria.

«Sigo sin recordar», dije, encogiéndome de hombros.

Noté que a esa altura Joe comenzaba a sentirse frustrado porque yo no lograba recordar el restaurante al que él se refería. Al ver que continuaba intentando recordármelo, finalmente le mentí de modo que no se pusiera aun más irritado.

«Sí, por supuesto; lo recuerdo ahora». Yo solo deseaba pasar un buen momento y evitar la tonta disputa que comenzaba a surgir entre nosotros.

Camino al restaurante (todavía esforzándome por recordarlo), me descuidé en la conversación y pregunté inocentemente: «¿Me había gustado?»

«¡Lo sabía! ¡Lo sabía! ¡Sabía que fingías recordarlo!» Tan pronto Joe dijo esas palabras, los dos comenzamos a reír. Resultaba obvio que ambos habíamos caído en los viejos patrones de conversación basados en el temor. Joe empezaba a sentirse frustrado, y yo intentaba arreglar la situación actuando con falsedad para ayudar a que Joe controlara sus emociones. Aunque este incidente tuvo que ver con un asunto trivial, fue bueno que lo descubriéramos cuando se dio. Sabemos por experiencia que las conversaciones triviales basadas en el temor dan lugar a la formación de hábitos, y conducen a otras cuestiones más profundas al seguir adelante en esa línea. Ahora, cuando alguno de nosotros comienza a sentirse frustrado porque el otro no puede recordar algo, le ponemos un poco de humor a la situación preguntando: «¿Me había gustado?»

Si tú y tu cónyuge tienen problemas de comunicación debido a cuestiones que les provocan ira, puede ser que necesiten que un pastor o un consejero los ayude a establecer límites sanos. Si tu cónyuge se pone violento, destruye objetos o te amenaza durante un episodio de ira, podría hacer falta apelar a las autoridades. Este tipo de límite resulta difícil de establecer, pero el ponerse en contacto con personas que representan autoridad funciona en muchos casos porque el esposo iracundo descubre que tendrá que responder ante alguien más la siguiente vez que ocurra un episodio de este tipo. Caminar en puntas de pie o cortar la comunicación con tu cónyuge simplemente porque le temes a su ira no honra al Señor ni a tu cónyuge.

Si eres tú el que estalla en ira, vuelve a considerar las herramientas del capítulo 6; y si aún así no consigues implementar cambios saludables, pide ayuda. Si tu cónyuge y tus hijos han cortado la comunicación contigo a causa de tus iras, estás perdiendo la oportunidad de conectarte con ellos física, emocional y espiritualmente.

8. *Temor a que tu cónyuge tenga un colapso mental o a que se suicide.* Si tu cónyuge te amenaza con el suicidio, sufre de una enfermedad mental, lucha con alguna depresión o reacciona con violencia y agresión ante las situaciones de estrés, debes actuar inmediatamente para colocar los límites en su lugar, aun cuando tu cónyuge te amenace. Deberás buscar ayuda profesional para poder establecer límites sanos. En tanto que debes mantener el compromiso matrimonial asumido con tu cónyuge «en salud o enfermedad», ese compromiso nunca debe basarse en el temor. La consejería profesional y el tratamiento médico adecuado te ayudarán a comprender la enfermedad de tu cónyuge y te proveerán las herramientas para marchar junto a él o ella de una manera sana. Dado que la depresión es un factor que a veces incide en un suicidio, el admitirlo y recibir el tratamiento adecuado son dos de las cosas más importantes en la prevención del suicidio. Si no buscas ayuda y continúas tratando de mantener la paz en tu hogar por ti mismo, solo te vas a desgastar y quizá sin intención pongas la vida de alguien en peligro.

Varios años atrás una mujer intentó esconder la enfermedad mental de su marido porque él era pastor. Temía sacar su enfermedad a la luz porque sabía que una vez que lo hiciera, su marido tendría que abandonar el púlpito. En lugar de buscar el aporte de otros, secretamente lo ayudaba a preparar sus sermones, lo monitoreaba discretamente y explicaba sus ocasionales conductas agresivas relacionándolas con el estrés. Este encubrimiento continuó por varios años hasta que su enfermedad progresó a un punto en el que ella ya no pudo esconderla. Había intentado mantener la paz a toda costa porque temía lo que podía suceder una vez que se descubriera la enfermedad de su marido.

Cuando yo (Michelle) hablé con esta mujer, algunos años atrás, ella admitió que una vez que otros tomaron conocimiento de la condición de su marido, en realidad las cosas resultaron mucho más fáciles para toda la familia. Ya no tuvieron que vivir guardando ese secreto, y los amigos que les brindaban apoyo podían mostrarles amor y darles aliento, cosa que no lograba obtener por sí misma. La condición de su marido ha ido empeorando progresivamente, y aunque viven en residencias separadas, ella continúa cuidándolo diariamente.

Cierta vez escuchamos una ilustración sobre la forma en la que Dios trabaja: parecida a las rocas del lecho de un río. Las piedras del fondo del cauce se ven hermosas y brillantes, pero cuando uno las levanta y las mira por debajo se las encuentra sucias y viscosas. Una vez que se dan vuelta las rocas y el agua las lava, se puede apreciar la belleza que siempre hubo en ellas. A Satanás nada le gusta más que mantener nuestros problemas en la oscuridad, pero hay poder al sacar todo a la luz.

Si tú o tu cónyuge están luchando con depresión, con pensamientos de suicidio o con una enfermedad mental, es importante que cuenten con un sistema de soporte seguro que comprenda tanto los aspectos espirituales como los aspectos médicos que se relacionan con estas condiciones.

9. *Temor a sufrir violencia física o la muerte.* Dios quiere que mantengas tu compromiso con tu cónyuge «hasta que la muerte los separe». Sin embargo, eso no implica que debas permanecer en un matrimonio violento hasta que tu cónyuge te mate a ti o a tus hijos. La violencia doméstica (aún entre cristianos) ocurre desenfrenadamente. Si existe violencia física, sexual, emocional o verbal en tu hogar, inmediatamente debes establecer límites. En este tipo de situaciones, los límites probablemente impliquen ponerse en contacto con las autoridades y conseguir ayuda profesional. Dependiendo de tus circunstancias, puede resultar necesario y aun recomen-

dable salir de esa situación hasta que ya no estés en peligro. Cuando Dios creó el matrimonio y la familia nunca tuvo la intención de colocarte a ti y a tus hijos en una situación de riesgo de vida.

Una mujer que trataba de justificar el hecho de seguir llevando adelante un matrimonio abusivo dijo: «No es que realmente me golpee, simplemente me empuja y me dice cosas como: "¡Por qué no te vas y te matas!"»

Otra señora explicaba las marcas que tenía en su brazo de esta manera: «Es mi culpa. Yo lo irrité hasta que me rasguñó. Realmente no es violento a menos que yo lo haga enojar».

Y otra mujer que conocemos, y que piensa que es afortunada de estar viva hoy, nos dijo: «Temía dejar a mi marido porque cuando apareció en los medios el infame asesinato de Nicole Simpson, mi marido me dijo que él me iba a hacer lo mismo si lo abandonaba. Le creí. Finalmente lo dejé cuando decidí que prefería morir antes que vivir soportando sus abusos».

Si nunca has vivido en medio de una relación en la que se da el abuso, tal vez no te identifiques con estas declaraciones. Pero si te ha tocado pasar por eso, sabes que el abuso y la violencia toman muchas formas. Y a veces cuando te liberas y miras hacia atrás, a esa relación, descubres que permaneciste en ella basado en un compromiso por temor. Eso fue lo que sucedió con mi matrimonio de abuso y violencia en Alaska (el de Michelle).

Luego de que John y yo nos divorciamos por segunda vez, erróneamente supuse que aquella nueva persona con la que había comenzado a salir unos meses antes era el «caballero andante» que había estado buscando. Parecía amoroso de distintas maneras, pero sus inseguridades y luchas secretas estaban enmascaradas, y nuestra relación fue enfermiza desde el principio. Su deseo de controlar mis decisiones, mis finanzas, mis tratos comerciales y mis hijas me pareció una forma de protección en un comienzo. Me sentí cuidada. Luego de casarnos y con el paso del tiempo, su conducta controladora se volvió aun peor. Algunos de mis amigos lo notaron y me lo señalaron, pero yo ignoré sus advertencias. Un día una amiga me dijo: «Michelle, todo en esta casa tiene que ver con sus preferencias. Ya no veo nada que represente tus gustos en lo que hace a la decoración». Tenía razón con respecto a su sutil dominación sobre cada aspecto de mi vida, pero yo no alcanzaba a verlo en ese entonces.

Cuando me convenció de vender todo y mudarnos a un pueblito a trescientos kilómetros de distancia de Anchorage, me pareció una aventura emocionante. Pero al no tener teléfono ni medios de transporte durante el invierno, y solo contar con un puñado de gente que apenas sabía dónde vivíamos, comencé a sentirme aislada y atrapada. «No necesitas a todos esos amigos cerca de ti. Me tienes a mí», me decía cuando le pedía ir a Anchorage a visitarlos. Cuando mi descontento comenzó a hacerse visible, él se volvió aun más inseguro, y más controlador. Algunos de sus problemas podrían haber sido tratados a través de consejería profesional, pero ahora me doy cuenta de que su mayor problema era espiritual. Cada vez que yo sugería que intentáramos ir a la iglesia, simplemente se reía.

Un día, luego de confrontarlo a causa de una conducta inapropiada suya en la casa y de decirle que necesitaba consejería, me amenazó: «Si alguna vez intentas abandonarme, voy a quemar la casa». ¿Quería decir que lo haría conmigo y las niñas dentro?, me pregunté. Éramos propietarios de una avioneta en ese entonces y un pensamiento me perseguía; me venía vez tras vez a la mente. ¿Sería capaz de estrellar la avioneta con todos nosotros adentro si sospechaba que yo intentaba abandonarlo? Mis pensamientos no eran fantásticos en realidad. Un par de años antes había matado a un perro simplemente porque se negaba a obedecerlo.

Como temía la forma en que podría reaccionar si descubría que yo no me sentía feliz con respecto a nuestro matrimonio, fingía ser feliz. Aunque se negó a recibir consejo, yo me comprometí a seguir adelante con el matrimonio, pero no por amor o respeto; mi compromiso se basaba simplemente en el miedo.

Comencé a llevar un diario íntimo por primera vez en mi vida durante ese período. Ahí fue también cuando comencé a clamar a Dios. Hace unos años decidí deshacerme de los diarios, pero Joe me convenció de guardarlos. Me alegro de haberlo hecho. Cuando Joe y yo comenzamos a escribir este libro, decidí releer esos diarios, en un esfuerzo por comprender en qué punto mental y espiritual estaba durante ese tiempo. Me resultó sorprendente, al mirar hacia atrás, descubrir de qué manera me las había arreglado para excusar el abuso al que éramos sometidas mis hijas y yo debido a mi temor. Uno de los registros de mi diario dice:

> 4 de octubre de 1980: Nos trenzamos en una gran pelea hoy, una de las mayores hasta aquí, y el me abofeteó realmente fuerte. Solo había hecho eso dos veces antes. Más tarde hablamos de ello, y él me dijo que yo lo había empujado a hacerlo. No sé cómo sentirme al respecto, a excepción de que cada vez que tenemos una pelea grande se hace más difícil superarla. A él no le gusta hablar de los problemas, así que siento que muchas cosas en realidad nunca se resuelven.

Finalmente, cuando ya resultó imposible ignorar o excusar esa violencia que se daba en nuestro hogar, decidí encarar el temor de frente. Luego de clamar a Dios durante meses y confiar en que él nos sacara de allí a salvo, le di a mi marido un ultimátum y sinceramente no me importó que él pudiera quemar la casa: «O buscas consejo o nos divorciamos», le dije un día en el que puse mi plan de huida en su lugar. Finalmente había determinado informar a varios amigos cercanos en Anchorage y a algunas pocas personas en nuestro pueblito que estaba decidida a confrontar a mi marido con respecto a sus abusos. Él eligió el divorcio. Mis hijas y yo partimos para California un mes después, sin incidentes. Debido a que no tuvimos hijos propios, no había razón para volver a tener contacto con él nunca más.

Algo que aprendí por propia experiencia, y por la de otras mujeres con las que he hablado, es que el abuso y el ejercicio de control a menudo se perciben como una protección. Como resultado de ello, cualquier mujer, aun la de fuerte personalidad, puede resultar víctima.

En 1980 había muy poca ayuda disponible para las víctimas de abuso. Afortunadamente esos tiempos han cambiado. Ahora existen agencias que brindan apoyo y protección a las personas que tienen un matrimonio en el que se ejerce violencia, incluyendo algunas organizaciones fundamentadas en la fe. Aunque hay algunos maridos que denuncian sufrir abusos por parte de sus esposas, la mayor parte de la violencia doméstica va dirigida contra las mujeres y los niños. De acuerdo con una planilla de datos que reúne información de varias organizaciones nacionales, aproximadamente un millón de mujeres requieren atención médica cada año debido a daños físicos ocasionados por cónyuges abusadores; y por lo menos la mitad de los maridos violentos también golpean a sus hijos.[7]

Solo porque no estés siendo golpeada físicamente, o abofeteada, o pateada, eso no significa que tu relación matrimonial no sea abusiva. Incluimos aquí algunas preguntas para que respondas, que te ayudarán a determinar si es que estás en medio de una relación de abuso:

- ¿En algunas ocasiones mi cónyuge intenta detenerme físicamente para evitar que abandone la habitación?
- ¿En algún momento mi cónyuge me empuja, me toma por los brazos o de la ropa, o me retiene contra mi voluntad?
- ¿Alguna vez mi cónyuge me incita a que me mate?
- ¿Alguna vez mi cónyuge amenaza hacerme mal por cualquier razón?
- ¿En alguna ocasión mi cónyuge ha apuntado un arma de cualquier tipo contra mí, contra nuestros hijos o contra sí mismo?

- ¿Usa mi cónyuge lenguaje que sugiera que piensa «resolver» los problemas matrimoniales para siempre a través de una muerte?
- ¿Le tengo miedo a mi cónyuge?

Estas preguntas no van dirigidas exclusivamente a ningún género. Si has respondido que sí a cualquiera de ellas, tu matrimonio se fundamenta en el temor y estás en peligro de convertirte en una víctima de la violencia doméstica. Determina ahora mismo un plan para recibir la ayuda que necesitas. Si no tienes acceso a Internet, la mayor parte de las comunidades publican una lista de recursos para víctimas de abusos en la sección «Servicios comunitarios» de la guía telefónica local.

Si piensas que tu cónyuge respondería que sí a cualquiera de estas preguntas a causa de tu comportamiento, nunca es demasiado tarde para recibir la ayuda que necesitas, poder bajar el nivel de temor en tu hogar y salvar el matrimonio. Pero primero debes estar dispuesto a sacar tu temor a la luz y encararlo de frente. Debes confesárselo a Dios y estar dispuesto a asumir tu responsabilidad de cambiar tu conducta a través de consejería y de rendir cuentas ante una persona espiritual y madura. Debes tener la disposición a separarte físicamente de tu cónyuge y de tus hijos si no puedes controlar tu conducta agresiva mientras recibes ayuda profesional. En tanto que tu situación permanezca oculta, te será imposible obtener la ayuda que tú, tu cónyuge y tus hijos necesitan.

Qué hacer si eres objeto de abusos

Díselo a alguien en el que confíes. Si esa persona no te cree o si te aconseja permanecer en esa situación de abuso, busca otra persona en la que puedes confiar.

Ponte en contacto con una agencia (en lo posible, cristiana) que se ocupe de la violencia doméstica. La agencia te ayudará a determinar un plan que les permita salir a ti y a tus hijos de ese medioambiente abusivo. Al lograr que otros participen, te será posible obtener ayuda para tu cónyuge también.

Ponte en contacto con las autoridades y eleva un informe escrito si tu cónyuge arremete físicamente contra ti o contra tus hijos o amenaza con dañar a alguien. Si tu cónyuge es arrestado y tiene que pasar un tiempo detrás de las rejas, la consejería resultará obligatoria.

Si tus hijos han sufrido algún tipo de abuso sexual de cualquier tipo, tienes el deber de informar a las autoridades y buscar protección inmediatamente. Si no lo haces, estarás quebrantando la ley y te expondrás a perder a tus hijos una vez que la verdad salga a la luz.

Y lo que es más importante: ora por tu cónyuge y pídeles a otros que oren por tu matrimonio. Luego, confíale a Dios los resultados con respecto a esa situación. Una cosa es segura: si tratas de mantener la paz cuando hay violencia doméstica en tu hogar, las cosas nunca cambiarán. Sin la ayuda de otros, en algún momento te derrumbarás y tu cónyuge y los niños caerán junto contigo.

Las Escrituras nos dicen: «No teman a los que matan el cuerpo pero no pueden matar el alma. Teman más bien al que puede destruir alma y cuerpo en el infierno. ¿No se venden dos gorriones por una monedita? Sin embargo, ni uno de ellos caerá a tierra sin que lo permita el Padre; y él les tiene contados a ustedes aun los cabellos de la cabeza. Así que no tengan miedo; ustedes valen más que muchos gorriones» (Mateo 10:28–31).

Te hemos provisto varias herramientas en este capítulo para ayudarte a enfrentar los desafíos que presenta un matrimonio fundado en el temor. Algunos de ustedes estarán determinando un plan ahora, y alcanzarán a ver la luz al final del túnel. Pero otros leerán nuestras palabras y pensarán: es fácil para ellos decirlo; no tienen un cónyuge como el mío; o: he tratado de establecer límites en mi matrimonio, no tiene caso; o: sé que mi matrimonio está enfermo, pero no estoy dispuesto a hacer que mi familia pase por algo que pueda causarle aun más sufrimiento, como una separación.

Si te asaltan pensamientos similares o no deseas asumir el riesgo de decir que no a cosas de tu matrimonio que son inmorales, ilegales, peligrosas o enfermas, entonces estás temiendo a tu cónyuge más de lo que temes a Dios. Cierta vez escuchamos a un orador cristiano decir: «Hazlo aunque sientas temor». Te decimos lo mismo hoy: Haz lo que debes, aun si sientes temor. Di lo que hace falta decir, aun si temes hacerlo. Ten fe en que Dios te dará sabiduría al encarar de frente el temor dentro de tu matrimonio. Esto requiere de auto disciplina con un corazón controlado por tu espíritu. En el siguiente capítulo te ayudaremos a desarrollar esos atributos.

PREGUNTAS PARA EL ANÁLISIS CON EL GRUPO O CON EL COMPAÑERO DE APOYO

1. *Analiza las razones por las que el temor resulta destructivo en el matrimonio.*
2. *Analiza el concepto de establecer límites saludables.*
3. *¿Por qué son importantes el «corazón blando» y el espíritu amable al establecer límites con respecto a tu cónyuge?*
4. *Cuando alguien tiene dificultades en cuanto a decir que no o a recibir una negativa, ¿por qué razón constituye eso un problema en relaciones importantes como el matrimonio?*
5. *Buscar y considerar Proverbios 19:18–20.*
6. *Menciona dos motivos (o más) por los que estés agradecido.*
7. *¿Hay algún aspecto de tu vida que requiera de oración intercesora (que otros oren a tu favor)? Menciona al menos un pedido de oración por ti y tu cónyuge.*

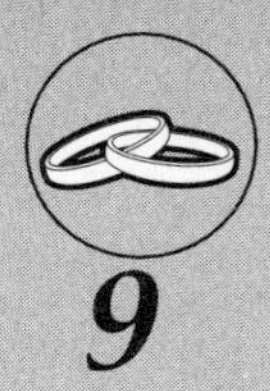

9

Produzcan cambios, aun si su cónyuge no está dispuesto a hacerlo

Les aseguro que si tienen fe tan pequeña como un grano de mostaza, podrán decirle a esta montaña: «Trasládate de aquí para allá», y se trasladará. Para ustedes nada será imposible.

—Mateo 17:20

Es verdad que no se puede evitar que un cónyuge entable un divorcio si está decidido a dar por finalizado el matrimonio. Pero es un error considerar que estás en una situación desesperada porque tu cónyuge no tenga la disposición a trabajar por el matrimonio del mismo modo que tú; o no tenga el menor interés. Hemos conocido incontables parejas a través de los años que estaban en la misma condición que nosotros cuando nuestro matrimonio entró en crisis: De vez en cuando estaban dispuestos, y nunca coincidían los dos al mismo tiempo. Muchos de ellos se reconciliaron. Dale y Lori constituyen un ejemplo de la fuerza que puede aportar uno de los cónyuges en medio de una crisis matrimonial.

Para cuando Dale se dio cuenta de que su matrimonio estaba en crisis, ya su esposa tenía uno de los pies fuera de la puerta. Ella quería recuperar su libertad y no estaba dispuesta a trabajar para salvar el matrimonio. Dale recuerda ese momento como uno de los puntos de inflexión más significativos de su vida: «Mi familia, amigos, y aun algunos pastores me dijeron que no había mucha esperanza de salvar nuestro matrimonio si Lori no estaba dispuesta a hacer su parte. Pero yo leí un pequeño libro titulado Saving Your Marriage Alone [Cómo salvar tu matrimonio tú solo], de Ed Wheat,[1] y allí recibí aliento para mantener mi compromiso con el matrimonio aun cuando Lori deseaba concluirlo. Yo no había sido el marido perfecto hasta ese momento, así que decidí hacer todo lo posible para aprender a ser un marido según Dios en medio de nuestra crisis matrimonial».

Al mirar hacia atrás, Lori admite que ella había dejado de amar a Dale y ya no quería seguir adelante con el matrimonio. «Me hubiera resultado mucho más fácil comenzar de nuevo con algún otro. Yo deseaba que Dale dejara de realizar intentos por salvar nuestro matrimonio. Intenté abandonarlo varias veces, pero no pude hacerlo. La razón por la que no podía irme era que Dale se había acercado tanto a Dios y estaba realizando cambios tan positivos en su vida que se volvía mucho más difícil abandonarlo. Había sido criada dentro de un ambiente religioso, pero nunca había experimentado el amor de Cristo de la manera en que Dale lo estaba haciendo visible para mí. Aunque él no aprobaba mi comportamiento y tenía una base bíblica como para divorciarse de mí en un determinado momento, no se volvió crítico ni me juzgó. Simplemente continuó amándome, hablando la verdad y ocupándose de su propia relación con Dios. Finalmente, me derrumbé. ¿Cómo podía abandonar a alguien que me demostraba semejante amor? Poco a poco, nuestra relación se fue sanando y nuestro matrimonio se salvó porque mi marido eligió trabajar sus propias cuestiones y su relación con Cristo mientras esperaba que yo me arrepintiera».

Dale dice que la crisis de su matrimonio en realidad lo acercó a Dios. «Aprendí a confiar en él de una manera totalmente nueva. Hasta que nuestro matrimonio entró en crisis, Dios estaba "allí afuera", en algún lado, pero cuando aprendí a confiar en él y descansar en su comprensión y no en la mía, sentí que estaba junto a mí. Nunca había experimentado a Dios de esa manera. Con cada paso de fe que daba, él me preparaba para el siguiente. Dios se me volvió real, y mi amor por Lori creció, a pesar de su deseo de darle fin a nuestro matrimonio».

Hoy Dale y Lori dirigen un ministerio de reconciliación en su iglesia en Modesto, California. Los sufrimientos por los que pasaron en su propio matrimonio los han capacitado para caminar junto a otros que atraviesan una crisis matrimonial con un cónyuge que no tiene disposición a seguir adelante. Ayudan a los cónyuges abandonados a enfocarse en que se produzcan cambios personales más que en tratar de cambiar a sus compañeros.

Lori está agradecida porque su matrimonio fue sanado y Dios los está usando para ayudar a otros. «Hemos visto parejas reconciliarse como resultado del compromiso de solo uno de ellos con Dios y con su cónyuge. Entusiasma ver a alguien pasar de la desesperación a la esperanza. Aun en casos en los que el cónyuge nunca se arrepiente, hemos visto a Dios bendecir a aquel que se vuelve a él durante ese proceso».

DIOS USA EL SUFRIMIENTO PARA PRODUCIR ESPERANZA

Contrariamente a lo que la mayoría de la gente piensa, no es el arrepentimiento del cónyuge lo que produce esperanza dentro de un matrimonio en crisis; es el sufrimiento que proviene de intentar salvar el matrimonio uno solo, o esperar que el cónyuge se arrepienta, lo que le permite a Dios poner esperanza en el corazón. Las palabras de Pablo son la confirmación de que Dios usa el sufrimiento como el medio de producir en nosotros perseverancia: «Así que nos regocijamos en la esperanza de alcanzar la gloria de Dios. Y no solo en esto, sino también en nuestros sufrimientos, porque sabemos que el sufrimiento produce perseverancia; la perseverancia, entereza de carácter; la entereza de carácter, esperanza. Y esta esperanza no nos defrauda, porque Dios ha derramado su amor en nuestro corazón por el Espíritu Santo que nos ha dado» (Romanos 5:2–5).

La clase de esperanza a la que Pablo se refiere en este pasaje es la esperanza sobrenatural que viene como resultado de sufrir de una manera correcta, como por ejemplo seguir adelante con un matrimonio difícil. Tamara es una persona que constituye un ejemplo porque ha desarrollado este tipo de esperanza a pesar de sus circunstancias.

Stephen no era cristiano cuando Tamara se casó con él hace más de catorce años. Ella admite ahora que estaba en rebelión contra Dios cuando se casó con su compañero de fiestas y tragos. Pocos meses después Tamara se embarazó, y como resultado de eso decidió dejar de beber y dedicar nuevamente su vida a Cristo. Sin embargo, Stephen no tomó la misma decisión debido a la polarización que se produjo en el estilo de vida de ambos, que ahora estaban en los extremos opuestos. Con el paso del tiempo, aunque tuvieron otros dos hijos, la relación se volvió más tirante y el matrimonio entró en crisis. A determinada altura, Tamara aun sospechó que Stephen estuviera cometiendo adulterio y usando drogas, aunque él lo negaba.

«Le pedí a Stephen que aceptara recibir consejería junto conmigo, pero se rehusó porque no le gusta hablar de los problemas. Esto puede parecer algo extraño, pero él demanda en forma agresiva que haya paz en nuestro hogar. Fue criado sin padre y su madre nunca le manifestó demasiado amor. Él desea que nuestro hogar sea un lugar apacible y feliz todo el tiempo, así que cada vez que surge algún tópico que pueda causar una pelea, él exige que lo abandonemos. Eso me ha resultado sumamente frustrante. En cierta ocasión decidí recibir consejería sin él, pero el consejero no era cristiano y me dijo que si Stephen no deseaba ser aconsejado y trabajar sus cuestiones, yo bien podría divorciarme. Admito que el motivo original que me llevó a buscar un consejero era lograr que él me dijera que Stephen tenía la culpa de todos nuestros problemas. Pero cuando él lo hizo, no sentí que Dios me liberara de ese matrimonio. Aun cuando mi marido se rehusaba a trabajar en la solución de nuestros problemas, siempre había expresado que me amaba, y estaba comprometido en seguir llevando adelante el matrimonio. Yo sabía que Dios me decía que siguiera casada, pero me sentía como atrapada.

«Entonces, un domingo, mi pastor le hizo a la congregación una pregunta que cambió mi vida: "¿Cuántos de ustedes están dispuesto a asumir el compromiso de seguir al Señor con todo su corazón, alma y mente?" Yo estaba entre los que se pusieron de pie en respuesta a su pregunta. Cuando hice ese compromiso, realmente lo hice de todo corazón. Como resultado, decidí dejar de buscar la forma de acabar con mi matrimonio. Pensaba: ¿Cómo puedo amar a Dios con todo mi corazón, alma y mente y luego divorciarme de mi marido cuando él quiere seguir casado a pesar de todo? Mas adelante en esa semana realmente me sentí muy herida emocionalmente, así que enterré la cabeza en la almohada y clamé a Dios por ayuda. En esos momentos me pareció haber apoyado la cabeza en el regazo de Dios mientras él me reconfortaba. Un par de días después, al leer la Biblia me encontré con estas palabras: "¡Hiciste bien, siervo bueno y fiel!", en Mateo 25:21.

«Esas palabras y la experiencia de descansar sobre el regazo de Jesús cambió mi pensamiento, llevándolo de la perspectiva terrenal a una perspectiva eterna. Sabía que sería necio colocar toda mi esperanza en el mundo desechable, perecedero, en el que vivimos. Seguramente es posible que tenga problemas y sufra en un matrimonio difícil. Pero en términos de la vida eterna, mi travesía aquí en la tierra es corta, y deseo más que nada oír de parte del Señor las palabras "¡Hiciste bien!"

»A partir de ese momento, comencé a concentrarme en aquellas cosas en las que precisaba cambiar, y lo hice con la decisión de leer libros sobre el matrimonio, asistir a clases sobre reconciliación dentro del matrimonio, y participar del discipulado uno a uno para aprender a ser una mejor esposa. No digo que si supiera con certeza que mi marido me es infiel o que está involucrado en drogas no le pediría que abandonara el hogar. Pero por alguna razón Dios nunca me ha permitido saberlo con seguridad, y no estoy dispuesta a dar por finalizado mi matrimonio en base a una suposición. Deseo que Dios arregle por completo mi matrimonio, pero tengo la impresión de que por ahora Dios todavía me está arreglando a mí».

Desde que estamos en el ministerio, yo (Michelle) he hablado con incontables mujeres que han logrado cambiar la atmósfera de sus hogares y de sus matrimonios simplemente por adoptar esta perspectiva eterna de la manera en que lo hizo Tamara. En muchos casos, aun he sido testigo de matrimonios que han sido sanados y maridos que se han convertido en cristianos y en líderes piadosos de su hogar. Por supuesto, también he conocido mujeres cuyos maridos no solo se rehusaron a cambiar, sino que optaron por el divorcio y se fueron. Aun así, las mujeres que permanecieron centradas en Dios y trabajaron en solucionar sus propios problemas han alcanzado una sorprendente paz en medio de una situación de divorcio no deseado. Denise constituye un ejemplo de eso, pues encontró la paz en medio de un matrimonio tormentoso.

Denise quedó devastada cuando descubrió que su marido tenía una aventura amorosa. Aunque Martín era controlador y emocionalmente inmaduro durante los años previos al inicio de su aventura, Denise creía que él se sentía fuertemente comprometido con ella y su matrimonio; eso fue hasta que descubrió que había otra mujer. «Quedé absolutamente paralizada luego de descubrir acerca de su aventura. Viví como en medio de una niebla durante meses. Lo único que había en mi mente al principio era encontrar la forma de lograr que Martín siguiera adelante con nuestro matrimonio y no eligiera estar con la otra mujer. Yo no me doy por vencida fácilmente y siempre he creído que nuestro matrimonio mejoraría con los años. Pero cuando me di cuenta de que Martín se podría ir, eso me llevó a orar pidiéndole ayuda a Dios.

»Sé que él escuchó mis oraciones porque muy pronto después una vecina me invitó a unirme a un pequeño grupo de mujeres que comenzaba a reunirse en su casa. Sucedió que el material que ella había escogido usar se enfocaba en cómo ser una esposa y madre piadosa, aun en medio de circunstancias estresantes. Nunca había estudiado la Biblia antes y cuando leí Proverbios 14:1: "La mujer sabia edifica su casa; la necia, con sus manos la destruye", me determiné a ser sabia y mantener a mi familia junta, aunque sabía que el adulterio constituía una razón bíblica para el divorcio. Mi marido, tiempo después, abandonó su aventura, pero realmente nunca se arrepintió. Aun así, yo continuo esforzándome por ser una esposa piadosa y sigo concurriendo al grupo de mujeres.

»Desearía poder decir que mi marido se ha acercado al Señor como resultado de mi decisión de seguir a Cristo y mantenerme comprometida con nuestro matrimonio, pero su comportamiento inmaduro nunca ha cambiado. Aun cuando el veneno que él vomita cuando se presenta un desacuerdo todavía me duele profundamente, sinceramente siento más tristeza por él que por mí, porque sé que necesita a Dios. Recientemente Martín me dijo que quiere el divorcio. Yo sospechaba que esto iba a suceder porque últimamente cuando intentaba besarlo, sus labios estaban fríos y no me respondía. Pero aunque nuestro matrimonio ha estado en crisis durante los últimos diez años, no cambiaría la relación que he alcanzado con el Señor como resultado de ella por nada en el mundo. Mi sufrimiento me llevó a Dios y si mi marido incrédulo quiere irse, no voy a intentar detenerlo esta vez. Sí, estoy triste debido a que Martín no desea trabajar esforzadamente por lograr un buen matrimonio, pero estoy en paz. El matrimonio no es para mentecatos, y Dios me enseñó a florecer dentro de un matrimonio difícil, así que estoy segura de que él puede enseñarme a tener gozo en lo que haya por delante».

DIOS USA EL SUFRIMIENTO PARA PRODUCIR CAMBIOS

Yo (Joe) todo el tiempo me encuentro con hombres que me dicen que los sufrimientos que experimentaron en sus matrimonios fueron el llamado a despertar que los llevó a realizar cambios que debieran haber hecho años antes. La Biblia está llena de ejemplos en los que Dios utilizó el dolor y el sufrimiento para lograr que la gente notara su necesidad de él y efectuara cambios duraderos en sus vidas. Incluyo aquí una historia que escuché hace años y que muestra un gran paralelo con las medidas que Dios utiliza a veces para llamar nuestra atención: El conductor de una diligencia transportaba a una mujer joven y su pequeña hija sobre suelo nevado. Cuando el conductor miró hacia atrás para ver cómo iban sus pasajeras, notó que la mujer se había quitado el grueso abrigo invernal y lo había colocado sobre su hija para mantenerla con calor. Ambas se durmieron y él se dio cuenta de que pronto morirían congeladas si no hacía algo. Detuvo la diligencia y saltó fuera. Sacando a la niña de entre los brazos de su madre, arrojó a la mujer a la nieve. Con horror, la mujer vio que la diligencia partía con el conductor sosteniendo a su hija en brazos. Gimiendo y gritando lo más fuerte que podía, comenzó a correr detrás de la diligencia moviendo sus brazos y rogándole al conductor que se detuviera.

Pocos momentos después el conductor se detuvo y esperó a que ella los alcanzara. Ella estaba sin aliento y húmeda de transpiración y a causa de las lágrimas. Cuando él le entregó la niña a su madre y puso sus brazos alrededor de las dos, la mujer le dijo sollozando: «¿Por qué me hizo una cosa tan cruel y dolorosa?»

Él le respondió: «Porque me di cuenta de que estaba a punto de morir. Huir con su hija era lo único que me pareció lo bastante grave como para despertarla, de modo que hiciera lo necesario para salvarlas a ambas».

Las maneras que tiene Dios de llamar nuestra atención a veces son muy parecidas a la del conductor de la diligencia. Es posible que puedas remontarte a muchas situaciones en tu vida que te parecieron dolorosas en ese momento; pero Dios usó esas circunstancias como un llamado de atención para que te acercaras a él. En broma les recuerdo a los muchachos de mi grupo de los martes por la noche que el matrimonio consiste de una ceremonia de tres anillos: Primero viene el anillo de compromiso, luego el anillo de bodas y luego el anillo «del sufrimiento» [juego de palabras en inglés con el término suffering al que si se lo separa queda suffer-ring, o sea anillo de sufrimiento]. Aunque ellos se ríen cuando lo digo, todos sabemos que es verdad. El matrimonio es difícil y Dios espera que los maridos y las esposas sufran (a la manera de él) el uno por el otro. Cuando nos quejemos y nos concentramos en lo que está mal con el otro, acabamos sufriendo a causa de nuestro propio pensamiento egocéntrico. Pero esa clase de sufrimiento no es la voluntad de Dios: «Que ninguno tenga que sufrir por asesino, ladrón o delincuente, ni siquiera por entrometido… Así pues, los que sufren según la voluntad de Dios, entréguense a su fiel Creador y sigan practicando el bien» (1 Pedro 4:15, 19).

Michelle y yo podemos mirar hacia atrás ahora y ver lo que Dios estuvo haciendo durante nuestra penosa crisis matrimonial. El saber que el sufrimiento que experimentamos en ese entonces no fue en vano constituye una bendición extra y nos permite ahora ayudar a otros a encontrar esperanza. Dios promete en su Palabra que si sufrimos por hacer lo que es correcto, él nos restaura luego de los tiempos dolorosos: «Y después de que ustedes hayan sufrido un poco de tiempo, Dios mismo, el Dios de toda gracia que los llamó a su gloria eterna en Cristo, los restaurará y los hará fuertes, firmes y estables» (1 Pedro 5:10).

EL CAMBIO REQUIERE DE AUTODISCIPLINA

Varios meses antes de que nos reconciliáramos, yo (Michelle) escuché a un consejero cristiano hacer un análisis por la radio de los matrimonios complicados. Él dijo: «Puedo garantizar esperanza y grandes cambios en cualquier matrimonio si simplemente contamos con que uno de los cónyuges muestre disposición; aquel de los dos que muestre la mayor autodisciplina». También dijo que no era realista pensar que ambos cónyuges tendrían el mismo nivel de disposición o autodisciplina como para implementar cambios positivos si es que había problemas matrimoniales severos o si estaban separados.

Hasta ese momento nunca se me había ocurrido que no era necesario que marido y mujer trabajaran juntos como pareja para salvar el matrimonio, de modo que se produjeran cambios significativos en el hogar. Aunque yo había comenzado a confiar en Dios y descansar en los brazos de Jesús, todavía reaccionaba negativamente a casi todo lo que Joe decía o hacía. Estábamos en medio de una guerra de voluntades dentro de la crisis matrimonial, y si Joe decía algo que me parecía injusto, controlador, manipulador o sarcástico, reaccionaba con palabras destinadas a recuperar una posición fuerte en esa batalla. Luego de cada discusión hacía un recuento de las heridas emocionales recibidas como resultado de nuestra escaramuza y me preparaba para la próxima ronda. Mi preparación para futuras peleas consistía en concentrarme en todas las veces en las que Joe se había mostrado injusto y esperar que se disculpara. Después de todo, pensaba, ¿cómo podemos mejorar nuestro matrimonio si él no está dispuesto a ser el líder espiritual y cambiar primero? Decididamente yo no practicaba el dominio propio ni la autodisciplina y continuaba creyendo que mientas Joe no estuviera dispuesto a asumir su responsabilidad por la parte que le tocaba de los problemas de nuestro matrimonio, las cosas permanecerían así, sin esperanzas. Es decir, hasta que escuché al consejero del programa de radio esa noche. De pronto sentí esperanzas. Me di cuenta de que en realidad podía cambiar las cosas negativas de mi vida aun si Joe no estaba dispuesto a hacer su parte.

No digo que me arrepentí de mi corazón endurecido contra Joe en ese momento, porque no lo hice. De hecho, pasaron varios meses antes de que mi corazón se ablandara con respecto a él. Lo que sucedió, sin embargo, fue un cambio paradigmático de pensamiento. Mi enfoque cambió: de centrarme en los errores de Joe pasé a ocuparme de cambiar los míos propios. Ese fue un importante punto de inflexión y un ingrediente necesario para que se produjeran los cambios duraderos que habían faltado a través de toda mi vida, aun después de haberme vuelto cristiana.

Por supuesto, entenderlo en mi mente y actuar verdaderamente en base a ese conocimiento eran dos cosas totalmente diferentes. Al principio ni siquiera estaba segura de lo que necesitara cambiar. Pero al orar y pedirle a Dios que revelara en qué esferas precisaba trabajar, él se mostró más que feliz de revelármelas. Algunas de las esferas que requirieron cambios fueron: tener paciencia con los hijos de los demás, trabajar en el cumplimiento total de cada proyecto, cuidar mejor de mi cuerpo, responder con amabilidad a los empleados de los negocios que eran groseros o incompetentes, ser cortés con los conductores en la vía pública, y un montón de cosas más. Al esforzarme por ser más auto disciplinada y reaccionar menos, noté que mi corazón se ablandaba con los demás, incluyendo con Joe.

Como lo dije anteriormente, Michelle era mi «pequeño dios» cuando nos casamos me gustaba que ella se centrara en complacerme. Pero como sucede con todos los falsos dioses, en algún momento te fallan y te dejan sin esperanzas. La «Oración de serenidad», con la que mucha gente en los ministerios de recuperación está familiarizada, explica la importancia de aceptar las cosas de la vida que uno no puede cambiar,

cambiar las cosas que uno sí puede cambiar, y tener sabiduría para poder diferenciarlas. La mayor parte de las personas que se acercan a hablarnos cuando pasan una crisis matrimonial y tienen un cónyuge que no está dispuesto a hacer su parte se sienten desesperanzadas porque aún no han captado este concepto.

Consideremos este ejemplo: Imagina que alquilas una casa amoblada de tres dormitorios y dos baños en un vecindario bastante bueno, pero que tiene muchos problemas: los grifos gotean; el depósito del inodoro deja correr el agua permanentemente; la refrigeradora mantiene la comida fría solo en el estante de más arriba; el jardín es un desastre; la cerca necesita pintura; las paredes interiores tienen un empapelado viejo; las alfombras y los pisos se ven manchados; las cortinas están gastadas, y el sofá sucio.

Pero la renta es de solo $250 al mes.

El trato que hiciste con el dueño era que alquilarías la casa «tal como estaba». Cuando te mudaste pensabas que podrías vivir con ese entorno desolador, pero con el correr de los meses te has ido dando cuenta de que esa atmósfera te está deprimiendo. Probablemente pienses: Bien, habiendo conseguido un precio realmente bueno en cuanto al alquiler, y dado que el vecindario es decente, ¡simplemente podría contratar gente que realizara el trabajo que hace falta, o hacerlo yo mismo para dejar este lugar en condiciones!

Pero aquí está la trampa: El dueño te ha dicho que él solo arreglará lo que le pida la ley, y que tú no podrás realizar cambios en las paredes, ni en la cerca, los pisos o los aparatos. Ni podrás quitar ninguno de los muebles sucios.

Quizá debido a esos problemas en la propiedad que has alquilado, pienses: Bueno, olvidémonos del asunto. Entonces me mudaré.

Mudarte en realidad puede ser una opción, pero alquilar una casa de tres dormitorios y dos baños en ese mismo vecindario te implicaría alrededor de $1.300. Y si te mudaras, ya no tendrías dinero sobrante para hacer otras cosas, y probablemente necesitaras conseguir un segundo empleo.

¿Te sentirías desesperanzado? ¿O cambiarías las cosas que puedes cambiar para poder estar conforme con el lugar en el que estás? El apóstol Pablo dijo: «He aprendido a estar satisfecho en cualquier situación en que me encuentre» (Filipenses 4:11).

La verdad es que, si tú vivieras en una casa que necesitara arreglos y el dueño rehusara hacer su parte, todavía podrías:

- plantar una buena cantidad de matas y flores afuera para disimular la cerca deteriorada;
- comprar cubiertas para los muebles deteriorados, y también otros objetos decorativos;
- colgar algunos adornos llamativos sobre las partes de la pintura de la pared que estén dañadas;
- correr hacia un costado las cortinas y colocar persianas para permitir el paso del sol;
- colocar una cantidad de palmeras y plantas de interior para agregar belleza;
- colocar lindas alfombras pequeñas sobre la alfombra permanente y sobre el resto de los pisos.

Al hacer estas cosas, le darías un mejor aspecto a ese entorno desolador y podrías crear una atmósfera agradable. ¿Esos cambios requerirían alguna inversión? Por supuesto. Los cambios requieren de nosotros que sepamos entregarnos a ellos, y en este caso, el arreglar una casa alquilada probablemente llevará un poco de tiempo y dinero, pero bien lo valdrá. Desde ya que si esa casa se convirtiera en un lugar peligroso para vivir (si se comenzara a caer el cielorraso, o filtrara el techo, o el fuego implicara un peligro) el dueño tendría que estar dispuesto a realizar arreglos, o sería obligado a ello por la ley. O te podrías mudar.

Del mismo modo, si tu matrimonio necesita arreglos y tú tienes un cónyuge que no está dispuesto a hacerlos, tendrás que asumir la responsabilidad de cambiar las cosas que puedas de ese matrimonio y dejar pasar el resto. Los cambios que posiblemente puedas realizar incluyen:

- asistir a estudios bíblicos con personas del mismo género para conocer otros cristianos y crecer en tu conocimiento del Señor;
- buscar amistades entre personas del mismo género que tengan los mismos intereses para poder disfrutar de ciertas actividades cuando tu cónyuge no está disponible; (ten cuidado de no pasar demasiado tiempo fuera de casa, sin embargo; recuerda que el equilibrio resulta siempre importante);
- tomar clases para desarrollar mejores habilidades comunicativas;
- inscribirte en alguna clase sobre algo en lo que estés interesado, de manera que desarrolles los talentos naturales que Dios te ha dado;
- hacer ejercicios y comer correctamente para que puedas sentirte mejor y ser más atractivo para tu cónyuge;
- hablar cosas positivas sobre tu cónyuge y tu familia, de manera que desarrolles una actitud mental más sana hacia los demás.

El realizar este tipo de cambios no necesariamente implicará un costo monetario, pero requerirá otro tipo de inversión de tu parte. Sin embargo, ¿no vale la pena? Al tomar estas medidas, te será posible crecer espiritual, mental y físicamente y aprenderás a disfrutar la vida independientemente de lo que haga tu cónyuge. Un cónyuge que disfruta de la vida resulta mucho más atractivo que aquel que se muestra malhumorado o patético porque todo le parece sin esperanzas. Por supuesto, al igual que en la situación imaginaria del propietario de la casa de que hablamos, si tu matrimonio se vuelve peligroso, tu cónyuge tendrá que ocuparse de solucionar esas conductas, sea por propia voluntad o por obligación; y si no, tienes la alternativa de mudarte.

ASUMIR LA RESPONSABILIDAD DE SUS PROPIAS NECESIDADES PUEDE PRODUCIR ALEGRÍA A LA VEZ QUE QUITA LA PRESIÓN SOBRE OTROS

Muchas parejas cuyo matrimonio está en crisis parecen perder el sentido de ellos mismos como individuos. (Esto fue así en el caso de nosotros, Michelle y yo.) El estrés que producen los problemas matrimoniales y las demandas urgentes de cada día con frecuencia reemplazan el simple disfrute de la vida. Nos referimos a esto como la «necesidad de nutrirse». La gente que no cuida de sí tiende a volverse egocéntrica porque le sucede una de estas dos cosas: o centra expectativas poco realistas en otros en cuanto a satisfacer sus necesidades (pensamiento egocéntrico), o anda por allí diciendo que están demasiado ocupados como para cuidarse a ellos mismos porque los demás los necesitan (lo que también constituye una forma de pensamiento egocéntrico).

Si nunca te has dedicado un tiempo a solas para disfrutar regularmente del mundo que Dios ha creado para ti, o si piensas que el matrimonio implica que no debes o no puedes dedicar tiempo a estar en soledad, has aceptado una mentira del enemigo. Dios espera que disfrutemos de la vida que él nos ha dado. Ten cuidado de usar la excusa de que no tienes suficiente tiempo como para ocuparte de ti mismo porque esa es otra mentira. Dios nos ha dado a todos la misma cantidad de tiempo cada día. Si no asumes la responsabilidad de satisfacer tus propias necesidades y mantenerte descansado y feliz, no sabrás satisfacer las necesidades de otros según Dios lo ha planeado.

Debes notar que Pablo no nos dice que no nos ocupemos de nosotros mismos cuando instruye a los cristianos a ocuparse de los demás: «Cada uno debe velar no solo por sus propios intereses sino también por los intereses de los demás. La actitud de ustedes debe ser como la de Cristo Jesús» (Filipenses 2:4–5).

La atención de uno mismo no implica una actitud egocéntrica

A través de todo el Nuevo Testamento, vemos a Jesús cuidando de sí mismo en varias ocasiones, aun antes de darse a otros. Pasaba horas orando a solas, dejaba multitudes para irse a otra región, comía y descansaba a menudo durante sus tres años de ministerio en la tierra. A causa del tiempo que pasaba a solas con Dios y de la atención que le prestaba a su cuerpo (el templo), podía satisfacer más eficazmente las necesidades de otros.

Yo (Michelle) asistí a clases en nuestra universidad local en 1988 mientras Joe y yo estuvimos separados. Una de mis primeras asignaturas fue hacer una lista de las actividades que podía llevar a cabo sola que no fueran ilegales ni costosas. También añadí «que no sean inmorales» como criterio a tener en cuenta. Esa lista se convirtió en uno de mis ejercicios de autodisciplina durante nuestra separación, y luego de que nos reconciliamos, Joe y yo la denominamos «la lista del cuidado de uno mismo». Ahora cada uno de nosotros tiene su propia lista y todavía implementamos ciertas actividades semanalmente para poder mantenernos atendidos en lo personal. También utilizamos esas listas como una herramienta para ayudar a la gente que se halla en una crisis matrimonial. Resulta sorprendente la frecuencia con la que muchos individuos nos dicen que el atenderse a ellos mismos cambió su actitud y produjo alegría y contentamiento nuevamente en sus vidas. Algunos hasta consideran la implementación de las actividades de cuidado personal como el punto de inflexión en su crisis matrimonial.

Hacer una lista de cuidado personal

Configura una lista de entre diez y veinte actividades que te guste realizar solo que no sean inmorales, ilegales, ni caras. Luego, comenzando desde hoy, implementa por lo menos una de esas actividades en tu vida diaria. Toda esta idea de comprometernos en actividades individuales es que ellas nos proporcionan la oportunidad de relajarnos completamente sin tener que adecuarnos a las necesidades de nadie más. Una vez que comiences a practicar el cuidado propio regularmente, si tu cónyuge está de acuerdo, comparen sus listas y realicen algunas de las actividades juntos. Por ejemplo, Joe y yo tenemos las ventas de objetos usados y el andar en bicicleta en nuestras listas, pues disfrutamos de hacer esas cosas juntos. Algunos ejemplos son:

1. Leer
2. Caminar
3. Andar en bicicleta
4. Pescar
5. Ir al cine
6. Practicar deportes o asistir a espectáculos deportivos no muy costosos
7. Ver vidrieras
8. Hacer en casa venta de artículos de segunda mano
9. Escuchar música o ejecutarla
10. Ir a tomar un café o un helado
11. ___________________________
12. ___________________________
13. ___________________________
14. ___________________________
15. ___________________________
16. ___________________________
17. ___________________________
18. ___________________________
19. ___________________________
20. ___________________________

Estos son otros pasos que puedes dar sin la participación de tu cónyuge:

1. Admitir que tu matrimonio necesita recibir ayuda. Muchas personas que se encuentran en matrimonios con problemas niegan, o temen admitir, que sus matrimonios necesitan recibir ayuda, aun delante de sus cónyuges. Hace poco yo (Michelle) actué como facilitadora de un grupo de mujeres de nuestra comunidad cuyas integrantes deseaban fortalecer

su matrimonio. Cada mujer se presentó, y muchas de ellas expresaron tener un excelente matrimonio y señalaron que estaban allí con el propósito de hacerlo aun mejor. Solo un pequeño grupo admitió haber venido a causa de sus problemas matrimoniales. Con el paso de las semanas, sin embargo, a medida que se fue estableciendo una relación de confianza entre las mujeres, resultó que más de la mitad sufría en silencio una situación de crisis matrimonial de la que no quería hablar con nadie. Esto no resulta tan sorprendente como el hecho de que en algunos casos ni siquiera su propio cónyuge lo sabía.

¿Tienen tú y tu cónyuge la misma idea en lo que hace a la salud de su matrimonio? Tal vez tú pienses que tu cónyuge se rehúsa a realizar cambios, cuando en realidad él o ella ni siquiera piensa que el matrimonio esté en crisis. Hemos oído a muchas personas decir que aun cuando sus cónyuges vociferaban y desvariaban en medio de una discusión y aun amenazaban con irse, no habían rotulado al suyo como un «matrimonio en crisis». Lamentablemente, como muchos individuos crecen en hogares en los que el modelo es un matrimonio enfermo (o ni siquiera hay un modelo de nada), piensan que discutir diariamente y el que haya falta de intimidad resultan cosas normales y aceptables. A continuación incluimos algunas descripciones de las diferentes etapas en las que pueden encontrarse los matrimonios. Sin la participación de tu cónyuge, toma otra hoja de papel y anota el número de las afirmaciones que describan más cabalmente a tu matrimonio.

1. Tenemos discusiones, pero amo a mi cónyuge. No he perdido las esperanzas y me siento comprometido con el matrimonio.

2. Las peleas quedan sin solucionar y me siento frustrado por nuestra incapacidad de analizar las cuestiones importantes.

3. Falta intimidad sexual en nuestro matrimonio.

4. Secretamente entretengo pensamientos de separación o divorcio, e imagino cómo sería la vida si estuviera casado con otra persona o no casado.

5. En medio de las discusiones, uno de nosotros (o los dos) amenaza con la separación y el divorcio.

6. Me siento desesperanzado y exhausto en el intento por mantener nuestro matrimonio unido, y veo que mi cónyuge no trata de ayudar.

7. Hay conductas abusivas y violentas en nuestro hogar.

8. Las cosas se ven muy desesperanzadoras porque estamos separados y el divorcio constituye una posibilidad fuerte (o ya pende sobre nosotros).

Luego de haber registrado los puntos que consideras que corresponden, ora y pídele a tu cónyuge que haga lo mismo. Si los dos han coincidido solo en el primer punto, pueden considerar que su matrimonio no está en crisis, pero no se acomoden tanto que descuiden el continuar haciendo su parte para mantenerlo saludable.

Todas las otras afirmaciones son las que generalmente escuchamos cuando las parejas están en crisis o ya se han separado. Si alguno de los dos ha puesto en su lista alguna de las otras opciones, su matrimonio necesita recibir ayuda.

Si tu cónyuge se enoja (recuerda usar las herramientas que aparecen en los capítulos previos cuando traten «temas candentes» y establezcan límites) y se rehúsa a completar este ejercicio, déjalo ahí y acepta que tu matrimonio está en crisis y cuentas con un cónyuge que no tiene disposición a aceptarlo.

2. Abandona la actitud de víctima. Todos sufrimos en este mundo. En Juan 16:33 Jesús dijo que enfrentaríamos aflicciones. El hecho de que algunas personas puedan pasar a través de las pruebas y usar sus aflicciones para ayudar a los demás, y otras en cambio caigan en la desesperación depende de la manera en que cada uno procese su propio sufrimiento. Una de las formas en las que el enemigo propaga la desesperación

es tentar a la gente a detenerse en pensamientos destinados a hacerlos sentirse víctimas. Eso es lo que le sucedió a Rose.

«Cuando mi marido se mudó, hace caso cuatro años, eso constituyó para mí un verdadero golpe. Habíamos asistido a consejería debido a algunos problemas con los que yo luchaba a causa de abusos en tiempos de mi niñez. Scott se mostraba muy comprometido a estar junto a mí mientras trabajábamos los problemas, y sinceramente creía que nunca iba a dejarme. Asistíamos juntos a la iglesia y él aún participó del liderazgo. Cuando se fue, lo hizo de un modo que puso de cabeza mi mundo. Durante semanas había planeado irse, y secretamente había ido sacando dinero de nuestras cuentas bancarias. No tenía idea del plan de Scott. El dolor por su abandono y la forma en que lo hizo, crearon un terreno perfecto para el enemigo. Todo lo que yo podía pensar era que me había vuelto a convertir en una víctima de alguien al que amaba y en el que confiaba. Al mirar en retrospectiva, puedo descubrir que en realidad me convertí en víctima de mi propio pensamiento negativo.

»Finalmente, cuando el sufrimiento se volvió tan grande que no creía que pudiera sobrellevarlo más, Dios me reveló la verdad a través de un predicador que vino a nuestra iglesia. Ese pastor visitante habló acerca de «considerarnos víctimas», y a través de su mensaje yo me di cuenta de que mis pensamientos no se enfocaban en Dios sino que se concentraban en lo que otros me habían hecho. En tanto que no podía cambiar el abuso infantil por el que había pasado, o lo que mi marido había hecho, el mensaje y las escrituras que el pastor nos transmitió ese fin de semana me ayudaron a comprender que había cedido ante las estratagemas que Satanás había urdido para quitarme el gozo como hija de Dios. Ese fin de semana, utilizando lo aprendido del pastor, comencé a realizar cambios. Decidí pensar sobre las cosas que eran verdaderas, respetables, justas, puras, amables y dignas de admiración, basándome en Filipenses 4:8. No me resultó fácil al comienzo, pero con el paso del tiempo, el albergar pensamientos positivos fundados en Dios y su Palabra reemplazaron mis hábitos de pensar negativamente. Aun mis amigos y mi familia tomaron nota de la diferencia en mi semblante. Todavía tengo el corazón partido a causa de mi situación matrimonial, pero eso no significa que no pueda experimentar el gozo del Señor mientas espero por lo que Dios tiene guardado para mí en el futuro. ¡Y uso mi pasado para ayudar a otros!»

3. Volvernos pro activos. Los ejercicios que siguen han sido diseñados para practicar una conducta pro activa. Debido a que debemos decidir de antemano tener paciencia en lugar de permitir que esas situaciones de estrés nos tomen desprevenidos, estos ejercicios constituyen una excelente manera de aprender la paciencia y practicar el dominio propio:

- Cada tanto, ve a algún negocio o restaurante en el que normalmente la atención es brusca o incompetente. Decide de antemano que permanecerás calmo, serás cortés y mostrarás una actitud cristiana en la interacción con esas personas. Si es posible, dirígete a ellas por su nombre y trata de hacerles un elogio sincero cuando te vayas.

- Procura al menos en una ocasión cada semana colocarte en la fila más larga del almacén, del banco o del tránsito. En lugar de quejarte y murmurar, determínate a orar silenciosamente por la gente que ves mientras esperas. (Es probable que nunca llegues a conocer los sufrimientos y dolores por los que atraviesan las personas por las que estás orando.)

- Llama por teléfono o visita a un pariente o amigo de la familia con el que te resulta difícil compartir el rato, quizá alguien que tiene una actitud pesimista sobre la vida o al que le gusta hablar todo el tiempo. Dedícate a escuchar y a interesarte genuinamente por lo que tiene que decir (es más fácil de lo que piensas cuando te dejas guiar por el Espíritu). Cuando cortes o te vayas, practica el dominio propio no quejándote con respecto a esa visita delante de otros.

- Es posible que esto te cause gracia, pero realmente es algo que hemos usado para practicar el dominio propio y la paciencia: Si tu familia mira televisión, túrnense semanalmente para permitir que otros en el hogar tengan el manejo total del control remoto. Quédate sentado en silencio mientras otro navega a través de los canales y determínate de antemano no quejarte cuando escuches solo la mitad de una frase o pierdas el final de una película.

- Ofrécete como voluntario para servir en una tarea en la que normalmente no trabajas en tu iglesia o comunidad, como por ejemplo proveer comida a los sin techo, dar la bienvenida a los que vienen a la iglesia, enseñar en una clase, visitar un hogar de ancianos o gente hospitalizada, enviar tarjetas a los que pasan por situaciones difíciles, y cosas por el estilo.

- Determínate a no hacer sonar la bocina de tu automóvil a menos que sea para evitar un accidente, lo que, por supuesto, es el propósito para el que ha sido colocada. No es tan difícil como piensas y constituye una excelente manera de practicar el dominio propio y el control espiritual. El orar por los conductores que cometen errores es mejor que dar bocinazos y amenazar con el puño (en especial si tienes en tu automóvil algún cartel con leyendas cristianas o el nombre de tu iglesia).

4. Obedece a Dios. La obediencia a Dios es un arma que Satanás aborrece porque forma nuestro carácter cristiano y nos da la capacidad de testificar a otros. Lisa constituye un ejemplo de lo que es alguien que ha podido mantener un espíritu dulce y testificar a otros aun en medio de un matrimonio en crisis durante años. «Una vez que tuve claridad en cuanto a que era la única dispuesta a trabajar a favor de nuestro matrimonio, me enfrenté con la opción de pensar negativamente y endurecer mi corazón, o pensar en el Señor y pedir la gracia de Dios y un corazón blando. Yo lo llamo "el diálogo conmigo

misma". Me apena que mi marido no elija trabajar en favor de nuestro matrimonio, pero no estoy amargada. Simplemente he descubierto que cuando hago lo correcto y elijo pensar en lo bueno para evitar que anide en mi la amargura, soy por ello una mejor persona, y eso también alcanza a mi marido».

Si sientes que en tu matrimonio todo cae sobre un lado y eres el único que intenta salvarlo, queremos alentarte a que te animes y perseveres. Elabora la lista de cuidados de ti mismo y haz todo lo posible para convertirte en una mejor persona en medio de tu crisis. Independientemente de lo que tu cónyuge elija hacer, un día te tendrás que parar solo delante de Dios y rendir cuentas acerca del modo en que usaste el don de la vida que él te dio. Debes mantener la perspectiva eterna y crecer en tu caminar con él.

PREGUNTAS PARA EL ANÁLISIS CON EL GRUPO O CON EL COMPAÑERO DE APOYO

1. *Analiza el modo en el que Dios ha usado alguna circunstancia pasada o alguna presente para producir esperanza en tu vida.*
2. *¿Por qué es importante la autodisciplina en el matrimonio?*
3. *Analiza tu lista de cuidados personales.*
4. *¿Qué cosas pueden hacer los individuos para mejorar su matrimonio cuando tienen un cónyuge que no está dispuesto a trabajar en él?*
5. *Busca y analiza 2 Pedro 1:4-7.*
6. *Señala cualquier cosa por la que estés agradecido en tu vida.*
7. *Presenta un pedido de oración.*

10

Escuchen el consejo adecuado

Por lo tanto, hermanos, tomando en cuenta la misericordia de Dios, les ruego que cada uno de ustedes, en adoración espiritual, ofrezca su cuerpo como sacrificio vivo, santo y agradable a Dios.

—Romanos 12:1

Cuando Joe y yo nos separamos por segunda vez, antes de renovar nuestros votos, yo me había hecho amiga de una mujer de la iglesia que parecía conocer mucho de la Biblia. Un día se dio una conversación sobre el divorcio y el nuevo matrimonio. Ella me dijo que Dios reconocía solo el primer matrimonio y que yo debería reconciliarme con mi primer marido.

—¿Quieres decir que debería divorciarme de Joe? —le pregunté.

—Sí, porque para empezar nunca deberías haberte casado con él, —me respondió.

Yo apenas había comenzado a asistir a la iglesia, y dado que ella había sido creyente durante mucho tiempo, acepté lo que me dijo. Sin embargo, un par de días después, mientras analizaba este consejo con un pastor, él me explicó que Dios quería que permaneciera en el matrimonio en el que estaba ahora (ver 1 Corintios 7:20 y versículos aledaños). El pastor también me alertó con respecto a los peligros de recibir consejo de una sola fuente, aun si esa persona era cristiana.

Es verdad que Dios mira favorablemente el hecho de que sus hijos descansen en el consejo de más de una persona: «Sin dirección, la nación fracasa; el éxito depende de los muchos consejeros» (Proverbios 11:14). Pero Dios también desea un equilibrio (ver Proverbios 11:1), y el tener demasiados consejeros puede resultar igualmente dañino. Eso es lo que sucedió en el caso de Sam.

Sam trabajaba en una organización cristiana y estaba muy comprometido con su iglesia. Era un tipo muy sociable y tenía muchos amigos. Cuando su esposa comenzó a tener una aventura y le exigió que se fuera de la casa para que ella pudiera traer al otro hombre a vivir allí, todos sus amigos se reunieron en torno a él, dándole consejos piadosos y apoyo. El problema era que todos le daban consejos distintos. Sam se sentía muy frustrado y confundido en el momento en el que llamó a nuestro ministerio. «Algunos me dicen que ame a mi mujer incondicionalmente y que me quede en casa; otros me aconsejan establecer límites y hacer que sea *ella* la que se vaya. Un hombre me dijo que de ninguna manera le debería quitar los niños si es que nos separamos y, sin embargo, otros me dicen que no sujete a los niños a su estilo de vida adúltero, y que debería pelear por su custodia».

Sam contaba con demasiados consejeros y estaba atascado en medio de tantos consejos. Yo (Joe) le sugerí que achicara el círculo de sus consejeros a no más de cinco personas , y le ayudé a armar un sistema de soporte que resultara manejable. La esposa de Sam se fue y dejó a los dos niños al cuidado de él. A pesar de que ha atravesado momentos muy difíciles, Sam le atribuye a su reducido sistema de apoyo el haber podido mantenerse firme y calmo durante la crisis. Él también cree que si hubiera seguido escuchando a las masas se hubiera dado por vencido en medio de la desesperación. «Estaba confundido porque los consejos de todos me parecían buenos y la mayoría de ellos aparentaban ser piadosos, pero no había forma de implementar todo junto, aún si me lo hubiera propuesto».

A lo largo de los años hemos visto gente en ambos extremos del espectro: aquellos que se rehúsan a pedir consejo, y los otros, los que corren de aquí para allá pidiéndole consejo a cualquiera que quiera escucharlos. Nosotros fuimos culpables de este proceder también. Es importante ser equilibrados cuando buscamos consejo para poder tomar decisiones sabias en cuanto a nosotros y a nuestro matrimonio, en especial cuando estamos trabajando con la relación sin la colaboración de nuestro cónyuge.

Si alguna vez has pasado por una enfermedad grave, o aun por un simple resfrío, probablemente hayas notado que empiezan a emerger desde atrás de los árboles aquellos que «reparten consejos» bienintencionados. Dado que la mayoría de los remedios se contraponen con otros, aplicar todos juntos probablemente te mataría. Lo más sabio que puedes hacer es crear un círculo de consejeros, que consista de unos pocos profesionales de la salud y de aquellas personas que han experimentado la misma enfermedad, y luego aplicar lo que mejor funcione de acuerdo con tu enfermedad y situación en particular.

Del mismo modo, cuando tu matrimonio está «enfermo», si tratas de aplicar cada pequeño consejo (aun los consejos piadosos) probablemente mates el matrimonio. El error frecuente acerca de que tanto las parejas como los individuos en crisis deben escuchar todo consejo piadoso y aplicar aquello que reciben es una receta segura para la confusión en vez de la reconciliación. En lugar de eso, deben crear un círculo de consulta, como se hace cuando se trata una enfermedad. Siguiendo los principios de Dios, reúne unas pocas personas maduras y uno o dos expertos, agrega algunos que hayan experimentado tu misma situación y luego aplica el consejo que funcione mejor dentro de tu matrimonio.

Te hemos provisto varias herramientas a través del libro que te ayudarán a reconciliar tu matrimonio y a mantenerte con esperanzas, independientemente de lo que haga tu cónyuge. Además, de la misma manera en que evitas ciertas medicinas o actividades cuando estás enfermo, a veces lo que *no* haces durante tu crisis resulta tan importante como lo que haces. Incluimos a continuación algunos consejos que te ayudarán a sacar el mejor partido de tu círculo de consulta y evitarán que cometas algunos de los errores en los que nosotros y otros hemos caído.

1. Evita hablar de cualquier cosa que implique deshonrar a tu cónyuge. Ciertamente, en los ámbitos profesionales, tales como la consejería personal con un pastor o terapista, necesitarás ser totalmente sincero con respecto a tu matrimonio y a los problemas entre tú y tu cónyuge. De hecho, no hacerlo puede obstaculizar el que recibas la consejería que necesitas. Pero en todos los otros ámbitos, el hablar negativamente o el dar a conocer cosas personales de tu cónyuge puede dañar las posibilidades de reconciliación. Con frecuencia recibimos llamados de personas que han sido profundamente heridas porque su cónyuge traicionó su confianza. No deberías transmitirle información personal a nadie, a menos que *antes* tu cónyuge te autorice a hacerlo. Incluimos varias áreas en las que hay que ser especialmente cautos al transmitir información:

- Problemas sexuales
- Luchas personales acerca de las que tu cónyuge te ha hablado en confianza, o que solo los dos conocen (excepto en el caso de abuso u otras actividades ilegales, por supuesto)
- Traumas o abusos de la infancia que tu cónyuge no ha hecho públicos
- Pecados pasados que tu cónyuge haya confesado y de los que se haya arrepentido
- Temores y áreas vulnerables de tu cónyuge tales como: temor al rechazo, temor al fracaso, pensamientos secretos y cosas semejantes

- Cualquier cosa que tu cónyuge haya contado en detalle durante una sesión de consejería
- Comentarios negativos sobre algún otro (en especial algún miembro de la familia) que tu cónyuge te haya mencionado en privado

No hay nada más destructivo para tu cónyuge que el descubrir que has revelado algo que consideraba confidencial y a salvo entre ustedes dos. Hemos hablado con algunas personas cuyos cónyuges inventaron mentiras con la intención de destruir la reputación del otro en la iglesia o comunidad. Independientemente del género o del temperamento, cualquier persona que haya sido traicionada por la persona con la qué fue «unido sobrenaturalmente» alguna vez te dirá que esas heridas se hicieron muy profundas y le llevó un largo tiempo sanarlas.

Si eres culpable de haber transmitido a otros cosas con respecto a tu cónyuge que debieron haberse mantenido confidenciales, confiésaselo ahora al Señor y pídele que te dé el dominio propio como para cambiar en esa esfera y no volver a caer en la misma tentación otra vez. «El que perdona la ofensa cultiva el amor; el que insiste en la ofensa divide a los amigos» (Proverbios 17:9).

2. *Evita obligar a tu familia y amigos a tomar partido*. Esta fue una esfera en la que yo (Michelle) cometí grandes errores. Cada vez que Joe y yo nos separábamos, estaba segura de que nuestro matrimonio acabaría en divorcio. Después de todo, no era que yo no hubiera pasado ya por un divorcio y no pudiera reconocer una situación desesperada cuando me hallaba frente a una. Como ya lo había hecho en el pasado, consideraba que conseguir el apoyo de la familia y amigos era importante, y convencerlos de que se pusieran de mi lado me ayudaba a justificar que la reconciliación resultaba imposible. Solo por la gracia de Dios mantuve mis quejas con respecto a Joe solo sobre cosas fundadas en nuestra incapacidad para comunicarnos y en nuestras incesantes discusiones y no traté de buscar formas de destruir su reputación o difamarlo por

su carácter. Sin embargo, sí me quejé sobre lo infeliz que Joe me hacía, en un esfuerzo por convencer a otros de que el divorcio era la única opción. Por lo tanto, cuando nos reconciliamos por última vez, mi familia y aun algunos amigos eran escépticos y tenían una impresión negativa sobre Joe, a la que les costó sobreponerse. Les llevó varios años a algunos de los miembros de mi familia confiar en que la reconciliación con Joe había sido una decisión sabia.

Conocíamos muchas parejas que se habían reconciliado solo para tener que enfrentar el mismo problema otra vez. Algunos de ellos crearon círculos de consulta poco saludables diseñados para rechazar a sus cónyuges en lugar de llevarlos a la reconciliación. Otros aun citaban las palabras de profesionales y de expertos reconocidos en la orientación a matrimonios para convencer a su familia y amigos (y a aquellos que intentaban ayudar, como nosotros) de que no eran responsables de los problemas que había en su matrimonio. A través de los años, hemos escuchado comentarios como: «Aun mi consejero cristiano piensa que nuestra situación no tiene esperanza y que mi cónyuge nunca podrá establecer un contacto emocional». O: «El facilitador del grupo de nuestra iglesia está de acuerdo en que este tipo de adicciones nunca desaparece y que mi cónyuge siempre volverá a su adicción». O: «Un amigo cristiano dice que mi cónyuge encaja dentro del perfil del abusador y nunca cambiará; no sería segura una reconciliación».

Más de una vez hemos escuchado a los cónyuges arrepentidos que deseaban reconciliarse admitir que habían exagerado los detalles de su crisis matrimonial para poder lograr apoyo emocional y aliados. Lamentablemente, muchos de esos reconocimientos llegaron demasiado tarde y los matrimonios acabaron en divorcio.

Piensa acerca de la manera en que has estado hablando sobre tu cónyuge últimamente. ¿Estás exponiendo los problemas de tu matrimonio y exagerando la verdad con respecto a tu cónyuge con el fin de conseguir que tu familia y amigos se pongan de tu lado?

Yo (Joe) con frecuencia coloco una alcancía de plástico con forma de chanchito en medio de la mesa en el grupo de hombres del jueves por la noche. Cada vez que alguien se queja con respecto a su esposa, le hago colocar una moneda de veinticinco centavos en esa alcancía de «los bebés llorones». Nos permite una nota de humor, y hace que todos (incluyéndome a mí) asumamos nuestra responsabilidad. Tal vez tú necesites encontrar algo como esa alcancía de «los bebés llorones» que te ayude a romper tu hábito de hablar negativamente con respecto a tu cónyuge. Pídele a tu compañero de apoyo que te ayude a asumir tu responsabilidad en ese sentido.

Muchos de nosotros tenemos problemas en cuanto a decir cosas positivas acerca de la gente que nos ha herido, pero Dios nos llama a hablar bien de los demás. Él nos advierte que no debemos causar división, en especial con nuestros cónyuges (ver Efesios 5:19–25). Como lo hemos señalado a través de este libro, haz lo mejor que puedas en cuanto a orar por tu cónyuge y muéstrale respeto, independientemente de lo que él o ella haga. Tienes probabilidades de que se reconcilien, y cuando lo hagan no tendrás que enfrentar la difícil tarea de tratar de cambiar la imagen negativa que los demás tengan con respecto a tu cónyuge debido a lo que tú has dicho.

3. Evita conformar un círculo de consejeros que alimente tus emociones tipo montaña rusa. Si tu cónyuge acaba de arrojar una bomba de cualquier tipo y quiere acabar con el matrimonio, tus emociones probablemente estén todas dispersas por ahí, cambiantes cada día, o aun cada hora. En un momento puede ser que solloces diciendo: «¡No puedo vivir sin mi cónyuge!», y puede ser que quieras aferrarte a él o ella y pedirle que no te abandone. Al instante puede ser que desees que tu cónyuge salga de tu vida para siempre. Con los dientes apretados y tomando confianza nuevamente quizá murmures: «¿Quién lo [la] necesita, de todos modos?»

Pero no podemos confiar en nuestras emociones al comienzo de una crisis matrimonial. Nunca debes tomar una decisión definitiva en ese estado interior. Por eso resulta tan importante recibir consejo de gente que no alimente tus emociones cambiantes, y que esté bien fundamentada en la palabra de Dios.

En su libro *Hope for the Separated* [Esperanza para los separados], Gary Chapman escribe: «Durante una separación los individuos se sienten emocionalmente tironeados en dos direcciones… Una persona puede pensar sinceramente una cosa hoy y algo distinto mañana. No intenta engañar. Simplemente nos informa acerca de cuáles son sus sentimientos en ese momento. Cabe esperar que esa persona aprenda a no tomar decisiones basadas en sus sentimientos sino sobre lo que es correcto».[1]

Tu círculo de consejeros debe poder ayudarte a lograr un equilibrio en la vida cuando oscilas entre emociones cambiantes. Por ejemplo, si te sientes desesperanzado y te preguntas cómo podrás seguir adelante sin tu cónyuge, tu círculo de asesores puede ayudarte señalando la dirección a ciertas actividades de cuidado de ti mismo que te permitan mantenerte conectado con otras personas. El encarar actividades que te cuidan y alimentan le envía un mensaje a tu cónyuge acerca de que no eres tan dependiente a él o ella, ni de su regreso al hogar.

Por otro lado, si te sientes feliz de deshacerte de tu cónyuge y comienzas a tener una sensación de libertad, tu círculo de consejeros puede ayudarte a que te mantengas centrado en Dios y en las cosas en las que necesitas trabajar para salvar el matrimonio. El que permanezcas enfocado en Dios le envía a tu cónyuge el mensaje de que estás abierto a la reconciliación y no estás contando los días que te llevará reemplazarlo por otra persona.

4. Evita hacer un «diagnóstico» de tu cónyuge. En estos días parecen surgir nuevos diagnósticos y nuevos trastornos por todas partes. No es, sin embargo, nuestra intención apuntar a aquellos que sufren de un trastorno genuino, de una enfermedad mental o de alguna condición crónica y necesitan de un tratamiento que se ocupe con eficacia de su problema. Pero a veces una conducta inmadura puede parecerse a un desorden de algún tipo. Por ejemplo, un cónyuge que se ve feliz en determinado momento pero al instante despliega una rabieta puede aparentar ser una persona maníaco depresiva. En realidad, es posible que esa persona simplemente tenga un problema de conducta inmadura y egocéntrica. Como lo mencionamos anteriormente, algunas conductas son aprendidas y pueden abandonarse en cuestión de semanas, una vez que el deseo de cambiar es el que prevalece. Pero esas decisiones se producen generalmente como resultado de un crecimiento en madurez o en espiritualidad.

A veces una personalidad caprichosa, que podría mejorar con algunos consejos referidos a la conducta, parece mostrar un trastorno más serio. Conocemos varios hombres y mujeres que les «diagnosticaron» desórdenes a sus cónyuges y les exigieron que se medicaran en base a algo que vieron en un programa televisivo, a un libro de reciente aparición en el mercado, a la última novedad del momento, o al consejo de ciertos amigos. Lo más triste es que hasta algunos consejeros profesionales son rápidos en diagnosticar y medicar en lugar de proporcionarle a la gente las herramientas que necesitan para cambiar y establecer límites saludables.

Una pareja que conocemos hizo una cita con un consejero cristiano para recibir orientación acerca de cómo manejar la falta de respeto de su hijo adolescente. El marido no estaba demasiado entusiasmado en cuanto a asistir a sesiones de consejería y pensaba que su hijo simplemente estaba pasando por el egocentrismo típico de los adolescentes. Consideraba que algo de la antigua disciplina serviría para hacerle frente al problema. Pero dado que las noticias diarias informaban de tantos adolescentes que habían lastimado o aun matado a sus compañeros de clase, y de que también quería calmar los temores de su esposa, estuvo de acuerdo en recibir consejería. La primera semana ellos se entrevistaron con el consejero sin el hijo. Durante las siguientes dos semanas llevaron al muchacho, aunque lo único que hizo él durante cada sesión fue mostrarse malhumorado y rehusarse a hablar. La cuarta semana el marido le dijo a su esposa que si deseaba continuar llevando a su hijo, él lo aceptaba, pero que no veía que el obligar al muchacho a sentarse durante esas sesiones le hiciera ningún bien. La mujer decidió acudir a la próxima cita ella sola.

Cuando apareció en la oficina del consejero sin su marido y sin su hijo, el consejero sugirió que quizá su esposo sufriera de algún desorden social que lo privaba de conectarse profundamente con otros, lo que incluía a su hijo, y que esa podría ser la razón por la que el adolescente se conducía de una manera tan ruda. Cuando la esposa le pidió consejo con respecto a lo que se podría hacer con el «desorden» de su marido, el consejero sugirió medicación. La mujer salió ese día de la oficina un poco confundida. Se preguntaba si el consejero estaba en lo correcto y si ella había estado ciega al «desorden» de su marido. Decidió observar la conducta de su esposo durante unas pocas semanas antes de transmitirle lo que había dicho el consejero.

Durante las siguientes dos semanas, cada vez que su marido estaba cansado, malhumorado o con exceso de trabajo, las conductas que anteriormente había considerado normales eran vistas ahora como sintomáticas de algún «desorden oculto» que le había resultado imperceptible durante todos esos años. Obviamente, él le había transmitido ese desorden a su hijo, pensaba ella. Un par de semanas después, nuestra amiga finalmente le comunicó a su marido lo que el consejero le había dicho. Luego del «¡Estás bromeando!» inicial, ambos vieron la ridiculez de lo que había sucedido. Ese incidente tuvo lugar hace varios años. Su hijo abandonó su conducta brusca muy pronto después de que se establecieron límites saludables en su hogar. Y en cuanto al «desorden social» del marido, la pareja admite jocosamente que todavía aparece ocasionalmente cuando el marido está cansado o ha tenido un día estresante en su trabajo.

Si sospechas que tu cónyuge (o tu hijo) realmente padece algún desorden social o mental, dedica un tiempo a orar y trata de obtener más de un diagnóstico si te es posible. Y no olvides implementar algunos límites saludables junto con las técnicas para la modificación de conductas como parte del tratamiento.

5. *Evita comparar tu matrimonio con el de otros.* Todos somos codiciosos en alguna medida. Nuestra cultura está diseñada sutil y cuidadosamente para mantener a la gente insatisfecha de modo que mantengan el sistema económico funcionando. Nuestra casa no es lo suficientemente amplia, nuestro automóvil no es lo suficientemente bueno, y nuestras cosas no son lo bastante nuevas. Aun cuando deseamos un buen matrimonio, podemos caer en la trampa de codiciar lo que otros tienen. Podemos observar a otras parejas y desear tener un matrimonio igual (¡o desear tener ese esposo o esposa!) con la misma facilidad con que quisiéramos poseer sus bienes.

Varios años atrás, poco después de reconciliarnos y comenzar a servir juntos en el ministerio, Joe y yo dirigimos una clase en nuestra iglesia utilizando una serie grabada de Gary Smalley, uno de los principales expertos cristianos en matrimonio. En algún momento del año, más o menos cuando utilizábamos la serie por sexta vez, comencé a experimentar un resentimiento hacia Joe. *Después de todo*, pensaba, *Joe ha visto esos videos por lo menos una media docena de veces ¡y todavía no hace ni dice las cosas que Gary le dice y hace por su mujer!* Con el transcurrir de las semanas, fui prestándole una atención más cuidadosa a todas las cosas que Gary Smalley decía en cuanto a poder lograr un matrimonio excelente, y hervía por dentro, secretamente, porque Joe no estaba implementado todo exactamente como Gary señalaba que debía hacerse. Poco a poco comencé a notar muchas otras cosas en nuestro matrimonio con las que estaba insatisfecha y traté de imaginar cómo sería tener un «perfecto matrimonio al estilo Smalley».

Mi descontento pronto se comenzó a notar. Intercalaba pequeños comentarios negativos y, en lugar de tomar la mano de Joe mientras pasábamos los videos, me sentaba con los brazos cruzados, mirándolo por el rabo del ojo. Cada semana esperaba que Joe me pidiera que evaluara nuestro matrimonio. (De acuerdo con Smalley, el marido debía pedirle a la esposa que evaluara el matrimonio, dado que ella tendía a ser más sincera que él con respecto a la salud matrimonial.) Una evaluación de «10» puntos indicaría un matrimonio perfecto. La primera vez que miramos los videos, estaba preparada a evaluar nuestro matrimonio con un «9» si Joe me lo preguntaba, pero ya en la sexta presentación, el puntaje había caído a «0» en mi registro.

No solo esperaba que Joe me pidiera que evaluara nuestro matrimonio, sino que ansiaba que me preguntara qué era lo que me parecía mal. «Un hombre debería ser sensible ante su mujer y preguntarle de qué manera considera que él puede hacer que el matrimonio resulte de "10" puntos», señalaba Gary. Decidí que si se hacía necesario decirle a Joe que estaba molesta, eso no serviría… ¡él debía notarlo por sí mismo y preguntarme cómo me sentía!

Un día, frustrado por mi comportamiento, Joe me preguntó si tenía algún problema con él. «Sí, de hecho lo tengo», le dije aliviada de que finalmente lo notara y me preguntara. El rostro de Joe mostraba una expresión de completa sorpresa mientras yo iba soltando la frustración de varias semanas con respecto al hecho de que él no había hecho todo lo que se sugería en los videos y de que no se pareciera más a Gary Smalley.

Cuando acabé, Joe me miraba directamente en los ojos y me dijo sarcásticamente: «Michelle, si me pareciera más a Gary Smalley, sería tan popular que me lo pasaría viajando por todo el país llevando a cabo seminarios, ¡y nunca estaría en casa contigo!»

Sus palabras me regresaron a la realidad. En medio de todas esas imaginaciones mías, no había pensado realmente acerca de que no existen los matrimonios perfectos y que la idea de desear que nuestro matrimonio fuera exactamente como el de otros ni siquiera era algo posible ni le agradaba a Dios.

Pocos años después de ese incidente, Michelle y yo dirigimos un taller en una conferencia para matrimonios. Gary Smalley y sus dos hijos también conducían un taller en la misma conferencia. Cuando su taller acabó, me acerqué a Gary, y sonriéndole, le dije: «Tengo una cuestión que arreglar con usted». Inmediatamente le conté la historia. Todos nos reímos bastante. Él y sus hijos nos aseguraron a Michelle y a mí que no existía tal cosa como un «perfecto matrimonio al estilo Smalley».

6. *Evita las soluciones «cortadas con un mismo molde».* Un orador cristiano dijo cierta vez: «Si cinco mujeres casadas con maridos alcohólicos se acercaran a mí buscando consejo, le diría a cada una de ellas que pasara algunos días en oración, leyera la palabra de Dios y esperara que él le diera alguna orientación. Luego de eso estaba dispuesto a aconsejarlas. Les aseguro que las cinco mujeres volverían con distintas respuestas acerca de la manera en que deberían proceder con respecto a sus maridos alcohólicos».

Lo que ese orador quería señalar, y nosotros también lo hemos descubierto, es que no existen soluciones fáciles, «cortadas usando el mismo molde», para los matrimonios en crisis. Hay tantos factores a tener en cuenta que resultaría imposible para un consejero o círculo de asesores proveerles a las parejas o a los individuos una receta infalible para su reconciliación. Les decimos a los pastores y líderes que lo mejor que pueden hacer para bajar las tasas de divorcio en sus iglesias es tener listo un «equipo de primer auxilio», que maneje distintos métodos de reaccionar ante las parejas que están en crisis, y proporcionarles lo que necesitan basados en la situación individual de la pareja o de la persona. La gente que espera que un libro, un seminario, un consejero o un método sea la cura universal para los matrimonios en crisis se están preparando para sufrir una decepción, que es lo que el enemigo desea.

En cierta ocasión yo (Michelle) leí un libro que «garantizaba» poder guardar a cualquier matrimonio de las pruebas que suponen los romances extramatrimoniales. El libro había sido escrito por una mujer que declaraba tener un excelente matrimonio y deseaba transmitirnos todas las formas en que se podía mantener vivo el romanticismo. Había unos cuantos consejos realmente buenos en ese libro, algunos de los cuales todavía yo sigo usando. Sin embargo, hay uno que nunca volveré a implementar con Joe.

La autora sugiere «secuestrar» a tu marido a la hora del almuerzo (con el permiso del jefe, por supuesto). Entonces, luego de decirle que no va a volver al trabajo, le tapas los ojos, lo colocas en el asiento de atrás del automóvil y lo conduces a tu lugar preferido cuando quieres escapar de la ciudad. Puede ser que eso funcione con algunos hombres o mujeres, pero Joe lo detestó. No solo no le gustó que le dijera que no podría volver al trabajo (sabiendo que tendría el doble de tareas al día siguiente) sino que, según sabe cualquiera que me conoce, yo me pierdo a cada rato, y a Joe no le gusta convertirse en pasajero cuando yo conduzco. No me pregunten por qué pensé que le gustaría viajar con los ojos tapados en el asiento trasero de nuestro automóvil mientras yo intentaba llegar a algún sitio en otra ciudad. Habíamos viajado solo veinte minutos cuando Joe se quitó la venda y arruinó la escapada «romántica». Luego, dado que yo había hecho reservaciones en un hotel, tuvimos una discusión acerca de cuánto iba a costar esa «sorpresa». Cuando acabamos de hacer y decir todo, me di cuenta de que algunos consejos románticos no funcionan con todas las personas.

Yo (Joe) he contado muchas veces esta historia de intento de aventura. Constituye un ejemplo perfecto de la forma en que nosotros esperamos que lo que otras personas han hecho funcione en nuestro caso. Nos reímos de nuestra aventura «romántica» ahora, pero Michelle tiene razón… detesté todo el asunto. A mí me gusta la espontaneidad, como lo he dicho anteriormente, pero toda esa idea rayaba con la locura, por lo menos según yo lo entiendo.

Una de las formas de evitar aplicar plazos y fórmulas «cortadas por un mismo molde» a tu matrimonio es descubrir lo que a tu cónyuge le gusta o le disgusta. Michelle y yo creamos la siguiente herramienta para ser utilizada cuando queremos sorprender al otro y aun disfrutar de la experiencia nosotros mismos. Hemos descubierto que aun cuando las parejas estén separadas, este ejercicio puede servir para que entablen una conversación que no les implique ninguna amenaza.

En una hoja de papel, responde las preguntas que siguen. Cuando el tiempo y el humor sean propicios, pídele a tu cónyuge que haga lo mismo. (Estas son solo algunos ejemplos de las preguntas que incluimos en nuestra lista. Haz tu lista más personal agregando algunas preguntas propias.)

- Menciona tres de tus restaurantes favoritos.
- Menciona el que menos te agrada.
- ¿Cuál es tu tipo de citas preferido?
- ¿Y el que menos te gusta?
- ¿Qué tipo de película prefieres alquilar o ir a ver al cine?
- ¿Qué tipo es el que menos te gusta?

Luego de que tú y tu cónyuge respondan esas preguntas, intercambien listas y colóquenlas en lugares en los que puedan mirarlas cuando deseen hacer algo lindo por el otro.

7. Evita hacer encuestas acerca de tu reconciliación. Con el paso de los años hemos visto a Dios obrar de una manera singular con cada una de las parejas e individuos a los que les hemos ministrado. Una cosa es segura: Dios nunca usa exactamente el mismo método con todos. En lo que hace a nuestra reconciliación, si yo (Michelle) hubiera realizado una encuesta entre los miembros de mi familia, mis amigos y mi círculo de consejeros antes de volver a juntarme con Joe, nunca nos hubiéramos reconciliado.

Cuando Dios mostró con claridad que era el tiempo de volver a estar juntos, las cosas sucedieron muy rápidamente. Un día el Espíritu Santo me reveló al corazón que era tiempo de reconciliarme con Joe. Aunque en realidad no nos mudamos hasta dos semanas después, yo comencé a contarle a la gente acerca de nuestra reconciliación. No me extrañaba que muchas personas a las que les contaba se mostraran escépticas, aun los cristianos. Debido a que habíamos estado separados mucho tiempo, la gente esperaba que saliéramos durante una temporada y que asistiéramos a encuentros de consejería para parejas antes de volver a vivir juntos. No es que la consejería de parejas no nos hubiera ayudado, pero en nuestro caso esa no fue la forma en la que Dios obró.

Yo había estado yendo a ver a un consejero cristiano de forma intermitente durante los dos años en que estuvimos separados. No iba todas las semanas, pero cuando concurría era a causa de algún problema que Joe y yo estábamos tratando de solucionar. Cuando llamé a mi consejero para decirle que estábamos reconciliándonos, él me rogó que esperara. «Michelle, tú y Joe están avanzando demasiado rápido. Con todo lo que ustedes han pasado juntos, no hay forma de que esta reconciliación dure a menos que se preparen mejor». Ese hombre me conocía bien, y creo que él obraba teniendo en cuenta mis mejores intereses, pero el Espíritu Santo me decía otra cosa.

Nuestro hijo Mick tenía siete años cuando nos reconciliamos. Él estaba extasiado con la posibilidad de ser una familia de nuevo. Jason, el hijo de Joe de su primer matrimonio, que tenía poco más de veinte años, también se mostró feliz por nosotros. Pero cuando les conté a mis tres hijas acerca de mi decisión se mostraron preocupadas y molestas conmigo.

Una lloraba y decía: «Mamá, ¿cómo puedes siquiera pensar en hacer eso? ¡Ustedes no son para nada realistas!» Otra cortó la comunicación cuando se lo dije. Y mi otra hija me recordó toda la tristeza por la que yo había pasado y estaba preocupada porque pensaba que me estaba preparando, una vez más, para enfrentar nuevos sufrimientos. Les llevó varios meses a mis hijas experimentar una reconciliación con Joe y aceptar el hecho de que Dios nos había preparado el camino para volver a vivir juntos.

En la Biblia vemos que el apóstol Pablo se preocupaba solo por una cosa: predicar el evangelio de Cristo a todos, tanto judíos como gentiles. La mayor parte del tiempo los compañeros de Pablo estaban de acuerdo con sus decisiones, pero en algunos momentos no. En una ocasión en particular todos los amigos cristianos de Pablo, incluyendo su compañero de travesía y autor del libro de Los Hechos, pensaron que estaba cometiendo un grave error al regresar a Jerusalén porque el dato que se corría era que Pablo sería capturado y muerto:

> Así dice el Espíritu Santo: «De esta manera atarán los judíos de Jerusalén al dueño de este cinturón, y lo entregarán en manos de los gentiles». Al oír esto, nosotros y los de aquel lugar le rogamos a Pablo que no subiera a Jerusalén.
>
> —¿Por qué lloran? ¡Me parten el alma! —respondió Pablo—. Por el nombre del Señor Jesús estoy dispuesto no solo a ser atado sino también a morir en Jerusalén.
>
> Como no se dejaba convencer, desistimos exclamando:

—¡Que se haga la voluntad del Señor! (Hechos 21:11–14).

Si el apóstol Pablo hubiera realizado una encuesta entre su «círculo de consejeros» antes de obedecer lo que el Espíritu Santo le había instruido que hiciera, podría haber dilatado su captura, pero hubiera perdido la posibilidad de ser usado por Dios para entregarles un mensaje importante a los judíos; y nosotros no hubiéramos podido leer su poderoso mensaje hoy (ver Hechos 22). No cabe duda de que Pablo escuchó las palabras «¡Hiciste bien!» de parte de Dios cuando finalmente murió a causa del evangelio varios años más tarde.

Obviamente, no intentamos decir que debes desatender el consejo de aquellos a los que tú mismo has colocado en una posición de ofrecértelo. También sabemos que tu familia y amigos cercanos serán muchas veces los únicos que te conozcan bien y te amen lo suficiente como para decirte alguna verdad que necesitas oír. Pero cuando sigues al Señor, lees su Palabra y estás atento a la guía del Espíritu Santo, a veces tendrás que tomar ciertas decisiones con las que los que te rodean no estarán de acuerdo. En tanto que tu decisión no vaya directamente en contra de la palabra de Dios, prosigue adelante con cautela. Si estás equivocado. el Espíritu Santo te detendrá.

HERRAMIENTAS QUE AYUDAN AL RECIBIR CONSEJO ESPIRITUAL

Muchas parejas e individuos que se mantienen enfocados en Dios y conformes, aun en medio de su crisis matrimonial, dicen que aprendieron a usar el discernimiento cuando recibieron consejo. Junto con nuestras herramientas hemos incluido también algunos de sus consejos.

1. *Registra por escrito el consejo que recibes, y pide aclaración.* Las cosas tienden a tener más sentido cuando las escribes que si te afanas por retenerlas en la mente. Esa es una razón

por la que llevar un diario resulta tan útil. Nuestros pensamientos pueden vagar de aquí para allá, pero el escribirlos nos obliga a colocar esos pensamientos en un orden sensato. Una mujer a la que yo (Michelle) asesoré durante la crisis de su matrimonio siempre tomaba notas cuando nos reuníamos semanalmente. Decía que era la única manera de evitar que su mente se dispersara debido a todas las otras cosas que estaba tratando de sortear con respecto a su crisis matrimonial. Su hábito de registrar notas tan detalladas también me ayudó a mí. Aun cuando me gusta anotar pequeños recordatorios cuando me encuentro con alguien, sus notas eran mucho más detalladas y estaban escritas en sus propias palabras. Las utilizábamos como el punto de partida para nuestros encuentros semanales.

Al mismo tiempo que anotas los consejos, asegúrate de pedir aclaraciones. A veces recibirán consejos que tendrán mucho sentido para ti en ese momento, pero más tarde, cuando intentes aplicarlos, a veces no funcionarán. Probablemente hayas entendido erróneamente el consejo aunque lo hayas registrado por escrito.

2. *Ora y ayuna si estás confundido.* Si comienzas a sentirte confuso o arrinconado luego de recibir consejo, no tomes ninguna decisión. Quédate quieto y espera una orientación clara de parte de Dios (ver Salmo 46:10). A veces el saltear una comida o dos y simplemente enfocarte en la palabra de Dios es todo lo que se requiere para recibir una guía clara cuando te sientes confundido: Puede ser que estés tratando de avanzar en una dirección en la que Dios no quiere que vayas y, por lo tanto, el Espíritu Santo no te da paz. Dios no es el autor de la confusión (1 Corintios 14:33), y no debes enfrentar decisiones importantes cuando te encuentras en un estado de confusión.

3. *Busca confirmación de por lo menos una fuente.* A veces la única confirmación que tendrás de que el consejo que estás a punto de seguir es verdadero y está dentro de la voluntad de Dios será la misma Biblia. Eso resultará suficiente en la

mayoría de los casos, pero no debería ser tu única fuente. Una mujer nos contó que ella había utilizado un solo versículo de la Biblia para explicarle a un hombre piadoso de la iglesia porque no se sentía libre para salir con él, aun cuando lo deseaba, luego de la muerte de su marido. Ella se sintió aliviada cuando ese hombre la alentó a buscar consejo de su pastor y ella descubrió que en realidad era libre para salir con él y volver a casarse. La forma en la que había interpretado la escritura no era adecuada y necesitó de la ayuda de su pastor para comprender y aplicar lo que había leído.

Dios utiliza su Palabra, el Espíritu Santo y otros creyentes para confirmar un consejo espiritual. A veces los tres concordarán y a veces solo dos. Si el consejo que estás a punto de seguir es confirmado por solo una de estas fuentes, sé paciente y pídele a Dios que te provea alguna otra confirmación confiable.

4. *Debes estar dispuesto a dejar otras obligaciones en un compás de espera, aun las actividades de la iglesia.* Yo (Joe) a veces hablo con hombres que desean recibir consejo y apoyo en cuanto a su crisis matrimonial. Si me dicen que no pueden asistir a una clase debido a compromisos previos, eso me preocupa. Siempre les pregunto: «¿Cuál es la prioridad en tu vida? ¿Estás tratando de salvar tu matrimonio o no? Si necesitas rearmar tu programa de trabajo o cambiar otras obligaciones para poder recibir la ayuda que necesitas en este momento, entonces, hazlo». Me sorprende que muchos de ellos nunca lo hagan. Aquellos que hacen el esfuerzo por reordenar sus vidas durante esas pocas semanas descubren que volver a priorizar lo que es más importante produce buenos resultados. Muchos de los hombres admiten que las molestias que se tomaron al cambiar sus programas bien valieron la pena y muchos le atribuyen a eso el haber salvado sus matrimonios.

Yo (Michelle) atiendo por semestre a varias mujeres que vienen de diferentes iglesias para poder asistir a una de nuestras clases para matrimonios en crisis. En muchos casos la asistencia a esas clases requiere que dejen en suspenso otros compromisos, como estudios bíblicos o actividades de la iglesia. Al igual que Joe, me preocupa cuando una mujer llama para decirme que su marido acaba de irse, pero a la vez se rehúsa a reordenar su programa para asistir a una clase o a una sesión de consejería. Recientemente hablé con una joven madre que tenía un bebé de seis meses. No sabía qué hacer porque ella y su marido no pasaban tiempo juntos debido a que el bebé la mantenía despierta toda la noche. Cuando le pregunté si tenía un sistema de apoyo, me dijo que no. Cuando le sugerí que se relacionara con un grupo de madres que la ayudaran brindándole el apoyo que necesitaba, y que además comenzara a asistir a una clase que les pudiera proveer a ella y su marido las herramientas como para fortalecer su matrimonio (y ese grupo les proporcionaba cuidado gratuito del niño mientras asistían) me dijo que lo intentaría. Supe por el sonido de su voz que probablemente no aceptara mi consejo, y hasta aquí no lo ha hecho.

Reordenar el programa y mantener ciertas obligaciones en suspenso para poder crear ese círculo de consejeros que necesitamos cuando el matrimonio y la familia están en crisis requiere de cierto esfuerzo. Pero si no consideras que el salvar tu matrimonio es una prioridad, quedarás librado a tener que tomar las decisiones por tu cuenta.

PREGUNTAS PARA EL ANÁLISIS CON EL GRUPO
O CON EL COMPAÑERO DE APOYO

1. *Analiza qué es lo que debes evitar cuando lo que buscas es un matrimonio saludable.*

2. *Analiza qué herramientas son de ayuda cuando recibes consejería espiritual. ¿Tienes algo que agregar a la lista?*

3. *¿Alguna vez recibiste un consejo de alguien «de parte de Dios», y luego descubriste que no era para nada de parte de Dios?*

4. *Basándote en las herramientas que aparecen en este capítulo, ¿cuál es la mejor manera de establecer un «círculo de consejeros» saludable, y por qué crees que el no hacerlo podría ocasionar (más) problemas en tu matrimonio?*

5. *Busca y analiza Romanos 12:15–16.*

6. *Menciona cualquier cosa por la que estés agradecido esta semana.*

7. *Menciona al menos una cosa por la que necesitas oración.*

Combatan la oposición externa

Ya no voy a estar por más tiempo en el mundo,
pero ellos están todavía en el mundo, y yo vuelvo a
ti. Padre santo, protégelos con el poder de tu nombre, el nombre que me diste, para que sean uno, lo
mismo que nosotros.

—Juan 17:11

Un par de años después de que Michelle y yo nos reconciliamos y comenzamos a servir en el ministerio
juntos, un pastor y misionero me dijo algo que me llevó a
considerar los problemas matrimoniales bajo una nueva luz.
Dijo que los maridos y sus esposas que sirven a Dios en paí-
ses en desarrollo tienen un sentido de unidad que muchas
parejas cristianas en los Estados Unidos no logran tener. Ese
pastor señaló: «Estas parejas enfrentan tanta oposición externa debido a las difíciles condiciones en que viven que no
pueden darse el lujo de ponerse en contra el uno del otro, y
comprenden que mientras permanezcan unidos podrán soportar cualquier problema que se les presente». Sus palabras
me llevaron a pensar acerca de la importancia que tiene que
el esposo y la esposa presenten un frente unido para luchar
contra el verdadero enemigo, Satanás, en lugar de pelear el
uno contra el otro. Muchas veces Michelle y yo discutíamos
con respecto a los problemas externos en lugar de unir fuerzas para combatir juntos la oposición que enfrentábamos, a

fin de poder presentarnos ante Dios como pareja.

El hábito de acudir a otros buscando ayuda en lugar de acercarnos a Dios primero se inició en el tiempo en que nuestro matrimonio estuvo en crisis. Confiábamos en que nuestros amigos y los miembros de la familia nos dieran consejos con respecto a nuestro matrimonio, así que era lógico suponer que luego de reconciliarnos continuaríamos buscando su consejo cuando surgieran nuevas cuestiones. El problema era que la mayor parte de los miembros de nuestra familia y de nuestros amigos estaban más preocupados por nuestra felicidad que por cualquier otra cosa, de modo que los consejos que nos daban no siempre eran los mejores, ni estaban en línea con la palabra de Dios. Incluimos a continuación algunos de los comentarios que escuchamos de parte de familiares y amigos bien intencionados mientras estuvimos separados:

- «Haz lo que deseas hacer. Mereces ser feliz».
- «Mira, sé que legalmente aún estás casado, pero deberías disfrutar de la vida. Tengo un amigo [o una amiga]…»
- «¿Qué estás esperando? Puedes presentar una demanda de divorcio, seguir adelante con tu vida y ser feliz».
- «¿Sabes una cosa? Dios quiere que seas feliz antes que nada, y yo también. Mientras te haga feliz, yo apoyo cualquier decisión que tomes».

Muchas de las parejas que conocemos cuyos matrimonios entraron en crisis han escuchado comentarios similares. Es normal que los miembros de la familia y los amigos deseen que tú seas feliz, pero es un error que consideren que porque son los que mejor te conocen, saben qué es lo que más te conviene. La verdad es que Dios es el que te conoce mejor que nadie sobre la tierra porque él fue el que te hizo; tu cónyuge debería conocerte mejor que nadie más sobre la tierra porque como marido y mujer ustedes han llegado a ser «una carne» (ver Génesis 2:24). Dado que Dios sabe lo que es mejor para ustedes, aun si tu cónyuge no se muestra dispuesto a trabajar en pro del matrimonio, Dios todavía puede obrar a través de él o ella para cumplir su voluntad en la vida de ustedes.

La voluntad de Dios a veces incluye sufrimiento y, dado que muchos de los miembros de nuestra familia y los amigos no quieren vernos sufrir, eso puede distorsionar su buen juicio. ¿Y qué le parece si lo que Dios quiere es hacerlos crecer a ti y a tu cónyuge hacia una relación más profunda con él a través de las crisis de sus vidas?

En la tapa de su libro Sacred Marriage [Matrimonio sagrado], Gary Thomas hace una pregunta que todos deberíamos considerar: «¿Y qué pasa si en realidad Dios hubiera diseñado el matrimonio para hacernos santos, y no tanto para hacernos felices?»[1]

Uno de los mayores errores que yo (Michelle) cometí en nuestro matrimonio (aun después de habernos reconciliado) fue hablar de nuestros problemas con los miembros de nuestra familia y los amigos antes de considerarlos con Joe. En algunas ocasiones hasta he actuado en base a sus consejos sin siquiera darle participación a Joe en nada, especialmente si el consejo ayudaba a producir felicidad o alivio (como, por ejemplo, pedirle prestado dinero a mi abuelo cuando pensaba que nuestra cuenta bancaria estaba sobregirada). Para cuando iba a hablar con Joe, su opinión o consejo se mezclaba con el de todos los demás, y a menudo eso causaba peleas. No pasaba mucho antes de que el problema externo, que no tenía nada que ver con la situación que existía entre Joe y yo, de repente se metiera en medio de nuestro matrimonio y de nuestro hogar. Varias veces permití que las opiniones de mis padres o amigos se impusieran por sobre lo que Joe consideraba mejor para nuestra familia. Estas cuestiones incluían el tipo de casa o de automóvil que deberíamos comprar, la toma de decisiones sobre cosas que afectaban a nuestros hijos, decisiones que teníamos que hacer en cuanto a la salud, y otras.

Cada vez que yo buscaba consejo en otros antes de hablar con Joe, eso ocasionaba un problema en nuestra comunicación y nos dividía. Además, metía a nuestra familia y amigos en medio de nuestras cuestiones personales y eso complicaba la situación cuando yo elegía ignorar sus consejos o tenía que explicarles cómo se había solucionado un problema.

Después de que Joe volvió a casa y compartió conmigo su comprensión con respecto a lo que había comentado aquel pastor y misionero sobre mantener un frente unido, sostuvimos una larga conversación esa noche con respecto a cambiar la manera en que manejábamos los problemas que ocurrían fuera del matrimonio. Nos dimos cuenta de que la mayoría de nuestros problemas matrimoniales en el pasado podían rastrearse hasta una oposición externa que se salía de control y que en general incluía demasiadas opiniones de la familia y de amigos que deseaban «ayudar». Descubrimos que al discutir nuestros problemas matrimoniales con personas de afuera le ofrecíamos a Satanás justamente lo que deseaba: un marido y una esposa opuestos el uno contra el otro, en lugar de dos personas que se acercaban a Dios para luchar contra ese problema como un frente unido.

La lista que aparece más abajo identifica algunos de los problemas externos más comunes que nosotros y otras parejas hemos experimentado. Cada problema puede transformarse en una cuestión individual, separada de la relación entre marido y mujer, y tiene el potencial de alentar a otros a dar consejos desde afuera, o a hacer que la familia y los amigos se involucren, sea que se lo pidamos o no. Usa la escala señalada para calificar la oposición externa que estás enfrentando en este momento (1= causa una frustración normal, pero no está en avance; 2= resulta estresante y necesita ser confrontada; 3= tiene un nivel de crisis; puede ser necesaria cierta ayuda profesional para resolver el problema).

Queremos recordarte que al calificar la oposición externa, los problemas a los que nos referimos en este capítulo no incluyen las luchas entre tú y tu cónyuge el uno contra el otro, sino solamente las cuestiones que vienen de afuera de su relación y que Satanás puede usar para ponerlos el uno contra el otro.

————— Problemas con los parientes políticos (de cualquiera de los dos lados, o de algún matrimonio previo)

_______ Conflictos con los hijastros

_______ Conflictos con los hijos biológicos

_______ Problemas con cónyuges anteriores

_______ Problemas relacionados con el empleo

_______ Problemas económicos

_______ Problemas legales

_______ Problemas con las condiciones de vida presentes

_______ Injusticias con respecto a ti o a tu cónyuge

_______ La muerte de un ser amado o de un amigo cercano

_______ Problemas de salud

_______ Conflictos o malos entendidos con la familia o los amigos

_______ Problemas con las autoridades o con el gobierno

Cuando un matrimonio está en crisis o acaba de pasar por una crisis, el potencial en cuanto a una separación o divorcio resulta extremadamente alto cuando la oposición externa puede calificarse como nivel 2 o 3 en cualquiera de estas áreas. Es importante que tengas una perspectiva correcta de las cosas cuando surge una oposición externa. Los problemas se resolverán más rápidamente cuando antes tú y tu cónyuge se unan formando un equipo con una mentalidad del tipo «nosotros y Dios contra el mundo» (aunque ya estén consultando a algún profesional), con muy poca o ninguna consecuencia para el matrimonio.

Las herramientas de este capítulo se presentan como «Estrategias de batalla». A pesar de que funcionan aunque tu cónyuge no esté dispuesto a participar, estas estrategias resultarán mejor si la relación de ustedes encaja en una de las siguientes categorías:

- Tú y tu cónyuge forman una «pareja» y están dispuestos a enfrentar los problemas en equipo.

- Tú y tu cónyuge acaban de reconciliarse y desean volverse pro activos en contra de los problemas potenciales, o se dan cuenta de que la oposición externa les está causando tensión otra vez.

- Tú y tu cónyuge están en crisis, pero tienen la disposición a intentar, como pareja, el uso de al menos algunas de las herramientas que encuentren en este libro o en este capítulo.

- Tú y tu cónyuge están considerando una reconciliación y están dispuestos a comunicarse abiertamente con respecto a lo que ha salido mal en el pasado.

No se desanimen si deben completar este ejercicio sin su cónyuge. Tengan en cuenta que Satanás desea usar los ataques externos como un medio de azuzarlos a ti y a tu cónyuge el uno en contra del otro, pero Dios quiere que visualicen ese ataque como una oportunidad para confiar en él. Aun si tu cónyuge no estuviera a tu lado en este momento, nunca sabrás lo que Dios está haciendo entre bambalinas. Puede ser que Dios te llame a pelear la batalla sin la ayuda de tu cónyuge en este momento. Estás combatiendo por tu matrimonio y familia, y Satanás quiere que te sientas desesperanzado cuando tu cónyuge no se une a ti. Considera las palabras que Pablo les dirige a los corintios:

> Yo preferiría que estuvieran libres de preocupaciones. El soltero se preocupa de las cosas del Señor y de cómo agradarlo. Pero el casado se preocupa de las cosas de este mundo y de cómo agradar a su esposa; sus intereses están divididos. La mujer no casada, lo mismo que la joven soltera, se preocupa de las cosas del Señor; se afana por consagrarse al Señor tanto en cuerpo como en espíritu. Pero la casada se preocupa de las cosas de este mundo y de cómo agradar a su esposo. Les digo esto por su propio bien, no para ponerles restricciones sino para

que vivan con decoro y plenamente dedicados al Señor (1 Corintios 7:32–35).

DIEZ ESTRATEGIAS PARA LA BATALLA AL LUCHAR CONTRA LA OPOSICIÓN EXTERNA

1. *Armar un «equipo de avanzada para la oración espiritual»*. Cuando Michelle y yo vendimos nuestro negocio para entrar de lleno al ministerio en 1999, ella le pidió a un grupo pequeño de mujeres que funcionara como el equipo de oración de nuestro ministerio. Esas cuatro mujeres son guerreras de oración y verdaderamente se preocupan de que estemos dentro de la voluntad de Dios, aunque eso no implique necesariamente que debamos sentirnos felices. Se han comprometido a orar por nosotros de una forma regular. Si les enviamos por correo electrónico un pedido urgente de oración, ellas oran por que se haga la voluntad de Dios (no la nuestra) en cualquier situación por la que pasemos.

Como pueden imaginar, hemos enfrentado cantidad de desafíos a través de los años. Podríamos haberle pedido a gente que nos conoce bien que estuvieran en ese equipo de oración. Esas personas hubieran orado por aquellas cosas que deseamos y hubieran tratado de lograr soluciones para nuestros problemas. Sin embargo, nosotros sabíamos que no era eso lo que necesitábamos. Sabíamos que Satanás no quería que estuviéramos en este ministerio, y que él iba a hacer todo lo posible por sacarnos de él. Pero con el poder de la oración intercesora de personas que se preocupan más por lo que Dios desea que por lo que nosotros deseamos, nos sentimos seguros.

Del mismo modo, cuando tú armas tu equipo espiritual, hazlo con la predisposición mental de que los miembros del equipo deben orar a Dios para que se haga su voluntad en ti cuando aparecen problemas externos. A diferencia de tu sistema de apoyo o de tu compañero de apoyo, este pequeño equipo de oración no necesita saber todo lo que sucede en nuestro matrimonio. De hecho, no conocer todos los detalles a veces es mejor.

Oswald Chambers escribe lo siguiente: «Cuando sabes demasiado, más de lo que Dios ha planeado que sepas, no puedes orar. La condición de la gente es tan abrumadora que no puedes atravesarla para llegar a la realidad».[1] No es que tu equipo no pueda conocerte bien. Pero en muchos casos aquellos que están demasiado cerca con frecuencia estorban lo que Dios intenta enseñarnos en medio de tiempos de dolor, porque ellos no desean que nosotros suframos.

La tarea de tu equipo de oración espiritual es llevarle tu situación (no tus pedidos) a Dios e interceder a favor de ti para que se cumpla la voluntad del Señor en tu vida y matrimonio. Este concepto es poderoso y coloca a la oración en la avanzada de la batalla.

2. *Une fuerzas con tu cónyuge.* Si viven con tu cónyuge y los dos están dispuestos a trabajar juntos a favor de su matrimonio, esa estrategia puede resultar divertida. Por supuesto, implica un desafío mayor si tú y tu cónyuge han tenido diferencias el uno con el otro. Pero aun así, dado que este ejercicio tiene que ver con establecer un plan de batalla para combatir la oposición externa más que luchar el uno con el otro, intenta transmitirle a tu cónyuge el concepto de presentar un frente unido. Incluimos aquí algunas maneras en las que puedes expresar tu pedido:

- «Sé que hemos estado peleando mucho, pero se me ha ocurrido que tenemos un enemigo que desea destruir nuestro matrimonio y nuestra familia, y ese enemigo no somos ni tú ni yo. ¿Estarías dispuesto a darle otra oportunidad a nuestro matrimonio?»
- «Me he dado cuenta de que estamos en una batalla dentro de nuestro matrimonio y el verdadero enemigo no eres tú: es Satanás. Yo voy a bajar las armas que utilizo contra ti y tomaré las armas espirituales para pelear por nuestro matrimonio. ¿Considerarías la po-

sibilidad de unir fuerzas conmigo para salvar nuestro matrimonio y nuestra familia?»

- «Existe un enemigo que desea que nuestro matrimonio acabe en divorcio. Él va por nuestros hijos, y no quiero que gane. ¿Unirías fuerzas conmigo para salvar a nuestros hijos y nuestro matrimonio?»

Preguntas como estas ayudarán a focalizar donde hace falta: en el enemigo y no en el cónyuge. Conocemos varias parejas que alguna vez estuvieron en crisis y que ahora tienen matrimonios sólidos como resultado de aprender a visualizar las pruebas y las tribulaciones de la vida como ataques externos sobre sus matrimonios y familias. Trabajaron juntos como equipo para vencer esos problemas.

Si tu cónyuge se rehúsa a unir fuerzas contigo, antes de dar por terminada la conversación, di algo así: «Si cambias de idea, por favor, házmelo saber. Podríamos conformar un equipo poderoso». Recuerda que debes mantenerte calmo y no reaccionar ante las tácticas del enemigo de dividir a tu familia. Tus amigos y familia pueden amarte mucho, pero no existe sobre la tierra otro equipo tan poderoso como un marido y su mujer bien enfocados en Dios. No te niegues a recibir consejo y apoyo espiritual, pero esfuérzate por unirte con tu cónyuge primero.

3. *Unan fuerzas con su poderoso Dios*. Nuestro pastor a menudo nos recuerda que la vida es una serie de tormentas. Él dice: «O tú estás saliendo de una tormenta, o estás en medio de una de ellas, o lo estarás en breve». También nos alienta a no desanimarnos en medio de la tormenta: «Dios se preocupa más con respecto a tu carácter que tu comodidad. Lo mejor que puedes hacer en medio de una tormenta es rendirle todo a él».

Cuando luchas brazo a brazo con el Dios del universo (sea con o sin tu cónyuge), ganarás cualquier batalla que pelees sobre la tierra. Recuerda que la estrategia del diablo es dividirnos y quitarnos el gozo para que no podamos testificar a otros con eficacia. Tu responsabilidad como creyente es adquirir dominio propio para tener paz y gozo en medio de las tribulaciones. Si estás presentando batalla sin tu cónyuge, la clave es mantenerte enfocado en el problema y nunca visualizar a tu cónyuge como el enemigo.

4. *Analiza el ataque y párate firme.* ¿Cómo puedes decir que confías en Dios si no vas a él primero cuando llegan los ataques? Del mismo modo, ¿cómo puedes esperar que tu cónyuge se sienta como tu compañero y mejor amigo si te rehúsas a considerar con él primero los ataques que llegan de afuera, o tal vez nunca los consideren? Tu cónyuge tiene que ser la primera persona a la que acudas (después de Dios, por supuesto) cuando sucede un problema, porque él o ella será tu mejor aliado. Dios los equipará como pareja con el poder sobrenatural de su Espíritu Santo. Aun si tu cónyuge se niega a unir fuerzas contigo en este momento, sigue confiando en Dios y practicando estas estrategias. Tu dominio propio y perseverancia resultarán atractivos para tu cónyuge, y ustedes adquirirán una mentalidad fundada en el compañerismo contra los problemas de este mundo, si es que tu cónyuge se arrepiente.

La segunda parte de este ejercicio consiste en pararse firme. Demasiado a menudo salimos corriendo al enfrentar problemas o conflictos, pero eso no es lo que Dios nos manda hacer. Debemos huir del pecado (ver 1 Timoteo 6:11), pero Dios nos manda pararnos firmes contra Satanás: «Pónganse toda la armadura de Dios para que puedan hacer frente a las artimañas del diablo» (Efesios 6:11).

Hablando en términos prácticos, imagina que has recibido una carta informándote que tu licencia de conducir va a quedar suspendida. Te enojas porque sabes que la agencia estatal ha cometido un error. También te sientes frustrado porque deberás restarle tiempo a tu trabajo al día siguiente para resolver el problema. En lugar de conversar el problema con tu cónyuge, eliges mantener esta confusión en silencio.

Aunque tu problema no tenga nada que ver con tu cónyuge, puede ser que estés tenso esa noche, y como resultado, menos amoroso. Al día siguiente te ocupas del problema. Cuando vuelves a casa, decides mencionárselo a tu cónyuge. Pero en lugar de encontrar comprensión, él o ella te responde con un tono de voz sarcástico, diciendo: «Oh, ahora me doy cuenta por qué te comportaste de un modo tan extraño anoche. ¿Por qué no me comunicaste que la razón por la que estabas molesto era esa carta, en lugar de haber actuado de una forma grosera durante toda la tarde?» La reacción de tu cónyuge gatilla viejas grabaciones en tu mente que comienzan a proyectarse de nuevo. Muy pronto ambos empiezan a sacar cosas del pasado y a acusarse el uno al otro de «no cambiar nunca». Tal vez la discusión suba de tono hasta el punto en que tú o tu cónyuge salga de la casa y tome una decisión apresurada que puede causar consecuencias serias. Eso es lo que Satanás espera que suceda.

El enemigo usa los pequeños problemas para causar división en los matrimonios todo el tiempo. Cuando escondemos las frustraciones diarias el uno del otro, la posibilidad de transmitírselas luego a otras personas de afuera es mayor. Muchas parejas e individuos que conocemos que tienen su matrimonio en crisis a causa de la intromisión de un tercero admiten que ellos dejaron de incluir a sus cónyuges en las cuestiones cotidianas y en los problemas externos de su vida. Algunos dicen que fue porque no deseaban escuchar consejos de su cónyuge o sus comentarios negativos. Aun así, la verdadera comunicación implica hablar sobre cosas que no siempre resultan agradables. Implica esfuerzo, pero vale la pena porque una buena comunicación protege la relación matrimonial.

5. *Entra en la batalla con una mente limpia y sobria.* A nadie le gusta sufrir, pero cuando uno o los dos cónyuges se entregan al alcohol, las drogas, las compras compulsivas o a la gula en un esfuerzo por ahogar su dolor, solo logran prolongar el sufrimiento. Pablo nos dice en Romanos que todos los creyentes sufriremos hasta que dejemos este mundo y nos unamos a Cristo en la vida eterna. La única manera de crecer a través de

nuestros problemas es enfrentarlos en un estado de sobriedad. Kris, una mujer que se dio cuenta de los efectos que el alcohol estaba teniendo sobre su familia y tomó la decisión de vivir en un estado de sobriedad, es un ejemplo de ello.

«Comencé a beber una copa de vino cada noche cuando volvía a casa del trabajo solo para relajarme. Para cuando descubrí que se había vuelto un problema, estaba bebiendo varias copas por noche. Una razón por la que seguía bebiendo era porque creaba una atmósfera de calma y paz en mi hogar. Mi ex marido y yo no peleábamos cuando él venía o llamaba, y él y los niños no me sacaban de las casillas. Simplemente sentía una especie de zumbido apenas entraba por la puerta y todo lo demás no me parecía demasiado importante.

»Pero un día descubrí que aunque las cosas parecían "apacibles" en casa, ninguno de nosotros se comunicaba con los demás, y yo no asumía mi responsabilidad con respecto a algunos problemas externos que sucedían en mi vida. Me había acostumbrado a fingir que todo iba bien cuando en realidad no era así. También estaba esquivando mis responsabilidades maternales con mis dos hijos que comenzaban a entrar en la adolescencia. Mientras trabajara en una atmósfera divertida durante el día, y bebiera vino y escuchara buen jazz a la noche, la vida me parecía buena».

Kris abandonó su adicción un año atrás y comenzó a enfrentar algunos desafíos difíciles en su vida. Desde entonces ha vuelto su vida hacia Dios y continúa acercándose a él día a día, a pesar de algunas pruebas dolorosas. «He determinado que prefiero estar sobria y enfrentar la realidad, aunque sea dolorosa a veces, que vivir en un mundo ficticio y perder completamente mi vida».

6. *Manténganse conectados el uno con el otro en medio de las pruebas.* Algunos problemas pasan pronto después de haber comenzado. Sin embargo, puede ser que otras situaciones requieran de días, semanas o aun años para poder resolverse. Varios años atrás, Michelle y yo entrevistamos a ocho parejas que tenían matrimonios sólidos a pesar de enfrentar se-

ria oposición externa en sus vidas. Usamos sus historias para presentar una clase de ocho semanas de duración a la que titulamos: «Enfrentar las olas de la tribulación dentro del matrimonio a la manera de Dios». Algo que notamos al recopilar la información de estas parejas fue que se mantuvieron conectados de una forma cercana el uno con el otro durante los problemas. Estas son algunas de las tribulaciones que esas parejas enfrentaron: la muerte de un hijo (una de las parejas perdió a dos de sus hijos); el desafío de ser padres de niños discapacitados; pérdidas económicas; vivir al lado de vecinos peligrosos que portaban armas; y unir las vidas en matrimonio sabiendo que el marido estaría en una silla de ruedas antes de los diez años de casados.

Cada pareja tenía su propia historia acerca de la manera en que habían sobrevivido a su tormenta y se habían acercado a Dios y el uno al otro en medio de ella. Pero el hilo conductor en todos los casos fue su habilidad de mantenerse conectados el uno con el otro y enfrentar los desafíos con espíritu de equipo. A los miembros de estas parejas podría haberles resultado fácil culparse el uno al otro, pero en todos los casos eligieron presentar un frente unido, y sus matrimonios siguen siendo sólidos hasta el día de hoy.

Es importante recordar que los hombres y las mujeres con frecuencia perciben los problemas desde dos perspectivas totalmente diferentes. El Espíritu Santo es la clave que te ayudará a visualizar los problemas no solo desde tu propia perspectiva o la de tu cónyuge, sino desde la de Dios. Recuerda que las diferencias de temperamento (que consideramos en el capítulo 5) también hacen que visualicen los problemas de modo diferente. Para complicar las cosas, lo que tú percibes como un problema puede no constituir algo con lo que tu cónyuge tenga que luchar. Nada nos detiene de comunicar nuestros problemas al otro más que una respuesta de este tipo: «¿Cuál es el problema? No veo que exista ninguno». Carl y Peggy son un ejemplo de cómo una pareja puede visualizar los problemas externos desde diferentes perspectivas.

Tanto Carl como Peggy habían hecho una carrera en el área de la educación cuando se conocieron y se casaron. En las épocas de entrega de los boletines de calificaciones, Carl trabajaba y se preocupaba con la mira puesta en los días de las conferencias con los padres y maestros y temía ante el solo pensamiento de las reuniones mano a mano con los padres, algunos de los cuales podrían llegar a mostrarse molestos por la falta de progreso de sus hijos. Por otro lado, Peggy no visualizaba esas conferencias como nada problemático: «Querido, ¿por qué estás tan sobrecargado por este asunto? Yo tengo que enfrentar el doble de conferencias y puedes ver que no estoy tensa en lo más absoluto».

Lo que Peggy no lograba comprender era que en tanto que a ella la revitalizaba el desafío de enfrentar una interacción y las conversaciones que formaban parte de las conferencias de padres y maestros (en realidad las recibía con agrado dentro de su programa como una buena pausa en medio del período de enseñanza), a Carl ese mismo tipo de conferencias prácticamente lo agotaban emocional y físicamente. Esta pareja tuvo que aprender a aceptar la diferencia de temperamentos y preferencias entre ellos antes de poder descubrir la forma de unirse cuando los problemas externos amenazaban su matrimonio.

Si tu cónyuge está dispuesto, establezcan un momento de la semana en el que considerar los problemas externos que estén enfrentando. Hagan su parte en cuanto a escuchar y preguntar, y permitan a su cónyuge expresarse en lo referido a la forma en que él o ella visualiza cada problema. Pídanse consejo, y luego háganle saber a su cónyuge si pondrán en práctica su consejo. Hagan el esfuerzo de crear una atmósfera segura e íntima con su cónyuge.

Es bueno recordar que cuando están bajo estrés o se presentan conflictos, las mujeres necesitan hablar y conectarse emocionalmente, en tanto que los varones prefieren dormir y conectarse sexualmente. Mucha mujeres me han dicho a mí (Michelle) que simplemente el hacer algunos cambios en su programa a fin de contar con las fuerzas y el tiempo para conectarse sexualmente con sus maridos por lo menos dos veces a la semana transformó sus matrimonios, que dejaron de estar dominados por las crisis para pasar a estar llenos de alegría. En muchos de los casos sus maridos no solo enfrentaron los problemas externos con mayor rapidez, sino que mostraron una mejor actitud, y mejor disposición a hablar y a conectarse emocionalmente.

Joe y yo estamos convencidos de que Satanás ha causado más división entre maridos y mujeres en el área de la intimidad sexual que en cualquier otra. No se trata solamente de que las mujeres estén demasiado ocupadas como para atender la intimidad sexual; también hay muchos hombres que descuidan sexualmente a sus esposas. Satanás sabe que Dios diseñó de forma sobrenatural al sexo para conectar física, emocional y espiritualmente al hombre con la mujer. Si puede lograr que las parejas casadas se desconecten sexualmente, logrará que se produzca una frustración reprimida y a la vez se abrirá una puerta a la infidelidad conyugal. Muchas veces los problemas sexuales tienen poco que ver con la relación entre los dos y más con problemas externos tales como la condición física, la enfermedad o el estrés. Si tú y tu cónyuge tienen conflictos en el área de intimidad sexual, tómense el tiempo de conversar sobre ello abiertamente el uno con el otro y con un consejero o profesional de la salud, si fuera necesario.

7. *Estén físicamente aptos para enfrentar la batalla.* Varios años atrás, yo (Michelle) perdí a mi papá, Vito, por un cáncer. Aunque mis padres se habían divorciado cuando yo tenía tres años, yo era muy apegada a mi papá; su enfermedad y muerte me costaron mucho. Durante el período de tres meses en el que el cáncer de mi padre empeoró, yo estuve consciente acerca de que comer bien y lograr descansar lo suficiente resultaban más importantes que de costumbre. Joe y yo fuimos

cuidadosos de no asumir más compromisos de los necesarios, e hicimos una pausa en cuanto a seguir dando clases. Aunque sentimos bastante oposición externa relacionada con esto durante la enfermedad de mi papá y su muerte, había una sensación de paz, y Joe y yo pasamos ese tiempo de tensión como un equipo.

Sin embargo, pocos años después, cuando la mamá de Joe, Marge, murió de cáncer, esa historia fue diferente. En lugar de ser pro activos en cuanto a cuidarnos a nosotros mismos como lo habíamos hecho cuando le diagnosticaron la enfermedad a mi papá, continuamos desarrollando agendas muy llenas, descuidamos nuestra salud, y dormimos poco. No solo continuamos dando clases, sino que aceptamos ponernos a la cabeza de un seminario para matrimonios de una comunidad, de grandes dimensiones. (Su mamá falleció cinco semanas antes de ese evento.) A través de toda su enfermedad, Joe y yo viajábamos seis horas (en cada dirección) para visitarla y ayudarla a tomar decisiones en el aspecto médico. Luego de que murió, también debimos tomar otras decisiones. Aunque el hermano mayor de Joe fue el que se encargó de la mayoría de esas decisiones, los dos estábamos exhaustos cuando todo el asunto acabó.

Pocos días después, un ataque externo nos tomó desprevenidos. Debido a que no estábamos preparados, cuando nos golpeó el problema, instintivamente nos volvimos el uno contra el otro. Ese particular problema se relacionaba con un miembro de la familia, y visualizamos la cuestión desde dos puntos de vista opuestos. Pero dado que comprendíamos la importancia de unirnos ante la oposición exterior, enfrentamos el problema como pareja y decidimos solicitar una cita para discutir la situación con alguien al que conocíamos y en quien confiábamos. Como resultado, pudimos resolver la cuestión rápidamente sin daño para nuestra relación. Desde entonces nos hemos vuelto extremadamente pro activos con respecto a nuestra salud cada vez que tenemos que lidiar con problemas externos.

8. *Esperen las órdenes del «General»*. Un par de años antes de reconciliarnos y poco después de comprometernos a mantener un frente unido, una de nuestras hijas entró en crisis. Tuvimos que enfrentarnos con una decisión importante que tendría efectos duraderos. Yo (Michelle) normalmente hubiera acudido a miembros de mi familia antes de mencionar el problema a Joe, dado que tenía que ver con mi hija Heather. Esta vez, sin embargo, le pregunté a Joe primero, pero su respuesta no fue lo que yo deseaba oír: «Dado que todavía tenemos un tiempo antes de tener que tomar la decisión final, esperemos y veamos qué sucede». ¿Ver lo que sucede?, pensé. No deseaba esperar; quería actuar rápidamente. Pero dado que estábamos trabajando el tema de actuar unidos, intenté ser paciente.

Un mes después, que me pareció más de un año, tenía programado asistir a un retiro de mujeres. Me sentí tentada a pedirle consejo sobre nuestra situación a todas las mujeres que encontraba en el retiro, pero quise honrar a Dios al hacer lo que Joe y yo habíamos acordado. Durante la segunda mañana del retiro, tomé mi Biblia y mi diario y realicé una caminata. Me senté junto a un río, le escribí mi problema a Dios y busqué en la Biblia una respuesta para poder convencer a Joe de tomar la decisión ya, en lugar de continuar esperando. Efectivamente, encontré una respuesta, pero no la que estaba buscando: «Quédense quietos, reconozcan que yo soy Dios» (Salmo 46:10). Nunca había notado ese versículo antes, pero aquel día se convirtió en uno de los versículos más importantes de la Biblia para mí.

Los que me conocieron antes de ese retiro de fin de semana pueden decir que el esperar y quedarme quieta no formaba parte de mi naturaleza. Volví de ese retiro con una nueva perspectiva, y le dije a Joe que nunca más me apresuraría a tomar las decisiones que debíamos enfrentar. Fue bueno también porque la decisión que debíamos enfrentar con respecto a Heather tardó casi un año, a partir de ese día, en encontrar una respuesta. Mientras yo esperaba durante ese año, Dios usó el tiempo para mostrarme que él estaba en control de cada problema externo que teníamos y que tendremos en el futuro. Confiar en Dios (y en Joe) no me resultó fácil al principio, pero cuanto más tenía que esperar, más fácil se me hacía.

Un año después, asumimos la custodia de Krissy, nuestra nietita de diez meses, y ella vivió con nosotros casi tres años. Nuestro período de espera permitió que se produjeran ciertas importantes circunstancias de tal manera que pudiéramos comprender.

Nuestra hija Heather había estado en drogas desde que era una adolescente. Tenía algo más de veinte años y vivía en la calle cuando Krissy nació. Al principio pensamos que Heather abandonaría las drogas para poder criar a Krissy, pero ella volvió a la calle cuando Krissy apenas tenía una horas de vida. Cuando la trabajadora social del hospital nos contactó, nos dijo que teníamos seis meses para tomar una decisión con respecto a asumir o no la custodia legal. Joe creía que si nos apresurábamos a asumir la custodia eso no incentivaría a Heather a salir de las drogas. Fue durante ese período de «espera» que Dios me habló del Salmo 46:10. Tres meses después Heather dejó las drogas y se internó en un centro de rehabilitación. En los meses que siguieron, nos sentimos aliviados al saber que Dios había respondido nuestras oraciones al sacar a Heather de las drogas. Sin embargo, un par de meses después ella volvió a su destructivo estilo de vida. Otra vez esperamos y oramos. En esta ocasión Dios nos dio una respuesta rápidamente, y asumimos la custodia de Krissy en el término de dos semanas.

Al mirar atrás, descubro que el enemigo pudo haber usado ese problema para dividirnos a Joe y a mí otra vez. La mayor parte de nuestra familia y amigos nos expresaron opiniones opuestas (aun cuando ni siquiera se las pedimos) mientras esperábamos la respuesta de Dios. Un miembro de la familia preguntó: «¿Cómo harás para ir a esquiar los fines de semana si tienes un bebé?» Otro dijo: «¿Por qué han esperado tanto? ¡Pienso que deberían haberla recibido apenas nació!» Si yo hubiera escuchado todos los consejos y discutido con Joe acerca de lo que sería mejor para nosotros, nuestra nieta sería la que hubiera sufrido. En lugar de eso, nos mantuvimos unidos. Cuando Heather cambió completamente de vida, unos dos años más tarde, yo ya había aprendido a esperar y confiar en Dios durante el proceso de unificación de Heather y Krissy. El día que fuimos a la corte de San Francisco, California, para devolverle la custodia de Krissy a Heather, el juez dijo: «Este es un día feliz para mí. No es frecuente tener el privilegio de ver una madre con los antecedentes de Heather recibir la custodia de su hija». Hubo lágrimas en la sala de la corte ese día, y nosotros supimos que Dios había hecho algo milagroso.

Hoy Heather y Krissy tienen una maravillosa relación entre ellas y con Dios, y todos nosotros le agradecemos a Dios por el hermoso final de una situación que pareció desesperada durante años y podía haber dividido a toda la familia para siempre.

9. *Enfrenta la batalla con la actitud correcta*. Cuando el dominio propio marcha junto con el poder del Espíritu Santo, cualquier problema puede acabar en algo bueno: «Ahora bien, sabemos que Dios dispone todas las cosas para el bien de quienes lo aman, los que han sido llamados de acuerdo con su propósito» (Romanos 8:28). Puede resultar difícil cantar alabanzas y estar agradecidos cuando enfrentamos pruebas, pero las parejas que han aprendido a visualizar los problemas como oportunidades de acercarse más a Dios y el uno al otro han logrado matrimonios sólidos y conforman equipos poderosos. Kelli aprendió este principio justo a tiempo.

Kelli le había estado pidiendo a Dios que hiciera algo en su vida, que era triste. «Ya no sentía felicidad, y culpé a mi matrimonio de ser causante de mi infelicidad. Esperaba que James aportara más de sí tanto a mí como al matrimonio, pero él se mostraba egocéntrico en toda ocasión. Cuando le decía lo infeliz que me sentía, simplemente se encogía de hombros y se iba».

Kelli oró pidiéndole orientación a Dios, pero él permanecía en silencio. Finalmente, sintiéndose desesperada, decidió abandonar a James, pensando que una separación podría sacudirlo y hacer que la tratara mejor. Mientras hacía planes para acabar con su matrimonio, la golpeó un inesperado problema externo: la despidieron de su trabajo.

«Quedé muy golpeada. Había trabajado allí durante casi 15 años, y lo último que esperaba era ser despedida. Entonces la realidad de lo que yo estaba haciendo me sacudió. Estaba atrapada. ¿Cómo podía irme sin tener un trabajo que me sustentara? Cuando le dije a James que había sido despedida, su respuesta no fue para nada lo que yo esperaba. ¡En lugar de enojarse o molestarse, colocó sus brazos alrededor de mí y me mostró más amor y preocupación de los que me había mostrado en años!

»En un momento en el que sentía que todo el mundo estaba en contra de mí, ¡James estaba allí apoyándome! Y lo que resulta aun más sorprendente es que desde que me he quedado en casa y no estoy trabajando, me he dado cuenta de que no era con mi matrimonio que estaba descontenta, sino con mi trabajo. Dios respondió mi oración, pero dado que llegó en la forma de un "problema", ¡casi no alcancé a distinguirla! He decidido que de aquí en adelante voy a alabar a Dios cuando sucede un problema. ¡Puede ser que se trate de su respuesta a algo por lo que he estado orando!»

La próxima vez que un problema externo ocurra, alaba a Dios. Confía en que él dispone todas las cosas para tu bien.

10. *Celebra las victorias y las derrotas junto con tu cónyuge.* Una cosa que a Michelle y a mí nos gusta hacer luego que acabamos de atravesar un ataque, y a veces mientras estamos en medio de él, es celebrar. Años atrás yo descubrí el poder que tiene el celebrar en medio de un problema. Una compañía para la que trabajaba en un pequeño centro comercial cerró. Fui a trabajar un día y me encontré con que ya no tenía trabajo. Fue muy duro al principio y no me sentía muy feliz que digamos al respecto, pero me vino la idea de comprar una caja de dulces

y celebrar la pérdida de mi empleo como si fuera un «cambio de empleo». Llamé a Michelle y le dije lo que había sucedido; ella vino al centro comercial esperando verme alterado. Se sorprendió al encontrarme tocando el piano en una casa de música y convidando chocolates a los clientes. Cuando ella me preguntó qué estaba haciendo, le dije que había decidido celebrar nuestro problema en lugar de preocuparme con respecto a él. Le había preguntado al dueño del negocio si es que podía tocar en uno de sus pianos para aflojar tensiones. Mi elección de celebrar nos ayudó a los dos a visualizar el problema con una mejor actitud. Lo mejor de todo fue que el dueño de la casa de música quedó tan impresionado con la forma en que había manejado la pérdida de mi empleo que me ofreció un trabajo transitorio vendiendo pianos.

Desde entonces, cada vez que experimentamos ataques de afuera, salimos a cenar o decidimos pasar algún tiempo juntos para ir a algún sitio especial. El celebrar nos ayuda a poder ver una luz al final del túnel. Con frecuencia les recuerdo a los muchachos que el matrimonio debería ser divertido, y que ellos necesitan dedicarles tiempo a sus esposas simplemente para celebrar la vida. ¿Qué mejor momento para celebrar que luego o durante un ataque a través del que Satanás intenta robarnos el gozo y dividir nuestro matrimonio? Porque Dios dice: «Estén siempre alegres, oren sin cesar, den gracias a Dios en toda situación, porque esta es su voluntad para ustedes en Cristo Jesús» (1 Tesalonicenses 5:16–18).

Si han practicado los ejercicios e implementado las herramientas de este libro con su cónyuge, están en camino a tener un matrimonio que durará. Pero aun en el caso que su cónyuge no haya participado, todavía es posible que se reconcilien. En el último capítulo te ayudaremos a ir adelante con confianza, independientemente de los resultados que obtengas en tu matrimonio.

PREGUNTAS PARA EL ANÁLISIS CON EL GRUPO O CON EL COMPAÑERO DE APOYO

1. *Analiza cualquier oposición «externa» que tú y tu cónyuge estén enfrentando en este momento.*
2. *Considera los beneficios de las diez estrategias para la batalla.*
3. *¿Has tenido oportunidad de practicar alguna de las herramientas de este libro con tu cónyuge? Si es así, ¿cuáles te resultaron especialmente útiles? Si no resultaron, ¿lo has intentado?*
4. *En una escala de uno a cinco, considerando el cinco como el mayor puntaje, ¿cuál era la profundidad de tu relación con el Señor al comenzar a leer este libro? ¿Cuál es ahora? ¿Y qué de tu cónyuge?*
5. *Busca y analiza Romanos 13:8–14.*
6. *¿Por qué cosas te sientes agradecido esta semana?*
7. *¿De qué modo puede tu compañero de apoyo o el grupo pequeño orar por ti y tu cónyuge como pareja a fin de que puedan batallar contra cualquier oposición externa que estén enfrentando?*

12

Reconcíliense a la manera de Dios

$\mathcal{H}$ace poco asistimos a una celebración del quincuagésimo aniversario de bodas. Cuando les preguntamos a Manuel y Mona qué consejo les darían a los jóvenes matrimonios de hoy, respondieron: «Les diríamos que permanezcan comprometidos el uno con el otro y que pasen tiempo juntos. Nosotros nos casamos jóvenes y no tuvimos mucho dinero durante los primeros años. Pero disfrutábamos de nuestros hijos, y siempre enfrentamos los problemas juntos como pareja». Mona sonrió y agregó: «Yo también les diría a las parejas que no hagan de cada cosa un drama y que tengan sentido del humor».

Si tu sueño de celebrar 50 años de matrimonio o más se ha arruinado a causa de un indeseado divorcio, o si tu matrimonio está en crisis y te preguntas si llegarás al próximo aniversario, te entendemos. Desearíamos poder tomar tu mano y orar contigo ahora mismo, pero estamos contigo en espíritu y hemos orado por ti a menudo mientras escribíamos este libro. Aunque puede ser que nunca nos conozcamos personalmente, Dios sabía que ibas a leer estas palabras y conoce cómo resultarán finalmente las cosas en tu matrimonio. Sin embargo, aunque él desea que tu matrimonio se salve y que disfrutes de muchos años de felicidad conyugal, ese no es el deseo principal que tiene con respecto a ti. La verdad es que por sobre toda otra cosa él desea que tú seas uno con él. En

My Utmost for His Highest [En pos de lo supremo], Oswald Chambers escribe:

> Si vas por un camino solitario, lee Juan 17. Te explicará exactamente por qué estás donde estás: Jesús ha orado para que tú fueras uno con el Padre así como él lo es… Él permite estas cosas a propósito… Cuando entendemos lo que busca Dios, no nos volvemos malhumorados ni cínicos. Jesús oró por nada menos que la posibilidad de que nosotros alcanzáramos una absoluta unidad con él, así como él es uno con el Padre… Dios no nos va a abandonar hasta que nosotros *seamos* uno con él, porque Jesús ha pedido que lo seamos.[1]

Los sueños que tienes con respecto a un matrimonio feliz empalidecen en comparación con los sueños que Dios tiene para ti si te mantienes enfocado en él y confías en que él obrará lo que sea mejor para ti. Al llegar al final de este libro, tendrás que confiar en que Dios obre en tu situación en particular y a su tiempo, como él lo ha hecho con nosotros y con los cientos de parejas a los que les hemos ministrado a través de los años. Les hemos preguntado a algunos de los matrimonios que alguna vez estuvieron en crisis y que ahora sirven con nosotros en el ministerio qué es lo que les dirían si estuvieran sentados en una mesa junto a ustedes tomando un café. Esto es lo que cada una de estas parejas nos transmitió.

DE: MARK Y DEBBIE
PARA: LA PERSONA QUE INTENTA SALVAR SU MATRIMONIO A SOLAS

Yo (Debbie) deseo decir que si estás trabajando en tu matrimonio sin un cónyuge dispuesto a hacerlo contigo, no debes subestimar el poder con el que cuentas teniéndolo a Dios de tu lado. Si tu cónyuge está en pecado, no necesitas convertirte en su juez y jurado. Cuando yo no estaba dispuesta a salvar nuestro matrimonio, Mark tuvo que aprender a dejar el camino libre de manera que Dios pudiera traer convicción a mi corazón endurecido. Aprende a confiarle tu cónyuge a Dios y a cuidar de tu propia parte del camino. La relación con tu cónyuge nunca será tan importante como tu relación con Dios. La verdad es que no vas rumbo al cielo con tu cónyuge a tu lado: deberás presentarte ante Dios por ti solo.

Yo (Mark) deseo alentarte a orar sin cesar: ¡esa es el arma más poderosa con la que cuentas! Mucha gente olvida eso, y se afana tratando de ocupar el papel de Dios para su cónyuge. Yo tuve que aprender a dejar a Debbie en las manos de Dios, aun cuando sabía que ella caminaba por fuera de la voluntad del Señor. Si te reconcilias con Dios primero y haces lo que él te mande hacer, entonces cuando tu cónyuge se arrepienta, estarás en condiciones de reconciliarte. Si tu cónyuge nunca se sube a bordo, por lo menos podrás seguir adelante sabiendo que has hecho tu parte.

DE: MARION Y JEANNE
PARA: AQUELLA PAREJA CUYO MATRIMONIO ESTÉ EN CRISIS

Hemos estado casados durante 45 años, pero hubo un tiempo en el que pensamos que nuestro matrimonio acabaría en divorcio. Aun cuando éramos cristianos, nunca lo hubieras notado por la forma en la que nos comportábamos el uno con el otro. Yo (Jeanne) secretamente deseaba ser una «viuda piadosa» para no tener que lidiar con nuestros problemas matrimoniales nunca más. Pero Dios tenía otros planes para nosotros. Él deseaba que aprendiéramos a quitar nuestra atención el uno del otro y que la colocáramos donde correspondía: en él.

Jeanne y yo (Marion) habíamos estado casados durante diez años y servíamos en la iglesia cuando nuestro matrimonio entró en crisis. Ninguno de los dos deseaba esforzarse demasiado para salvar el matrimonio, pero a causa de que éramos cristianaos sentíamos que por lo menos debíamos darle una oportunidad. Deseamos alentarlos a ustedes como pareja a que aprendan a orar juntos, desde el corazón. Un consejero nos enseñó a orar como pareja, y aun cuando en el principio usábamos las oraciones para lanzarnos algunas indirectas el uno al otro, Dios utilizó nuestras oraciones para revelar las cuestiones irresueltas que se habían acumulado durante años en nuestro corazón. Nunca pasamos un día sin orar el uno por el otro y con el otro. También estamos orando por ti.

DE: CLINT Y PENNY
PARA: LA PAREJA O EL INDIVIDUO CUYO MATRIMONIO PARECE NO TENER ESPERANZA

Nada es imposible para Dios. Estamos agradecidos de que Dios nos haya dado una segunda oportunidad cuando volvimos a casarnos luego de estar divorciados durante once años. Pero eso no fue solo algo especial que él reservó para nuestro matrimonio. Si tu cónyuge no se ha vuelto a casar, tu matrimonio puede salvarse todavía. No importa que las cosas parezcan totalmente desesperanzadoras; mantente enfocado en Dios y permítele que te dirija. Aplica las herramientas que has encontrado en este libro y haz que tu andar acompañe a tus palabras.

Piensa acerca de tu matrimonio como lo harías con respecto a una invitación para un baile sagrado con Dios. Lo que se requiere de tu parte es aceptar su invitación, tomar su mano, y permitirle que te conduzca a la pista de baile. Allí usarás los pasos que has estado practicando entretanto. Con seguridad algunos pasos te resultarán mucho más difíciles que otros. Es de esperar. Siempre hay piedras de tropiezo en todas las relaciones y habrá tiempos en que te parecerá que cada vez que alcanzas la cima de la montaña danzando, luego te espera un valle del otro lado. Pero recuerda que aunque tus pasos te parezcan muy trabados, no debes titubear ni por un momento en cuanto a escuchar la música y seguir dejando que Dios te dirija en *cualquier* proceso que él utilice para recomponer tu matrimonio. Sigue danzando... y ten la seguridad de que nosotros estaremos danzando a tu lado.

La mayor parte de las parejas que han pasado por nuestro ministerio a través de los años están de acuerdo en que si sus matrimonios no hubieran entrado en crisis, ellos no hubieran desarrollado una relación tan sólida con Dios. Una noche en mi grupo de hombres (el de Joe), uno de los muchachos dijo que ese día les había comprado una Biblia a cada uno de sus tres hijos. Le pregunté: «¿Cuándo fue la última vez que compraste Biblias a tus muchachos?» Movió la cabeza y miró hacia abajo cuando respondía: «Me avergüenza decir que nunca. Mis hijos están terminando su adolescencia y si mi mujer no me hubiera dejado, no hubiera venido a este grupo para aprender acerca del Señor. Si hay algo bueno que ha producido mi crisis matrimonial es que estoy esforzándome por convertirme en el hombre piadoso que debería haber sido todos estos años».

Dios quiere que nos reconciliemos, pero quiere que nos reconciliemos *a su* manera. Sus caminos no son nuestros caminos. Por ejemplo, ¿con cuanta frecuencia hemos oído usar la expresión «grilletes» (usados por los prisioneros) como ejemplo de lo que es el matrimonio? Yo lo oí muchas veces siendo joven, y aun ahora se hacen bromas y se presentan publicidades que sugieren que el matrimonio nunca tuvo la intención de ser divertido. Pero ese es el pensamiento del hombre y no de Dios.

El pensamiento humano también difiere en términos de comprender las leyes de Dios. Mucha gente se queja de que los mandamientos de Dios registrados en la Biblia son demasiado estrechos. Yo (Michelle) recuerdo la noche en que le dije a Dios que él no podía decirme cómo vivir. Cuando me alejé en rebelión durante catorce años, pensaba que era «libre», pero fue precisamente lo opuesto; viví esclavizada por un estilo de vida pecaminoso y las consecuencias resultaron de largo alcance. Las leyes de Dios no nos estrechan, no nos constriñen. Pero, a menos que dediquemos tiempo a leer su Palabra y practicar lo que él nos manda hacer, nunca aprenderemos realmente a confiar en que sus leyes en realidad nos hacen libres. Algo sucedió hace poco que me llevó a pensar sobre lo importante que es usar las herramientas que te provee este libro a fin de confiar en que ellas funcionarán para ayudar a solucionar tu crisis matrimonial.

Nuestra nieta Krissy, que está en el sexto grado, me contó acerca de un experimento científico que vio en un video en la escuela la semana pasada. Así nos lo explicó ella: «Mimi, ¡deberías haber visto este experimento que tiene que ver con las tres leyes del movimiento de Newton! Un maestro le dijo a una niña que se parara en un determinado punto y que él iba a dejar caer una bala de cañón colgada del techo por una soga. Le dijo que la bala iba a oscilar hacia ella, pero que no necesitaba retroceder porque sería imposible que la golpeara. La bala podía oscilar solo una distancia equivalente al largo de la cuerda. Pero cada vez que el profesor soltaba la bala, la niña se agachaba: nunca creyó que la bala podría no golpearla, y nunca confió en lo que el maestro le había dicho».

Le dije a Krissy que probablemente yo sería igual que esa chica. «No hay forma en que yo podría confiar en que la bala de cañón no me golpearía si estuviera oscilando justamente hacia mí». Krissy estuvo de acuerdo.

Ese experimento científico me llevó a pensar acerca de lo que hace que la gente crea en una teoría probada. Me pregunté si un maestro de ciencias que comprendía y llevaba a cabo este tipo de experimentos confiaría en que la bala no iba a golpearlo. Decidí preguntarle a nuestro yerno Joey, dado que él es maestro de ciencias de una escuela secundaria. «Joey, ya que tú enseñas ciencias y comprendes la física, ¿retrocederías y te agacharías si una bala de cañón oscilara directamente hacia donde tú estás, aunque supieras que no puede golpearte?» Joey dijo que probablemente retrocedería la primera o la segunda vez, pero que después de eso no lo haría. Continuó explicando que el experimento del péndulo que Krissy había presenciado siempre hace que los estudiantes se agachen porque no comprenden cómo funcionan las leyes del movimiento. Como lo sospeché, debido a que nuestro yerno practica y enseña ciencias, es más fácil para él confiar en el experimento. Pero dado que yo nunca he estudiado física, a menos que practique este ejercicio diariamente durante un largo tiempo, probablemente siempre me agacharé cuando se ponga en movimiento la bala.

De la misma manera en que necesitamos comprobar físicamente una hipótesis científica antes de creer que funcionará, también debemos dar un paso de fe para «comprobar» los principios de Dios a fin de creer que funcionarán. Por ejemplo, si tú has pasado mucho tiempo leyendo la palabra de Dios y has sido cristiano por varios años, las herramientas de este libro probablemente te resulten relativamente fáciles de captar. Con un poco de práctica podrás notar cambios importantes en tu vida y en tu matrimonio. En cambio, si eres un cristiano nuevo o no has dedicado tiempo a estudiar la Biblia, muchas de las herramientas que te hemos transmitido pueden no tener sentido para ti, dado que la mayoría se basan en las leyes de Dios y tienen que ver con la esfera espiritual que es difícil de comprender. El Espíritu Santo es aquel que nos revela la verdad cuando damos un paso de fe, creyendo que lo que Dios dice es la verdad.

> Pero el hombre natural no percibe las cosas que son del Espíritu de Dios, porque para él son locura; y no las puede entender, porque se han de discernir espiritualmente. En cambio, el espiritual juzga todas las cosas, sin que él sea juzgado por nadie. ¿Quién conoció la mente del Señor? ¿Quién lo instruirá?

Pues bien, nosotros tenemos la mente de Cristo (1 Corintios 2:14–16 RVR95).

VAMOS ADELANTE A LA MANERA DE DIOS

Si te has estado reuniendo semanalmente con tu cónyuge, compañero de apoyo, o pequeño grupo para practicar las herramientas que aparecen en este libro, las doce semanas están llegando a su fin. Pero eso no significa que tu tiempo semanal tenga que acabar. Como lo dijimos en el capítulo 2, un sistema sano de apoyo resulta vital y no debe ser abandonado aunque tu crisis haya pasado. Sigue creciendo en tu caminar con Jesús y con otros, independientemente de lo que suceda con tu matrimonio. Estas últimas herramientas han sido diseñadas para usarse en cualquier situación en la que esté tu matrimonio al terminar el libro. Adapta las herramientas como corresponda, si tu situación cambia.

Si tu matrimonio ha empeorado

Si tu cónyuge se ha ido y te ha entablado una demanda de divorcio después de haber comenzado a leer el libro, pregúntale a tu compañero de apoyo y al grupo pequeño si estarían dispuestos a llevar a cabo otro estudio de doce semanas. Para obtener ideas acerca del contenido, ponte en contacto con tu iglesia local, con alguna librería cristiana, o con nuestra organización. Mantente enfocado en Dios y no olvides someter a prueba cualquier consejo que recibas y que contradiga la palabra de Dios.

Confía en Dios para que obre en tu situación matrimonial a su manera, y considera la posibilidad de ayunar y orar un día por semana a favor de tu cónyuge. En lugar de aferrarte a tu cónyuge y tratar de hablarle para disuadirlo de que se vaya, permite que Dios sea el objetivo principal de tu concentración. Sabemos que esto no resulta fácil, pero es la mejor cosa que puedes hacer y tus acciones honrarán al Señor.

Si tu matrimonio todavía sigue en crisis pero no ha empeorado
Si las cosas siguen igual que cuando comenzaste a leer el libro, continúa encontrándote con tu equipo de apoyo. Si todavía no estás asistiendo a un estudio bíblico o a un grupo pequeño integrado por personas del mismo género, considera la posibilidad de unirte a alguno de ellos para trabajar en cualquier nueva cuestión que hayas descubierto mientras avanzabas con este libro, como adicciones, cuestiones infantiles no resueltas, abusos, o un problema de límites, y otras cosas por el estilo.

También, si el Señor te guía, pregúntale a tu cónyuge si estaría dispuesto a utilizar algunas de las herramientas juntos de vez en cuando. Si tu cónyuge declina tu oferta, simplemente sigue haciendo tu parte. Lo más importante es que continúes creciendo en tu propio caminar con el Señor.

Si tu matrimonio ya no está en crisis
Si tú y tu cónyuge ya se han reconciliado, considera la posibilidad de llevar adelante otras doce semanas de estudio para fortalecer tu matrimonio. Hemos descubierto que los primeros cinco años luego de volver a estar juntos constituyen el período de mayor vulnerabilidad. Muchas de las parejas, incluyéndonos a nosotros, no están preparadas para lo que se experimenta luego de la reconciliación. Aunque hemos descubierto varias herramientas que pueden ayudarte a permanecer comprometido y evitar otra crisis matrimonial, aquí incluimos solo las siete más importantes.

1. *Mantente relacionado con parejas que llevan adelante buenos matrimonios.* Es fácil caer en las viejas conductas una vez que el matrimonio ya ha estado en crisis, en especial si se ha pasado por una separación. Una vez que se reconcilien, si deciden pasar tiempo con parejas cuyos matrimonios son saludables y son personas que hablan bien el uno del otro, tendrán menos posibilidades de que los problemas externos vuelvan a causar crisis entre ustedes dos. (Recuerden guardarse de «codiciar» ese matrimonio saludable, como lo mencionamos en el capítulo 10.)

2. *No se comprometan a tratar de ayudar a otros demasiado pronto.* La reacción típica de una pareja que ha sido sanada es apresurarse a entrar en el ministerio. Hemos descubierto que resulta mejor esperar un año. Muchas de las parejas cuyos matrimonios entraron en crisis de nuevo habían comenzado a servir en un ministerio durante los dos primeros meses de haberse reencontrado. En lugar de tomarse el tiempo de asegurar su propio matrimonio, comenzaron a «transferir» sus cuestiones y heridas a otras parejas. Eso no solo lastima a otras parejas, sino que debilita la capacidad de ustedes en cuanto a tratar con nuevas cuestiones que aparezcan como resultado de la reconciliación. Recuerden lo difícil que nos resultó admitir que estábamos en crisis otra vez luego de que el pastor renovó nuestros votos y nosotros intentamos servir en un ministerio juntos. Esperar un año y continuar trabajando en el propio matrimonio disminuirá las posibilidades de que eso les suceda.

3. *Establezcan encuentros regulares para analizar las cuestiones familiares y de la casa.* Las parejas cuyos matrimonio se mantuvieron firmes luego de la reconciliación (incluyendo el nuestro) han descubierto la importancia de ser pro activos en lo que respecta a los problemas externos. Nos gusta ir a tomar café los sábados o los lunes por la mañana al menos una vez al mes para considerar áreas potencialmente problemáticas, o para tomar decisiones importantes referidas a nuestro ministerio, hogar o familia. Una de las parejas con las que llevamos adelante el ministerio hace algo un poco más creativo.

Clint y Penny descubrieron que les ayudaba el programar una salida de fin de semana cada tres meses. Ellos lo llaman un «mini retiro matrimonial».[2] Durante el tiempo que pasan afuera con Dios, oran y establecen metas para los siguientes meses en varias esferas diferentes, como las finanzas, el crecimiento espiritual, las relaciones familiares, la salud, y otras. Cada vez que realizan un mini retiro matrimonial, repasan las metas trimestrales previas y agradecen a Dios por su orientación antes de avanzar y establecer metas para el siguiente trimestre.

4. *Tomen cuidado de ustedes mismos como pareja.* No abandonen el cuidado propio de cada uno, pero comiencen a implementar actividades de pareja. Si no tienen algún hobby compartido, comiencen a orar para que surja alguno. Agréguenle diversión a su matrimonio a través de actividades creativas y divertidas. Pertenecemos a un grupo de la iglesia que se reúne mensualmente solo para participar en juegos, comer y reír juntos. Las parejas que se divierten juntas mantienen el humor y la risa presentes en sus vidas, lo que neutraliza las presiones diarias.

5. *Repasa las herramientas de este libro regularmente.* Las parejas cuyos matrimonios han permanecido intactos durante cinco años o más nos han dicho que continúan repasando y volviendo a utilizar las herramientas que los llevaron a unirse nuevamente. Aun nosotros revisamos las herramientas continuamente y les hacemos agregados. Hemos vivido felizmente reconciliados durante casi dieciocho años ya, pero nunca daremos por sentado que el matrimonio seguirá funcionando bien por sí solo. Siempre practicamos lo que predicamos porque sabemos que al hacerlo Satanás no tiene la posibilidad de hacernos caer otra vez.

6. *Aprende a dar.* Luego de que su crisis haya quedado superada por más de un año, den un paso de fe y ofrézcanse como voluntarios para ayudar a otros de alguna manera. Es aquí donde resulta útil conocer cuáles son sus dones espirituales y su temperamento natural (capítulo 5) ¡Puede ser que hasta deseen servir dentro de un ministerio de reconciliación! Con cierta regularidad recibimos llamadas de todos los Estados Unidos de parte de parejas reconciliadas que desean ayudar a otros cuyos matrimonios están en crisis. Una cosa es segura: Una vez que la gente experimenta una crisis en su propio matrimonio y comienza en centrarse en Dios, él les permite usar sus sufrimientos del pasado para ayudar a otros.

7. *Crece espiritualmente*. Lo más importante que puedes hacer para proteger tu matrimonio es madurar en tu caminar con el Señor. Puede ser que a ti y a tu cónyuge les guste realizar sus devocionales como pareja, o que disfruten de hacerlo en forma individual y separadamente. No obliguen al otro a realizar devocionales en pareja si no se sienten cómodos con ello, pero asegúrense de cuidar de su propio crecimiento espiritual. Todas las parejas que conocemos que alguna vez estuvieron en crisis pero que ahora tienen excelentes matrimonios han aprendido este principio.

PALABRAS DE CIERRE

De Michelle a las mujeres

Mi esperanza y mi oración por ustedes es que aprendan a orar por sus maridos cuando se sientan frustradas con él, e intenten esforzarse para no actuar como su madre. Es difícil no intentar tratarlo como a nuestro hijo porque a la mayoría de las mujeres nos gusta cuidar del hogar y mantener las cosas apacibles allí. Pero si no somos cuidadosas, podemos interferir con Dios. Debes aprender a hacerte a un lado y confiar en que el Señor obre en tu matrimonio. Tu trabajo es orar y siempre hablar la verdad en amor. Con Dios a tu lado, nunca estarás sola. El versículo que quiero dejar con ustedes es Isaías 30:21: «Ya sea que te desvíes a la derecha o a la izquierda, tus oídos percibirán a tus espaldas una voz que te dirá: "Este es el camino; síguelo"».

De Joe a los hombres

Recuerda que estás en guerra y necesitas mantenerte peleando la buena batalla. Mantente dentro de un grupo de varones; siempre debes responder a alguien; y ama a tu esposa. Puede ser que hayas oído decir: «Mantente alejado de mis negocios y yo me mantendré alejado de los tuyos». Bien, Dios nos dice lo opuesto: «Ocúpate de mis negocios y yo me ocuparé de los tuyos». El versículo que quiero dejar con ustedes está en Isaías 58:8: «Si así procedes, tu luz despuntará como la aurora, y al instante llegará tu sanidad; tu justicia te abrirá camino, y la gloria del SEÑOR te seguirá».

PREGUNTAS PARA EL ANÁLISIS CON EL GRUPO O CON EL COMPAÑERO DE APOYO

1. *¿Cuál es la situación presente con tu cónyuge?*
2. *¿Cuál de las herramientas te ha resultado más útil durante las últimas doce semanas?*
3. *¿Cuáles herramientas han sido las más difíciles de implementar?*
4. *¿En qué área del ministerio sientes que te gustaría servir una vez que tu crisis matrimonial sea superada (sin que importe el resultado)?*
5. *Conversen sobre el concepto referido a que Dios se preocupa más con respecto a tu relación con él que con respecto a tu matrimonio.*
6. *Leer y analizar 1 Corintios 1:9–10.*
7. *¿Cuáles son ahora tus planes en términos de asistir a una clase o tener un sistema de soporte?*
   Concluye en oración y pídele a Dios que te muestre el camino, su camino. Dios te bendiga.

Notas

CAPÍTULO 2

1. Henry Cloud y John Townsend, *Safe People* [Gente segura], Zondervan, Grand Rapids, Michigan, 1995, p. 167.

CAPÍTULO 3

1. Penny A. Bragg, *The Path of Most Resistance* [La senda de mayor resistencia], Inverse Ministries, Inc., Dublin, California, 2004, p. 66.
2. Ibid., p. 112.
3. Inverse Ministries, Inc. [Ministerios Inversos], Clint y Penny Bragg, Dublin, California.
4. Restored Hearts Ministry [Ministerio de corazones restaurados], Earl y Kaye Stotler, Chico, California.
5. J. Vernon McGee, *Thru the Bible* [A través de la Biblia], Thomas Nelson Publishers, Nashville, 2002, p. 98.
6. Creative Connections Ministry [Ministerio de conexiones creativas], Don y Kathy Coryell, Riverbank, California.
7. Oswald Chambers, *My Utmost for His Highest* [En pos de lo supremo], Oswald Chambers Publications Association, Ltd., Gran Rapids, Michigan, 1963, p. 285.
8. Gary Chapman, *Hope for the Separated* [Esperanza para los separados], Moody Press, Chicago, 1996, 1982, pp. 58–59.
9. Prodigal Sons and Daughters [Hijos e hijas pródigos], Ken y Jane Meuers, Turlock, California.
10. Existen varias posibilidades de examenes sobre dones espirituales disponibles en la Internet sin costo.

Capítulo 4

1. Dr. Robert Ross, Ph.D., LMFT, Anchor Counceling [Consejería ancla], Lexington, Kentucky, carta a los autores.
2. Marriage Alive seminars [Seminarios para mantener los matrimonios vivos], Dave y Claudia Arp, Marriage Alive International (www.marriagealive.com, Tel. 865-690-5877).
3. Warren W. Wiersbe, *Be real* [Sé genuino], Cook Communications Ministries, Colorado Springs, 1972, p. 45.
4. Chambers, *My Utmost for His Highest* [En pos de lo supremo], p. 15.

Capítulo 5

1. Mels Carbonell, *Uniquely You in Christ* [Eres único en Cristo]. Mels Carbonel, Blue Ridge, Georgia, 1998, pp. 1, 14.
2. Ibid., pp. 1, 14
3. Fred y Florence Littauer, *After Every Wedding Comes a Marriage* [Después de cada boda viene un matrimonio], Harvest House Publishers, Eugene, Oregon, 1997, p. 38.
4. Ibid., p. 382.
5. Gary Chapman, *The Five Love Languages* [Los cinco lenguajes del amor], Northfield Publishing, Chicago, 1992, p. 24.
6. Ibid., p. 156.
7. Bill y Pam Farrel, *Men Are Like Waffles — Women Are Like Spaghetti* [Los hombres son como waffles; las mujeres como espaguetis], Harvest House, Eugene, Oregon, 2001, p. 16.
8. H. Norman Wright, *What Men Want* [Lo que los hombres desean], Regal Books, Ventura, California, 1996, pp. 15–16.
9. Ibid., p. 141.
10. Bill y Pam Farrel, , *Men Are Like Waffles — Women Are Like Spaghetti* [Los hombres son como waffles; las mujeres como espaguetis], Harvest House, Eugene, Oregon, 2001, p. 35.

Capítulo 6

1. Gary Thomas, *Sacred Marriage* [Matrimonio sagrado], Zondervan, Grand Rapids, Michigan, 2000, pp. 162, 163.

2. Gary Chapman, *The Five Love Languages of Children* [Los cinco lenguajes del amor para los niños], Northfield Publishing, Chicago, 1997, p. 156.

3. Ibid.

4. Bill y Pam Farrel, , *Men Are Like Waffles — Women Are Like Spaghetti* [Los hombres son como waffles; las mujeres como espaguetis], Harvest House, Eugene, Oregon, 2001, p. 49.

5. Ibid.

Capítulo 7

1. Williard F. Harley, *His Needs, Her Needs* [Las necesidades de él, las necesidades de ella], Revell Books, Grand Rapids, Michigan, 2001, pp. 97–98.

Capítulo 8

1. Henry Cloud y John Townsend, *Boundaries in Marriage* [Los límites dentro del matrimonio], Zondervan, Grand Rapids, Michigan, 2002, p. 251.

2. James Dobson, *Love Must Be Tough* [El amor debe ser firme], Word, Dallas, Texas, 1996.

3. Henry Cloud y John Townsend, *Safe People* [Gente segura], Zondervan, Grand Rapids, Michigan 1995, p. 96.

4. Karen Kayser, *When Love Dies: The Process of Marital Dissatisfaction* [Cuando el amor muere: El proceso de la insatisfacción matrimonial], The Guilford Press, Nueva York, 1993, pp. 93–96, adaptado.

5. H. Norman Wright, *What Men Want* [Lo que los hombres desean], Regal Books, Ventura, California, 1996, pp. 45–46.

6. Dr. David Hawkins, *Nine Critical Mistakes Most Couples Make* [Nueve errores fundamentales que muchas parejas cometen], Harvest House, Eugene, Oregon, 2005, p. 178.

7. Datos sobre la violencia doméstica: www.endabuse.org/resources/facts/DomesticViolence.pdf.

Capítulo 9

1. Ed Wheat, M.D., *How to Save Your Marriage Alone* [Cómo salvar tu matrimonio a solas], Zondervan, Grand Rapids, Michigan, 1983.

Capítulo 10

1. Gary Chapman, *Hope for the Separated* [Esperanza para los separados], Moody Press, Chicago, 1992, p. 68.

Capítulo 11

1. Gary Thomas, *Sacred Marriage* [Matrimonio sagrado], Zondervan, Grand Rapids, Michigan, 2000, cubierta.

Capítulo 12

1. Chambers, *My Utmost for His Highest* [En pos de lo supremo], 22 de mayo.
2. Clint y Penny Bragg, *Discovering God's Vision for Your Marriage Workbook* [Descubrir la visión de Dios para tu matrimonio, cuadernillo de trabajo], Inverse Ministries, Inc., Dublin, California, p. 46.

ACERCA DE LOS AUTORES

Joe y Michelle Williams son los fundadores y directores de International Center for Reconciling God's Way [Centro Internacional de Reconciliación a la manera de Dios], organización sin fines de lucro basada en la fe, que provee ayuda y esperanza a los matrimonios en crisis. Con divorcios en su trasfondo, anteriores a convertirse en cristianos, y con una separación de dos años en su propio matrimonio siendo ya cristianos, pueden identificarse con la mayoría de las parejas cuyos matrimonios están en crisis. Han servido en el ministerio desde 1990 y en 1997 fueron coautores de un cuadernillo de trabajos y de un manual para los compañeros de apoyo.

A través de su participación como oradores en conferencias nacionales sobre el matrimonio y la realización de talleres para pastores y líderes de todas las denominaciones, Joe y Michelle han sido un instrumento que contribuyó a que las iglesias comenzaran ministerios de reconciliación. Son conductores de un programa de radio denominado «Comuniquémonos a la manera de Dios» junto con otras parejas de su comunidad y ofrecen clases a individuos y parejas que desean una reconciliación dentro de su matrimonio. Tanto Joe como Michelle han recibido títulos de grado en consejería cristiana de Scofield Graduate School and Seminary, de Modesto, California.

Joe y Michelle se casaron en 1982 y tienen cinco hijos (uno de él, tres de ella, y uno de los dos, nacido en 1983) y diez nietos. Residen en Modesto, lugar en el que Joe es pastor de discipulado y Michelle directora asistente de discipulado y directora del ministerio entre las mujeres en su iglesia local. Para obtener más información, comuníquese con:

The International Center for Reconciling God's Way, Inc.
PO Box 1543, Modesto, CA 95353
Tel. 209-578-HELP (4357) o 1-800-205-6808
www.reconcilinggodsway.org
E-mail: reconcile@reconcilinggodsway.org